PETIT DICTIONNAIRE DES INJURES POLITIQUES

Écrivain et historien, Bruno Fuligni est né en 1968. Haut fonctionnaire, maître de conférence à Sciences-Po, il est l'auteur de quinze ouvrages sur l'histoire politique française, la vie parlementaire, les candidats insolites. Pour élaborer ce dictionnaire, il a coordonné une équipe de dix-huit historiens et journalistes chargés de passer au crible campagnes électorales et débats publics de 1789 à nos jours.

Sous la direction de
BRUNO FULIGNI

Petit dictionnaire des injures politiques

L'ÉDITEUR

ISBN : 978-2-253-16856-0 – 1re publication LGF

« Le meilleur remède contre les injures,
c'est de les mépriser. »

Mateo ALEMÁN,
Guzmán de Alfarache.

Introduction

« Abject animal », écrivit Charles Maurras à propos de Léon Blum, lequel répliqua par : « brute véreuse ». À ce jeu pervers, c'est le patron de l'Action française qui eut le dernier mot, en faisant du leader socialiste le mystérieux « hircocerf de la dialectique heimatlos »... Pierre Gaxotte le traitait plus succinctement de « jument palestinienne », Léon Daudet de « lévrier hébreu », mais ses rivaux communistes n'étaient pas en reste : « hyène » et « reptile répugnant » pour Maurice Thorez, « vipère lubrique » chez Pierre Sémard...

Les techniques de l'injure

L'injure politique, par nature protéiforme, c'est d'abord un étourdissant bestiaire. À la manière des caricaturistes, les insulteurs procèdent volontiers par animalisation, trouvant de faciles ressources dans la zoologie, depuis le « perroquet mélancolique » (Louis-Napoléon Bonaparte par le général Changarnier) jusqu'au « pauvre chaton » (Valéry Giscard d'Estaing par Franz-Olivier Giesbert).

Dans la même veine, notons : « chacal » (le maréchal de Saint-Arnaud par Victor Hugo), « ornithorynque » et « monotrème » (le socialiste Charles Rappoport par Léon Daudet), « orang-outang vicieux » (le radical Albert Sarraut par Lucien Rebatet), « crotale » (Raymond Poincaré par le communiste Paul Vaillant-Couturier), « reptile trotskiste » (Boris Souvarine par Pierre Sémard), « gueule de raie » (Jacques Duclos par l'ancien communiste Marius Paquereaux), « rat pesteux » (le ministre de l'Intérieur du 6 février 1934 Léon Frot par le polémiste Henri Béraud), « musaraigne » (Charles Hernu par Félix Gaillard), « hydroméduse » (Pierre Mendès France par le député de Constantine Amar Naroun), « grue couronnée » (Maurice Schumann par André Figueras), « sanglier mou » (le ministre de la Culture Maurice Druon par Maurice Clavel) ou encore « vieux crabe » (François Mitterrand par Alain Krivine)... Le même Mitterrand était plutôt un « caméléon diabolique » pour René Fallet, le caméléon occupant une place à part dans la zoologie politique et parlementaire : à la fois reptilien et translucide, changeant de couleur au gré des situations, ce totem de l'opportunisme a désigné une foule d'hommes d'État depuis Talleyrand et Thiers.

Toutes les formes de vie animale n'inspirant pas spontanément la même sympathie, il y a une échelle dans l'animalisation, une hiérarchie au bas de laquelle les polémistes ravalent avec plaisir l'adversaire au rang de « vermine », « pou », « cloporte » et autres petites bêtes dont la physionomie molle et le caractère rampant suggèrent d'inavouables tendances à la compromission crapuleuse : « invertébré » (Jacques Soustelle par Charles de Gaulle), « limace politique » (le radical Maurice Faure par le communiste Étienne Fajon), « mille-pattes » (le changeant Edgar Faure par le gaulliste Alexandre Sanguinetti), sans oublier l'immortel « microbe dégénéré » du communiste André Marty au Président du Conseil Paul Reynaud. On atteint à l'insensé avec André Figueras décrivant Michel Debré comme une « sorte de scolopendre raté, de scorpion geignard, de coléoptère sans carapace »...

Pour varier le bestiaire, et parce qu'une injure peut être surdéterminée, quelques cuistres de l'invective sont allés rechercher dans les ouvrages de paléontologie des noms de créatures disparues, ajoutant ainsi à la bestialité supposée de leur cible l'idée d'un stade dépassé de l'évolution : « diplodocus » (Albert Sarraut par Lucien Rebatet), « plésiosaure » (le député catholique Louis Marin par Rebatet encore), « meusosaure » (Raymond Poincaré, parlementaire de la Meuse, vu par Clemenceau), « iguanodon » (Jacques Doriot, chef du PPF, par Marcel Bucard, chef des Francistes) ou encore l'amusant « mammouth futé » que *Le Canard enchaîné* du 9 septembre 1977 voulait voir en Raymond Barre.

Quand elle n'animalise pas, l'insulte corporalise ou réifie : elle transforme l'individu détesté en une pièce anatomique – un « ventre », un « pied » – ou une chose inanimée, comme la « girouette » ou le « bonnet de coton ».

En réifiant, l'insulteur rend l'adversaire dérisoire et le dépouille de son humanité. S'il préfère corporaliser, il le tronçonne symboliquement, le dépèce, à moins qu'il se donne licence de suggérer des particularités ou anomalies sexuelles, le grand classique consistant à masculiniser les femmes et à féminiser les hommes :

« Mademoiselle Jean Jaurès était une fille très mûre quand elle changea de parti », écrit Maurras, trente ans avant que son disciple Léon Daudet se déchaîne contre « la fifille Blum » et « la petite Ghetto ».

L'injure scatologique tient à la fois de la corporalisation et de la réification, puisqu'elle renvoie le sujet à un sous-produit de l'organisme. Par sa rusticité, elle est peu prisée et demeure extrêmement rare, sauf chez Léon Daudet qui cultive la verve rabelaisienne : Alexandre Millerand est un « Alexandre de fosse d'aisance », Aristide Briand un « excrément », le ministre de l'Intérieur Léon Frot, « Cacatilina »... Quant au radical Alfred Naquet, père de la loi sur le divorce, il fait de lui une « araignée de W.-C. », combinant l'animalisation au thème scatologique. Seul le polémiste d'extrême droite François Brigneau ira aussi loin, en traitant le ministre gaulliste Christian Fouchet de « caca à pattes ».

Autre motif de dégoût, moral celui-là : le thème de la trahison, de la duplicité, du double jeu et des menées sournoises à la solde de l'étranger : quand on n'animalise ni ne corporalise, il faut au moins déprécier les mobiles, les idéaux, les croyances de l'individu visé, leur donner une matérialité en leur prêtant un caractère vénal et stipendié. Clemenceau est pour Léon Daudet un « baronet des guichets de Londres », le communiste Jacques Duclos est pour Doriot un « agent du Guépéou », le député juif Pierre Masse devient inévitablement un « agent d'Israël » chez Lucien Rebatet.

En outre, l'injure soignée est souvent cumulative : Mitterrand vu par Jean Cau est « franc comme un derrière de mule », ce qui constitue à la fois une animalisation, une corporalisation à connotation scatologique et une dépréciation morale…

Dans le registre dépréciatif, la technique de base consiste à rapprocher deux notions opposées. Selon Jacques Perret, le socialiste Guy Mollet se résume en un « Jaurès corrigé par Félix Potin ». On obtient le même effet par un certain usage du complément de nom : « le Don Juan des lavabos » (le ministre Paul-Boncour par Léon Daudet), « l'Apollon des abattoirs » (André Malraux, volontaire en Espagne, par le journaliste d'extrême droite Sicard).

Enfin, l'animalisation ou la réification peut être suggérée par une déformation du patronyme, comme si le nom de famille lui-même déterminait une destinée infamante : « Durafour crématoire », « Kofi Miam-Miam ». À l'inverse, une injure bien ajustée peut s'imposer au point de devenir un surnom, une extension infamante de l'état civil, comme « Poincaré-la-Guerre » ou « Briand-la-Jaunisse »…

La définition de l'injure

Par animalisation, corporalisation, réification ou dépréciation morale, l'injure est toujours un outrage, mais son appréciation demeure hautement subjective. « Les injures que nous infligeons et celles que nous subissons se pèsent rarement à la même balance », disait Ésope. En outre, selon le contexte et l'environnement culturel, un même terme sera perçu de manière très différente : « Il est bronzé », remarque anodine et non hostile à propos d'un individu revenant de vacances, prend un sens tout particulier lorsqu'un député l'applique au leader de l'extrême droite qui réclame des mesures contre l'immigration. Enfin, la perception de l'insulte évolue à travers le temps : blessant à l'époque de la traction hippomobile et des chapeaux haut-de-forme, le mot de « paltoquet » ferait sourire aujourd'hui, tandis qu'aucun prélat contemporain ne dirait comme Mgr Freppel, député du Finistère s'opposant à la loi Naquet sur le divorce, le 20 juillet 1884 : « Eh bien, votez cette loi ! Allez si vous le voulez, du côté d'Israël, allez vers les juifs… […] Nous, restons, nous, du côté de l'Église et de la France. » Sous la IIIe République, par ailleurs, apparaissent de véritables dandies de l'injure, qui des salles de rédaction à l'hémicycle du Palais-Bourbon portent l'invective au rang d'un art : Rochefort, Lacotte, Gérault-Richard, Laurent Tailhade et quelques autres adoptent alors une absolue liberté de ton, qui est complètement sortie de nos mœurs. Après l'Occupation, et l'exécution sommaire par les collaborateurs de certaines personnalités particulièrement insultées avant guerre, comme Jean Zay ou Georges Mandel, ces longs pamphlets truffés de mots rares et précieux, ces charges invraisemblables que seule tempérait la perspective d'un duel, peuvent sembler incompréhensibles au lecteur contemporain.

L'injure politique évolue aussi avec l'environnement culturel des insulteurs. Ainsi, les jurons de Molière se sont démonétisés, puisqu'il faut remonter à l'avant-guerre pour entendre « maroufle » (Jacques Doriot par André Tardieu) et à la IVe République pour trouver « faquin » (le ministre de l'Intérieur Charles Brune par le député de Constantine Amar Naroun). Ces préciosités ont été remplacées par les injures du capitaine

Haddock : « Moule à gaufres », s'entend dire le gaulliste René Capitant par son adversaire Guy Vinatrel pendant les législatives de 1962 ; « Bachi-bouzouk ! » ose le socialiste Alfred Recours à l'encontre de Christine Boutin, le 3 novembre 1998, pendant le débat parlementaire sur le Pacs, cette interruption faisant entrer l'expression au *Journal officiel.*

Ajoutons à cela une certaine capacité de l'injure à se retourner : « sans-culotte », « communard », « suffragette » sont des mots infamants à l'origine, que les groupes visés ont saisis et revendiqués pour s'en faire des drapeaux. Et si le qualificatif de « stalinien » a définitivement pris un sens péjoratif de nos jours, il ne faut pas oublier que Maurice Thorez et Jacques Duclos arboraient cette étiquette avec fierté.

La part de subjectivité qui l'entoure, ajoutée à la diversité des moyens d'insulter, rend ainsi l'injure difficile à définir. Le Parlement français, pourtant, a su résoudre le problème en le contournant. Et si Antonin Artaud, à propos des stupéfiants, a pu écrire : « Monsieur le législateur de la loi de 1916, [...] tu es un con », la phrase ne vaut pas du tout pour les subtils rédacteurs de la loi sur la presse du 29 juillet 1881 qui dispose, en son article 29 alinéa 2, que « toute expression outrageante, terme de mépris ou invective qui ne renferme l'imputation d'aucun fait est une injure ».

Cette définition est doublement habile. Par sa généralité (« Toute expression... »), elle englobe les formes multiples et pour tout dire infiniment renouvelables de l'injure, de l'aimable persiflage aux plus brutales invectives, du bon mot de lettré à la grossièreté caractérisée. Par sa tournure négative, surtout, elle trace une frontière qui permet de distinguer l'injure de la diffamation. En ce qu'elle « ne renferme l'imputation d'aucun fait », l'injure n'est ni vraie ni fausse. Il n'y a pas lieu de prouver devant les tribunaux que la victime est ou non idiote, amorphe ou malodorante : elle n'est pas accusée de tel tort précis ou de telle prévarication particulière, on lui reproche simplement d'exister et d'être ce qu'elle est – ou ce qu'on dit qu'elle est… L'injure s'analyse donc comme un pur écart de langage, un excès du verbe qui certes porte préjudice à la personne visée dans sa dignité, mais ne se relie à aucune erreur de jugement ni fausse information.

De ce point de vue, le droit français rejoint l'étymologie, comme le notait Robert Édouard dans son *Dictionnaire des injures*, paru en 1967 : « Imprécise, excessive, souvent triviale, l'injure ne vise ni à accuser, ni à terroriser, ni à porter un préjudice d'aucune sorte, mais seulement à chatouiller l'amour-propre de celui ou de celle auquel on la décoche sans autre motif qu'une irritation illogique et momentanée ou le besoin irraisonné d'attirer l'attention. D'ailleurs, en latin, *injuria* signifie exactement : sans droit, c'est-à-dire sans raison, sans cause, sans mobile ; en somme, pour le plaisir. »

Injuste, parce qu'elle vise le plus souvent une particularité à laquelle l'intéressé ne peut rien, comme son physique, ses origines ou son nom, l'injure est-elle toujours gratuite pour autant ? En voulant préciser son jugement, Robert Édouard ajoute ce commentaire très contestable : « Disons, pour nous faire mieux comprendre, que l'injure est peut-être ce qui se rapproche le plus de ce fameux *acte gratuit* cher à André Gide ; qu'on ne saurait rien en attendre d'autre qu'une riposte piquante, assortie d'un clin d'œil complice témoignant que la personne visée accepte sans déplaisir la joute oratoire qui lui est proposée et qu'elle conserve toute sa bonne humeur, condition *sine qua non* de tout échange d'injures digne de ce nom. »

Cette gratuité ne vaut que pour l'injure privée, entre particuliers, voisins, copropriétaires ou automobilistes, mais elle disparaît dans le domaine mal connu de l'injure politique.

Il est vrai qu'en son monumental *Dictionnaire des injures*, Robert Édouard ne consacre qu'une seule page – sur plus de six cents – à l'injure politique, et encore est-ce pour botter en touche : celles qu'il a relevées dans les comptes rendus de séance parlementaire et dans la presse lui ont semblé « si basses, si ordurières et cependant si “plates” » qu'il a choisi de n'en présenter qu'une vague sélection : « Larbin, Bolchevique, Mercanti, Socialiste impuissant, Capitulard, Bourgeois timoré, Valet de la haute finance… »

L'injure politique serait-elle donc plus pauvre que l'injure ordinaire ? Ou bien est-ce que l'injure puisée dans le registre habituel du genre paraît finalement très fade transposée dans le débat public ? Et dans ce cas, ne faut-il pas s'interroger sur les spécificités de l'injure politique, celle-ci devant être distinguée des autres par sa dimension sociale et une certaine visée utilitaire ?

Les spécificités de l'injure politique

Les dix-neuf auteurs qui ont contribué à ce *Petit dictionnaire des injures politiques* ont rencontré les mêmes difficultés : qu'est-ce qui caractérise une injure politique, comment opérer la sélection ? Suffit-il de traiter un parlementaire de « salaud » ou un ministre de « crétin » pour qu'il y ait injure politique ? À l'issue d'un long travail de collecte, portant sur les principales personnalités politiques françaises de la Révolution à nos jours, il apparaît que l'injure politique se distingue des autres en cc qu'elle est publique, polémique et réflexive.

Parce qu'elle interpelle la société, pour discréditer un individu ou un groupe prétendant à l'exercice du pouvoir, l'injure politique est par nature publique, c'est-à-dire formulée sur le forum et relayée par les mêmes canaux qui diffusent les délibérations ordinaires des élus.

Les juristes, concernant l'injure en général, distinguent entre injure simple et injure publique. La première, proférée dans des propos ou des écrits privés, n'est passible que d'une contravention de 38 euros – ou de 750 euros en cas d'injure à caractère raciste ou discriminatoire. L'injure publique est punissable de 12 000 euros d'amende – six mois d'emprisonnement et 22 500 euros si elle a un caractère raciste ou discriminatoire. Cette seule différence des peines encourues montre le fossé qui sépare, du point de vue social, les deux catégories.

Bien sûr, il arrive à des hommes politiques de pratiquer l'injure privée ; et lorsque celle-ci se trouve mise sur la place publique par les moyens modernes de communication, toute la défense de l'insulteur consiste à démontrer que l'injure a été en quelque sorte volée, qu'elle n'était pas destinée à la société.

Injures privées encore, celles qu'un citoyen, un écrivain ou un élu manie dans les lettres qu'il destine à un proche – et à lui seul. On trouve ainsi, dans la correspondance de George Sand, ces lignes peu amènes : « Si vous n'étiez pas fascinée par les paroles de revanche de Gambetta, par ses variations et vibrations sur l'Alsace-Lorraine, vous verriez que c'est une outre gonflée. Il n'y a rien en lui, mais rien, rien, je vous le répète. [...] Mais regardez-le donc ; est-ce qu'il a la tournure d'un héros français ? » Cette lettre d'avril 1872 nous renseigne sur les opinions de son auteur, mais ne constitue en rien une contribution au débat public de cette période.

De même, les vilenies notées dans les petits carnets, journaux intimes et autres keepsakes secrets conservent, quel que soit leur mordant, un caractère strictement privé. Victor Hugo, dans ses calepins, nous a laissé de redoutables formules, qu'il n'eut jamais l'outrance de prononcer à la tribune. « Thiers est un grand petit esprit », note-t-il en 1848, ou encore : « M. Thiers, c'est le petit homme à l'état complet. De l'esprit, de la finesse, de l'envie ; de la supériorité par instants, quand il a réussi à se hisser sur quelque chose. » Ses raccourcis sont parfois saisissants : « Cavaignac, un nez dans du poil. » Ou encore, au sujet de Guizot : « C'est une femme honnête qui tient un bordel. » Et du même : « Guizot : la nullité qui dédaigne. »

Ces traits d'esprit et ces méchancetés, n'étant pas destinés à la publication, n'ont pu toucher les électeurs et, de ce fait, n'ont pas leur place dans un dictionnaire des injures politiques. Il s'agit plus strictement d'injures littéraires visant des hommes politiques, ce qui n'est pas la même chose. Le jeune Hugo lui-même, lorsqu'il fait ses débuts politiques à la Chambre des pairs, est ainsi croqué par son vénéneux ami Sainte-Beuve : « Dans la discussion qu'il a essayé de soulever à la Chambre des pairs, sur l'action de l'océan sur les côtes, Victor Hugo a bien été lui-même : il me faisait l'effet d'une grosse baleine qui s'est engagée dans la Manche et qui ne peut en sortir. » Un tel jugement, formulé dans une assemblée ou publié par voie de presse, aurait gravement blessé l'orateur, qui aurait été tenté de répliquer. Mais Sainte-Beuve se contente d'épancher sa bile dans ses *Carnets intimes*, pour sa satisfaction personnelle et pour la postérité. Avec cette prudence qui le caractérise, il évite cauteleusement la polémique, consubstantielle à l'injure politique.

En politique en effet, les mots sont des armes. L'humour politique, par exemple, va rarement jusqu'à l'autodérision : il est mordant, cruel, impitoyable. « En entrant dans le néant, il a dû se sentir chez lui », déclare ainsi Clemenceau après la mort du Président Félix Faure. L'épitaphe est encore plus atroce que le mot égrillard, plus connu et peut-être apocryphe : « Il voulut être César et il est mort Pompée. » Dans les deux cas, en peu de mots et avec brio, même mépris de l'homme et de son humanité, y compris par-delà la mort.

De l'humour à l'injure, c'est insensiblement qu'on glisse vers l'impardonnable outrage et, de là, jusqu'à l'appel au meurtre. L'injure politique, de ce point de vue, s'apparente au cri de guerre, dont elle constitue la forme construite et évoluée. Aussi bien tournée qu'elle soit, elle en conserve la force primitive et la vertu directrice. C'est un signal, un pavillon, une manière symbolique de lancer l'assaut. On comprend, dans ces conditions, le sens de cette observation paradoxale, prêtée à Sigmund Freud : « Le premier humain qui lança une injure au lieu d'une pierre fut le fondateur de la civilisation. » Ainsi appréhendée, l'injure constituerait donc un substitut à la violence politique, c'est-à-dire un progrès – même si ses détracteurs observeront qu'elle ne fait parfois que préluder à l'action violente, comme chez les héros d'Homère.

Publique et polémique, l'injure politique engage son auteur et c'est en ce sens qu'elle prend aussi un caractère réflexif. L'automobiliste de base qui, dans un moment d'énervement, traite un chauffard de « connard », exprime avant tout une irritation épidermique. Sans doute a-t-il l'impression d'avoir plus de jugeote que son antagoniste, mais son objectif n'est nullement de proclamer sa suprématie intellectuelle à la face du monde. Il en va autrement de l'injure politique, laquelle ne sert pas seulement à humilier l'insulté, mais aussi à valoriser l'insulteur.

En montrant du doigt un « traître », l'orateur se présente de fait comme un patriote dévoué. En fustigeant un « imbécile », le polémiste se hisse au-dessus de la médiocrité de pensée qu'il prête à son contradicteur. L'injure politique est ainsi très souvent une injure de supériorité et, toujours, une forme élaborée d'autopromotion.

C'est ainsi que, le 28 novembre 1898 à la Chambre des députés, le bonapartiste Paul de Cassagnac est brutalement interrompu par le député d'extrême gauche Albert Poulain : « Arrivez à la question. Vous amusez le débat en ce moment-ci ! » Le président de séance ayant rappelé que l'orateur « conduit sa discussion comme il l'entend », Cassagnac réplique : « Je vous dirai, monsieur, que je suis absolument le maître de ma discussion et qu'en matière oratoire, si je cherchais un professeur d'éloquence, ce n'est pas vous que je choisirais ! *(Bruit.)* »

L'échange peut sembler en définitive anodin, pour ne pas dire puéril : Poulain traite Cassagnac d'amuseur, ce qui fait de lui le garant du sérieux ; Cassagnac revendique son style, renvoyant l'interrupteur à sa nullité. Au-delà de l'injure elle-même, de son contenu, c'est la relation de l'insulteur à l'insulté qui mérite d'être examinée.

« Plus l'offenseur m'est cher, plus je ressens l'injure », écrit Racine dans *La Thébaïde.* A contrario, l'attaque venue de trop loin ou de trop bas porte peu, c'est pourquoi elle peut paraître fade, plate, insipide à l'observateur neutre. Il en va tout autrement chez celui qui l'émet. Un personnage médiocre trouvera en effet dans l'injure le moyen de se relever, ou du moins de donner l'illusion d'une supériorité.

Cet effet, recherché, n'est pas toujours atteint. Quand l'insulte est particulièrement grossière ou imméritée, son incongruité même la retourne contre son auteur, dont la maladresse fait gronder le forum. Manipuler des armes, c'est risquer de se blesser soi-même et l'injure a ce bord tranchant qui entame la main de l'escrimeur malhabile. Une injure gauche discrédite celui qui la profère, en même temps qu'elle appelle d'autres injures à l'encontre de l'insulteur manqué.

Le même retournement peut être constaté à travers le temps, quand les qualités reconnues d'un grand homme rendent véritablement pitoyables les cris des médiocres et des oubliés. Ainsi, ce n'est pas sans un certain malaise qu'on lit les interruptions d'obscurs conservateurs de la IIe République, accablant Victor Hugo qui annonce l'instruction gratuite ou la construction européenne. « Les injures sont les raisons de ceux qui ont tort », résumait Chamfort.

La dissymétrie de l'injure politique

Publique, polémique et réflexive, l'injure politique se révèle également dissymétrique. Le présent dictionnaire a pour entrées les noms des personnalités insultées, mais il est complété, à la fin, d'une table des insulteurs. Cette structure permet de mesurer à quel point les grands insultés ne sont pas de grands insulteurs. Il existe des polémistes pour ainsi dire de profession, qui sont rarement attaqués, tandis que leurs cibles les plus notoires, songeant à leur réputation d'hommes d'État, rechignent à rendre les coups reçus. À quelques exceptions près, comme Clemenceau, de Gaulle ou Mitterrand. Ceux-là, dotés d'esprit caustique et d'un sens aigu de l'à-propos, suivaient le conseil de Voltaire : « Point d'injure, beaucoup d'ironie et de gaieté : les injures révoltent, l'ironie fait rentrer les gens en eux-mêmes, la vertu désarme. »

Le député Hugo, quant à lui, savait si peu répondre aux interruptions outrageantes qu'il dut, à la fin de sa vie, réécrire l'Histoire : en publiant dans *Actes et paroles* les textes de ses discours parlementaires, le poète se donna licence d'oublier certaines attaques de ses collègues, ou bien d'inventer des répliques qu'on chercherait en vain dans les comptes rendus officiels. Jaurès, Briand, Blum, sans doute les plus violemment et abondamment insultés de nos hommes politiques, furent pour le moins avares de ripostes et préféraient en appeler à la dignité de leur mandat. Attaqué par un député nationaliste, le 4 novembre 1904, Jaurès a cette réplique qui vaut toutes les invectives : « Ne méprise pas qui veut, monsieur ! » Il est vrai que l'insulte suprême en politique, c'est d'ignorer son adversaire.

Bruno FULIGNI.

A

ALLEMANE (Jean)
(1843-1935) Ouvrier typographe membre de la Commune, déporté en Nouvelle-Calédonie, député de la Seine de 1901 à 1902 et de 1906 à 1910, chef de file du socialisme antiautoritaire ou allemaniste.

Est-il vrai qu'au bagne vous vous faisiez… pour quarante sous ?

Charles Bernard, député indépendant de la Gironde
propos rapporté par Maurice Barrès
Mes cahiers, 1896-1929

ALLIOT-MARIE (Michèle)
(Née en 1946) Maire de Saint-Jean-de-Luz, élue députée des Pyrénées-Atlantiques en 1986, réélue de 1988 à 2007, plusieurs fois ministre, démissionnaire en 2011 après son voyage privé en Tunisie.

[Quand elle devint ministre de la Défense.]
J'ai toujours aimé les cantinières.

Jean-Marie Le Pen, mai 2002

[Après sa démission du gouvernement.]
Elle conserve toute sa légitimité à Saint-Jean-de-Luz.

François Baroin
phrase nominée pour le prix Press Club,
Humour et Politique 2011

AMARA (Fadela)
(Née en 1964) Ancienne présidente de l'association « Ni Putes ni Soumises », secrétaire d'État à l'Intégration de 2007 à 2010.

Fadela Amara au gouvernement, cela montre les limites du casting à la Fogiel.

Nadine Morano
phrase nominée au prix Press Club,
Humour et Politique 2008

Fadela, qui est une compatriote – comme ce n'est pas forcément évident, je le précise…

Brice Hortefeux, 15 janvier 2009

Elle croit que la politique de la ville, c'est parler arabe dans les cités et manger des cornes de gazelle dans les HLM.

Xavier Darcos
Le Nouvel Observateur, 19 novembre 2009

Moi j'ai toujours préféré Rachida Dati, d'abord parce qu'elle est moins moche et parce qu'elle a fait campagne pour le président.

Lionnel Luca
réunion publique
Saint-Laurent-du-Var, 24 avril 2012

ARPAILLANGE (Pierre)
(Né en 1924) Garde des Sceaux, ministre de la Justice de 1988 à 1990.

Saint Louis rendait la justice sous un chêne. Pierre Arpaillange la rend comme un gland.

André Santini
prix de l'Humour politique 1989

ATTALI (Jacques)
(Né en 1943) Économiste, haut fonctionnaire et écrivain, ancien conseiller de François Mitterrand.

François Mitterrand parle de plus en plus mal. Il fréquente trop Attali.

Jean-Edern Hallier et Jean Dutour
Le Mauvais Esprit, 1985

AUBRY (Martine)
(Née en 1950) Maire de Lille, ancienne députée du Nord, plusieurs fois membre du gouvernement et tout particulièrement ministre de l'Emploi et de la Solidarité de 1997 à 2000, fonctions dans lesquelles elle fit adopter la réforme controversée des trente-cinq heures. Première secrétaire du Parti socialiste depuis 2008.

Quant à Martine Aubry, sa dureté me fait peur. C'est bien simple, on dirait François Mitterrand en femme.

Nicolas Sarkozy sous le pseudonyme de Mazarin
« Lettre apocryphe de Michel Rocard à Jacques Chirac »
Les Échos, 23 août 1995

Elle croit qu'on peut tout régler, et notamment les 35 heures, avec des coups de pied au cul !

Dominique Strauss-Kahn
Le Canard enchaîné, 31 décembre 1997

Jospin a un gros problème. Il doit arbitrer sans cesse entre Aubry et Strauss-Kahn. Entre « Y a qu'à » et « Peux pas ». Il y en a une qui se prend pour la madone des prolétaires et l'autre pour le messie de la City.

Claude Allègre
Le Canard enchaîné, 21 janvier 1998

Aubry se pose en s'opposant. Elle a de folles ambitions mais, franchement, ce n'est pas en écrasant tout le monde qu'elle y arrivera, ça ne marche pas comme ça. Dans son ministère, il paraît que c'est impossible de travailler avec elle, ses directeurs n'en peuvent plus. Elle se comporte vraiment comme un mec.

Dominique Strauss-Kahn
Le Canard enchaîné, 16 septembre 1998

Au départ, ils l'ont fait exprès au PS : ils voulaient faire élire [premier secrétaire du Parti socialiste] quelqu'un de totalement transparent, de furtif… Ils avaient remarqué qu'à l'aéroport, quand Martine sonnait au portique de sécurité, les douaniers s'en foutaient. Quand elle va à la FNAC de Lille, c'est le grand jeu, ses conseillers lui mettent des DVD dans un sac qu'ils récupèrent après. Toute petite déjà c'était pareil. Combien de fois Jacques Delors [le père de Martine Aubry] l'a oubliée sur une aire d'autoroute ! Trois cents kilomètres plus tard, demi-tour avec la DS, il fallait aller chercher Martine !

Stéphane Guillon
France Inter, 4 février 2009

Martine Aubry est un faux cul. Intelligente, mais une colonne vertébrale en bâton de guimauve. Elle est comme son père qui ne voulait y aller que s'il était sûr d'être élu.

Georges Frêche
Le Figaro Magazine, 20 mars 2010

Le Martine Circus – groupe de rock des années 1970 – était fatigué et creux.

Laurent Wauquiez
AFP, 28 juin 2011

Une femme du passé qui propose un programme décongelé…

Marc-Philippe Daubresse
AFP, 28 juin 2011

AURIOL (Vincent)
(1884-1966) Député socialiste de la Haute-Garonne de 1914 à 1940 et de 1945 à 1947, quatre fois ministre et tout particulièrement ministre des Finances du Front populaire en 1936, président de la République de 1947 à 1954.

Vincent Auriol, le « technicien » de la faillite…

Candide, 2 octobre 1940

Il est un peu comparable aux limaces, ce bon Auriol. Au propre comme au figuré, partout où ils se posent ses doigts laissent des traces. Question de sueur. Il le constate lui-même : « Je sue gras. » Et de montrer ses vêtements poissés aux poches et aux revers. Et son calepin d'adresses plus huileux qu'un calepin de clochard. Et même ses dossiers remplis de macules semblables à des taches de beurre ou de saindoux.
Il est borgne, on le sait. Ce qui ne le rend pas moins louche. Et quand on dit que, peut-être, il ne vit jamais plus loin que le bout de son nez, il faut vite ajouter : et d'un seul côté seulement.

Vendémiaire, 9 novembre 1940

Prestidigitateur au faciès de fœtus hémiplégique…

André Figueras
Zoologie du Palais-Bourbon, 1956

[Au sujet de sa démission en 1946.]
Si j'avais voulu parler aux Français, ce n'est pas Auriol qui m'en aurait empêché. Je ne lui avais pas demandé la permission de m'adresser aux Français le 18 juin 40.

Charles de Gaulle
propos du 6 septembre 1966 rapporté par
Alain Peyrefitte, *C'était de Gaulle*, 1994

B

BACHELOT (Roselyne)
(Née en 1946) Députée RPR puis UMP du Maine-et-Loire de 1988 à 2002, favorable au Pacs en 1997, plusieurs fois ministre depuis 2002.

[Extraits de lettres d'insultes reçues après son vote favorable au Pacs.]
« Députée des pédés, des salopes, des dérangés mentaux, des nuls, des lâches, des vendus », « Cher gazon maudit », « Salut Notre-Dame des Tantes », « Il faut une salope comme toi pour soutenir les pédophiles », « Dire qu'avec nos impôts, j'entretiens quelqu'un comme vous ! Vous êtes l'expression moderne de la grande prostituée de l'Apocalypse ! »

citées dans son livre
Le Pacs, entre haine et amour, 1999

BADINTER (Robert)
(Né en 1928) Avocat, garde des Sceaux, ministre de la Justice de 1981 à 1986, membre du Conseil constitutionnel puis sénateur. Il est l'artisan de l'abolition de la peine de mort en France.

Il vous manque des manches, monsieur le garde des Sceaux !

Robert Wagner
Assemblée nationale, 17 septembre 1981

BALLADUR (Edouard)
(Né en 1929) Dit « Ballamou », dit « L'étrangleur ottoman » parce que ce natif de Smyrne s'est présenté contre Jacques Chirac, conseiller de Georges Pompidou, élu député RPR de Paris en 1986, réélu de 1988 à 2002, plusieurs fois membre du gouvernement, Premier ministre de 1993 à 1995 et candidat malheureux à l'élection présidentielle de 1995.

J'ai le sentiment qu'il nourrit un mépris infini pour Chirac… Cet homme est un formidable dissimulateur. Plaise au Ciel qu'il n'ait jamais le pouvoir !

François Mitterrand
propos rapporté par Jacques Attali,
Verbatim, 1995

Quand je parle avec Balladur, j'ai l'impression de parler avec le fantôme de Pompidou : la même onction ; la même culture vaguement moderniste pour masquer un conservatisme impitoyable…

François Mitterrand
propos rapporté par Jacques Attali,
Verbatim, 1995

C'est un homme intelligent et capable. Un grand commis de l'État. Une sorte de Guizot. Mais avec qui ai-je eu aussi peu à échanger en un demi-siècle de vie publique ?

François Mitterrand
propos rapporté par Jean Lacouture,
Mitterrand, une histoire de Français, 1998

Un bourreau chinois au lacet de soie…

François Mitterrand
propos rapporté par Jean Lacouture,
Mitterrand, une histoire de Français, 1998

C'est que, voyez-vous, la politique est un métier. Un métier difficile, et, en même temps, profondément exaltant. Ce métier n'a jamais été et ne sera jamais pour vous. Vous êtes de santé trop fragile, de caractère trop inconsistant, de tempérament trop instable pour mener une action politique sur sa longueur. N'ayez aucun regret, ce métier de Président n'était pas fait pour vous. Pas plus d'ailleurs que celui de Premier ministre. C'est miracle que vous le soyez devenu. Prenez donc tranquillement votre retraite de conseiller d'État, amusez-vous quelque temps avec ce mandat de député qui vous fait tellement envie et ne vous occupez plus jamais de politique.

Nicolas Sarkozy sous le pseudonyme de Mazarin
« Lettre apocryphe de Jacques Chirac
à Edouard Balladur »
Les Échos, 10 août 1995

BARBU (Marcel)
(1907-1984) Député chrétien d'extrême gauche de la Drôme en 1946, militant du logement social, candidat inattendu à l'élection présidentielle de 1965.

En réalité, il n'y en a qu'un qui soit sympathique, c'est Barbu. C'est un brave couillon, il y en a beaucoup qui doivent se reconnaître en lui. Il ne m'en veut que parce qu'il est écrasé par la vie, il se demande comment faire.

Charles de Gaulle
propos du 24 novembre 1965 rapporté
par Alain Peyrefitte, *C'était de Gaulle*, 1997

BARNIER (Michel)
(Né en 1951) Député RPR de la Savoie de 1978 à 1993, ministre de l'Environnement de 1993 à 1995, ministre délégué aux Affaires européennes de 1995 à 1997, sénateur de la Savoie de 1997 à 1999, commissaire européen de 1999 à 2004, ministre des Affaires étrangères de 2004 à 2005, ministre de l'Agriculture de 2007 à 2009, commissaire européen depuis 2010.

Barnier sera-t-il nationalisé ?

Serge Beltrame, député socialiste des Vosges
Assemblée nationale, 9 juillet 1981

Ce Barnier, putaing, il est triste comme une porte de prison.

Jean-Claude Gaudin
Le Canard enchaîné, 10 novembre 2004

Une limande apeurée…

Nicolas Sarkozy
Le Canard enchaîné, 14 novembre 2007

BAROCHE (Pierre-Jules)
(1802-1870) Député modéré, ministre de la Justice de Napoléon III.

Baroche, dont le nom n'est plus qu'un vomitif…

Victor Hugo
Les Châtiments, 1853

Cet être horrible, insulte à la figure humaine !
Il s'étale effroyable, ayant tout un troupeau
De Suins et de Fortouls qui vivent sur sa peau,
Montrant ses nudités, cynique, infâme, indigne,
Sans mettre à son Baroche une feuille de vigne !

Victor Hugo
Les Châtiments, 1853

BARRE (Raymond)
(1924-2007) Dit « Raymond-la-Science », dit « Sancho Pansu », dit « Babarre », professeur d'économie, Premier ministre de 1976 à 1981, député du Rhône, maire de Lyon, candidat à l'élection présidentielle de 1988.

Un physique de maître-queux qui s'essuie les mains sur les fesses pour vous faire signer le livre d'or et vous offrir un petit alcool maison…

Hazard d'Estin
Tout fout le camp, 1976

Ce n'est pas qu'il n'aime pas la France, c'est qu'il se croit supérieur. Il se croit supérieur à tout. La France ne lui paraît pas à la dimension de l'intelligence qu'il suppose avoir.

Georges Pompidou
propos rapporté par Philippe de Saint-Robert,
Les Septennats interrompus, 1977

Maréchal Pétrin…

Le Canard enchaîné, 9 septembre 1977

Tartarin de Tarascon comme la lune…

Le Canard enchaîné, 9 novembre 1977

Peut-être êtes-vous – on l'a dit et rien ne permet d'en douter – le meilleur économiste libéral dirigiste.

François Mitterrand
Assemblée nationale, 5 octobre 1976

C'est une politique sans idées générales, sauf une : épouser les circonstances.

François Mitterrand
Le Monde, 31 juillet 1980

Le gaullisme – la Résistance + un zeste de pétainisme = Raymond Barre.

Globe, novembre 1986

Quand on a de tels amis, on a pas besoin d'ennemis.

Charles Pasqua, 4 septembre 1988

Le Picrochole du microcosme…

Lionel Jospin, propos

Barre, c'est mon compagnon de chambre : il dort à côté de moi à l'Assemblée.

André Santini, propos

Quand je le vois roupiller à l'Assemblée nationale et qu'il ne roupille pas, il se tourne les pouces et je me dis : tiens ! il fait son jogging.

André Santini, propos

Raymond Barre est le seul homme d'État qui n'entendait rien à la politique. Dans le fond, le pouvoir l'ennuyait, car il l'aurait conduit aux compromis qu'il prétendait détester. Il s'était drapé pour l'éternité dans une dignité non feinte, qui lui offrait le délicat et confortable loisir de s'affranchir de toute responsabilité.

Bruno Roger-Petit
François Mitterrand 2008 il revient, 2008

BARRÈS (Maurice)
(1862-1923) Député nationaliste de Meurthe-et-Moselle de 1889 à 1893 et, après plusieurs échecs électoraux, député de la Seine de 1906 à 1923.

En effet, lorsque Barrès vint de Nancy pour exercer l'état de psychologue et faire emplette de chaussettes à la mode, il ne connaissait Hegel que par les notes de Fouillée. Les élégances parisiennes lui furent enseignées par Marie Pasco, une horizontale de petite marque, renommée au quartier Latin pour l'amour insensé que lui inspirait le fils d'une matrone préposée au chalet du boulevard Saint-Germain.

L'odeur de latrines et de poudre de Java qu'éparpillait la donzelle dévirgina Barrès, intellect métaphysique, lui fit sentir distinctement la beauté des riches mariages et des opinions déshonorantes.

Laurent Tailhade
Imbéciles et gredins, 1900

Barrès, voici Barrès promoteur des *Dimanches politiques et littéraires*, Barrès avec son dos circonflexe, sa voix dure et sèche d'eunuque, sa jaunisse d'envieux ; Barrès avec ses dents à pivots, son air emprunté de cuistre qui met pour la première fois les pieds dans un salon ! Il se qualifie, non sans ingénuité, l'un des maîtres de la littérature contemporaine, avant d'insinuer sa préparation au cher et benoît lecteur. Comme d'autres ont un eczéma ou l'haleine fétide, Barrès traîne partout avec soi la concupiscence de la députation. C'est une dartre vive, une gale mordicante, un prurit désespéré que ses mains crochues d'avare grattent avec des ongles d'or.

Laurent Tailhade
Imbéciles et gredins, 1900

Je suis, en effet, de la race à laquelle appartenait la grande victime de l'erreur judiciaire dont parlait tout à l'heure monsieur Lasies [Dreyfus]. Et la différence entre vous et moi, monsieur Barrès, c'est qu'au mépris d'une impopularité passagère je défends les intérêts de la race française et que vous, vous en faites bon marché, préférant vous incliner devant les menaces des débitants d'absinthe et d'alcool ou des bouilleurs de cru. *(Applaudissements à gauche et à l'extrême gauche.)*

Joseph Reinach
Chambre des députés, 3 juillet 1908

Cet éternel jeune homme sent la prostituée trop mûre. [...] Ce juif, mâtiné d'Auvergnat, s'est révélé Lorrain et patriote sur le tard, lorsqu'il s'est aperçu que la carrière patriotique était la seule profitable.

Flax, nom de plume de Victor Méric
Les Hommes du jour, n° 19, 1909

[Propos échangés au sujet de l'entretien des églises.]
MAURICE BARRÈS. – Eh ! mon cher collègue, je défends ici des citoyens français. *(Très bien ! Très bien ! à droite et au centre.)*
JACQUES-LOUIS DUMESNIL. – Romains.

Chambre des députés, 16 janvier 1911

Barrès n'avait rien dans la tête... mais rien ! ce qui s'appelle rien ! que quelques clichés : Venise, Tolède... et ce qu'il y a de plus admirable, c'est qu'il l'avoue, tout naïvement. Il ne lisait aucun livre. Il ne fourrait le nez que dans *La Grande Encyclopédie* et dans le *Littré*. [...] Le malheureux ne comprend rien à rien et promène sur les hommes de grands beaux yeux sans lueur et sans vie... Et ce qu'il devait s'embêter ! Il est de ces gens qui, pendant les deux premiers tiers de leur vie cherchent une idée et qui, une fois l'idée trouvée, s'y cramponnent, s'y incrustent. Un beau jour il a découvert la Lorraine… en passant par là probablement, avec ses sabots… et alors la pauvre Lorraine est devenue la propriété de Barrès ; il en a fait des bouquins, des articles… Ce grand nigaud de Déroulède lui avait passé ça comme une suite d'affaires. Il n'y comprenait rien, naturellement… il n'a jamais compris ce qu'était la Lorraine et ce qu'étaient les Lorrains, quels problèmes se posaient, quelle était la richesse, la complexité de tout ça… Il décrivait des coteaux, des vignes, des églises ; ça n'allait pas plus loin. Toute ma vie j'ai été attaqué par des gens comme ça, qui ne se donnaient la peine ni de regarder, ni de réfléchir : Millevoye, Déroulède, Barrès… ça n'est pas que ce soit dangereux… Mais on perd un temps !

Georges Clemenceau
propos du 26 février 1928 rapporté par Jean Martet,
Le Silence de M. Clemenceau, 1929

BARROT (Odilon)
(1791-1873) Député libéral, rallié à Napoléon III dont il devint ministre de la Justice.

Vous avez au front une tache de sang.

Alexandre Ledru-Rollin
Assemblée nationale législative, 11 juin 1849

BARTHOU (Louis)
(1862-1934) Dit « Barthoutou », député des Basses-Pyrénées de 1889 à 1922, sénateur de 1922 à 1934, président du Conseil de mars à décembre 1913, plusieurs fois ministre. Il était ministre des Affaires étrangères lorsqu'il mourut à Marseille, le 9 octobre 1934, lors de l'attentat perpétré contre le roi Alexandre Ier de Yougoslavie.

Ce n'est pas pour rien que notre sémillant ministre a été surnommé le Passe-Barthou. Il se tient prêt, en effet, à tous les avatars. Hier méliniste, modéré, conservateur ; aujourd'hui radical avec Clemenceau ; demain révolutionnaire avec le premier gredin parvenu sur les épaules des prolétaires abusés, notre Barthou est capable de tous les reniements, de toutes les saletés, de toutes les faiblesses, pour conserver le pouvoir, pour demeurer à la meilleure place…

Flax, nom de plume de Victor Méric
Les Hommes du jour, 10 avril 1909

Un homme qui est petit en tout, petit par la taille, petit par le caractère, petit par les variations qu'il sacrifiait successivement quand il s'agissait d'arriver au pouvoir…

Me Monicat, de la Fédération nationale catholique,
conférence de Vichy, 18 juillet 1926

Cet illustre chasseur de manuscrits rares et d'inédits somptueux s'est surtout distingué par la piraterie, il y a également beaucoup du bien d'autrui dans l'espèce de situation littéraire que s'est faite monsieur

Barthou. A-t-il écrit un seul de ses livres ? […] Nous n'avons pas l'intention de divulguer [le nom de ses nègres], nous aurons des égards pour des confrères malheureux. Nous disons simplement que personne d'informé ne doute du mensonge littéraire ambulant que représente monsieur Louis Barthou : son art a souvent consisté à signer l'ouvrage des autres. Cela achève de composer sa figure et de la situer dans le paysage officiel. […]

Il a suffi de présenter au grand public étonné, aux parlementaires ahuris ou émerveillés, la véritable personnalité du garde des Sceaux : auteur de divers livres qu'il n'a jamais écrits, kleptomane fameux, client non moins fameux de la police des mœurs. Ces trois qualités connues de tout Paris, moins connues à la Chambre où cela faisait le sujet d'innombrables conversations, lui composent une auréole couleur de fange fraîche dont on aura peine à le décoller. Ni son habit vert, ni son chapeau, ni son épée, acquis par dol et par vol, ne lui appartiennent. Enfin, il a la clé des champs alors qu'une police spéciale aurait dû cinquante fois l'arrêter et l'incarcérer. Même sa liberté apparaît comme un bien qui n'est pas à lui.

Un lecteur curieux nous demande où diable se tiendra le petit congrès des nègres de monsieur Barthou. On a commencé par nous dire qu'il devait avoir lieu rue Fürstenberg, n° 2, au 3e étage mais que, depuis peu de semaines, monsieur le garde des Sceaux a suspendu ses visites à l'hospitalier domicile de dame Jacqueline. […] Le dernier nègre, entré au troisième étage de la rue Fürstenberg, n'a pas pu s'empêcher de dire en voyant un certain instrument accroché au mur : Tiens, le martinet de Barthou ! Les voisins, qui se montraient surpris de trouver tant de nègres dans l'escalier, aperçurent l'objet entre deux portes et firent aussitôt des réflexions aiguës sur les bruits de sabbat qui partaient de ce logement. [...] monsieur Barthou a été brutalement dégagé (par lui-même) de tous les revêtements, masques, peaux, couvertures dont son individu s'enveloppait jusqu'ici. Il s'est livré, il s'est montré. On le voit sans autre appareil que le martinet légendaire, les manuscrits chipés, le fauteuil subtilisé par ses artifices. [...] Sans doute les fonctionnaires de la Sûreté habilement dissimulés çà et là [...] essaient-ils de faire répondre que la triste réputation attribuée à monsieur Barthou dans certains milieux spéciaux est due à ce qu'il est victime d'une ressemblance avec un « sosie » sadique. Ils n'ont persuadé personne. Ils n'ont même pas persuadé notre confrère d'Artagnan. S'il assure que ce sosie de monsieur Barthou, en certains cas, dans certaines liturgies intimes, répond au nom de Médor, il n'est pas très sûr de l'alibi ministériel, car il croit devoir ajouter : « Convenons qu'on ne voit guère un homme très digne revêtir – ou dévêtir – la simarre de Lamoignon pour la pratique de jeux cyniques. Décidément, les *amis* ont raison de dire qu'il s'agit d'un sosie – d'un sosie qui lui ressemble trop. » Monsieur Barthou a compris qu'il fallait céder ; les plaques douloureuses abondent par toute la surface de son individu [...]. »

Charles Maurras
Le Bibliophile Barthou, 1929

Il y avait le clan Millerand, le clan Briand, le clan Poincaré. Entre ces deux derniers oscillait le hideux et sournois Barthou, l'hyène qui suit la caravane.

Léon Daudet
Député de Paris, 1933

BARZACH (Michèle)
(Née en 1943) Élue députée RPR de Paris en 1986, ministre déléguée chargée de la Santé et de la Famille de 1986 à 1988.

À chaque fois que j'ai voulu lancer une femme, ça m'est retombé sur la gueule.

Jacques Chirac
aux états généraux de l'Opposition, Rennes, 1990

Madame Barzach a peu de chances de remporter le prix Pulitzer de la pensée politique contemporaine.

Charles Pasqua
propos rapporté par Alexandra Da Rocha
Salope ! Insultes et autres perfidies sur les femmes politiques, 2007

Savez-vous pourquoi Michèle Barzach ressemble à une station-service ? Parce que ses jambes, c'est du super, ses seins de l'ordinaire et son cerveau, c'est du sans plomb !

Blague de militants RPR
rapportée par Alexandra Da Rocha
Salope ! Insultes et autres perfidies sur les femmes politiques, 2007

BASSANO (Hugues-Bernard Maret, duc de)
(1763-1839) Diplomate, ministre des Affaires étrangères, pair de France.

Je ne connais au monde qu'un homme plus bête que monsieur Maret, c'est Son Excellence le duc de Bassano…

Talleyrand, propos

[Au moment de la retraite de Russie.]
On a exagéré nos pertes. On annonçait que tout le matériel était perdu. Et voici qu'on apprend le retour du duc de Bassano…

Talleyrand, propos

BAYROU (François)
(Né en 1951) Député UDF puis Modem des Pyrénées-Atlantiques de 1986 à 1993 et depuis 1997, ministre de l'Éducation nationale de 1993 à 1997, candidat malheureux aux élections présidentielles de 2002, 2007 et 2012.

La France attendait une rencontre du troisième type, le troisième type, c'est François Bayrou.

Azouz Begag
FR3 Rhône-Alpes, 2 avril 2007

En six mois, il a tout perdu. L'élection présidentielle, les élections législatives, son parti, ses élus, ses amis, ses fidélités… Il ne lui reste rien, hormis son parti croupion avec ce nom ridicule, le MoDem, Marielle de Sarnez, sa fidèle collaboratrice (autant dire un boulet qu'il s'est attaché au pied et qu'il va traîner longtemps), et sa persévérance.

Bruno Roger-Petit
François Mitterrand 2008 il revient, 2008

Bernard Palissy brûlait ses meubles. Bayrou brûle ses élus. C'est la stratégie de l'anéantissement.

Jean Arthuis
phrase nominée au prix Press Club,
Humour et Politique 2008

Il m'a fait l'impression de l'amant qui craint la panne… [Le président du Modem ayant refusé qu'elle vienne chez lui.]

Ségolène Royal
phrase nominée au prix Press Club,
Humour et Politique 2008

Le Parti socialiste est un parti sans leader. François Bayrou est un leader sans parti. Ils sont faits pour fusionner.

Xavier Bertrand
prix spécial du jury du prix Press Club,
Humour et Politique 2008

François Bayrou a été de droite, il est aujourd'hui au centre, mais il n'est pas encore devenu de gauche.

François Hollande
Le Point.fr, 18 mai 2009

François Bayrou est un berger qui a trop longtemps vécu avec des moutons.

Jean-Louis Bourlanges
Le Monde, 7 décembre 2009

[À propos des défections au Modem.]
Cela me fait un peu rigoler quand je vois que [Corinne] Lepage enfile Bayrou ! Ce n'est ni le premier ni le dernier à se retrouver cocu !

Roselyne Bachelot
Le Canard enchaîné, 17 mars 2010

Un expert en immobilisme, un ayatollah de lui-même…

Xavier Darcos
propos de 2009 rapporté dans *Le Point*,
18 août 2011

Le meilleur, mais trop fou.

Jean-Louis Borloo
Marianne, 26 mars 2011

BEGAG (Azouz)
(Né en 1957) Ministre délégué à la Promotion de l'égalité des chances de 2005 à 2007.

Tu es un connard, un déloyal et un salaud !

Nicolas Sarkozy
Dossier du Canard, n° 104, juillet 2007

[À propos du soutien d'Azouz Begag à François Bayrou pour l'élection présidentielle.]
Azouz Begag est un membre du gouvernement dont je n'ai jamais mesuré complètement la valeur ajoutée, pour être franc.

François Fillon
9 mars 2007

BÉRÉGOVOY (Pierre)
(1925-1993) Conseiller de François Mitterrand, Premier ministre de 1992 à 1993, suicidé.

L'Enflure de Bercy…

Édith Cresson
Le Canard enchaîné, 19 juin 1991

BERT (Paul)
(1833-1886) Scientifique, militant anticlérical, député radical de l'Yonne, ministre de l'Instruction publique, gouverneur de l'Indochine.

[Après le toast de Paul Bert comparant les prêtres au phylloxéra.]
Le malheureux qui excite de cette inqualifiable façon les républicains triomphants à l'empoisonnement et au massacre des prêtres catholiques, n'est peut-être plus tout à fait responsable de ce qu'il dit. La conscience publique recule devant la possibilité de tant d'ignominie spontanée chez un homme né et élevé en France, et l'on est porté à expliquer un pareil érétisme de méchanceté stupide par des influences morbides, par une sorte d'inoculation assi-

milable aux piqûres d'amphithéâtre. [...] À force de se croire loup, les lycanthropes prenaient la nature du loup. Pourquoi n'en serait-il pas de même des darwiniens qui tiennent si fort à n'être que des singes !...
Comme savant, monsieur Paul Bert est le pédant le plus présomptueux, le plus encombrant, le plus dépourvu d'entrailles et de sentiments humains que l'on puisse imaginer. Il a perfectionné l'horrible procédé de la vivisection, et, étant connues ses idées sur la nature de l'homme, dont il fait une espèce de gorille, on n'a pas le droit de douter qu'il ne vivisecquât une sœur de charité ou un séminariste – ou même, faute de mieux un républicain – aussi gaillardement qu'un ouistiti ou un king-charles, s'il n'était retenu par les lois qui nous restent !...

La Gazette de France
25 août 1879

BERTRAND (Xavier)
(Né en 1965) Député de l'Aisne de 2002 à 2007 et depuis 2010, ministre du Travail de 2007 à 2010, secrétaire général de l'UMP.

Tu as prévu de filer les clés de l'UMP à Xavier Bertrand : tu devrais en garder un double.

Jean-François Copé à Nicolas Sarkozy
prix des internautes Humour et Politique 2009

[Pendant un dîner de parlementaires UMP au Touquet.]

Regardez-moi ce connard. C'est vraiment un petit mec !

Jean-Louis Borloo
Le Canard enchaîné, 7 octobre 2009

Tullius Détritus…
[En référence au personnage menteur, traître et faiseur d'embrouilles dans les aventures d'Astérix.]

François Fillon
Le Canard enchaîné, 14 octobre 2009

BESANCENOT (Olivier)
(Né en 1974) Porte-parole de la LCR devenue NPA, candidat aux élections présidentielles de 2002 et de 2007.

Il ne faut pas confondre les chars de l'Armée rouge avec la bicyclette d'Olivier Besancenot.

Jean-Luc Mélenchon
phrase nominée au prix Press Club,
Humour et Politique 2003

BESSON (Éric)
(Né en 1958) Député socialiste de la Drôme de 1997 à 2007, membre du conseil national du PS en charge de l'économie, démissionnaire pendant la campagne présidentielle de 2007 et rallié à Nicolas Sarkozy. Secrétaire d'État chargé de la Prospective de 2007 à 2009, ministre de l'Immigration, de l'Intégration, de l'Identité nationale et du Développement solidaire de 2009

à 2010, ministre chargé de l'Industrie, de l'Énergie et de l'Économie numérique.

[Pendant la campagne présidentielle de 2007.]
Qui connaît monsieur Besson ?

Ségolène Royal
L'intéressé répondra en publiant un livre intitulé
Qui connaît Madame Royal ?

[À propos du passage d'Éric Besson du PS à l'UMP.]
Vous voulez rire, vous voulez rire ! Moi, un Besson, mais vous m'insultez, parce que alors là, Besson, vraiment, c'est un minable, c'est tout ce que c'est.

Georges Frêche, 1er février 2010

BIANCO (Jean-Louis)
(Né en 1943) Ancien secrétaire général de l'Élysée sous la présidence de François Mitterrand, deux fois ministre, ancien maire de Digne-les-Bains, ancien conseiller régional, député et président du Conseil général des Alpes-de-Haute-Provence.

Jean-Louis Bianco ressemble à un ordinateur à binocles. [...] C'est le prototype de l'homme politique façon curé austère, technocrate, le super réglo très rigide. Le grand style coincé balai... [...] Dans la légende, papa Bianco est un prolo, un militant communiste qui a fui le fascisme italien et Jean-Louis un fils d'immigrés. [...] Ainsi, Jean-Louis serait le seul fils de prolo à être né dans une clinique à Neuilly, élevé avenue Montaigne, éduqué prolo à Jeanson-de-Sailly où il s'est fait des potes prolos comme Jacques Attali, avant de se retrouver à l'ENA, célèbre école-ghetto de tous les petits prolos français. La légende de Jean-Louis est un des seuls grands trucs rigolos qu'on trouve en Jean-Louis.

Sylvie Caster
Le Canard enchaîné, 10 juillet 1991

BIDAULT (Georges)
(1899-1983) Président du Conseil national de la Résistance, co-fondateur du MRP en 1944, député de la Loire de 1945 à 1962, trois fois ministre, président du Gouvernement provisoire en 1946, président du Conseil de 1949 à 1950, partisan de l'Algérie française et membre de l'OAS.

[Quand son ministre des Affaires étrangères lui conseilla de recevoir Roosevelt.]
Redressez-vous, Bidault !
[Georges Bidault était petit et voûté.]

Charles de Gaulle
Alger, février 1945

[Bidault ayant cité Marx sur la Russie au XIXe siècle.]
Quelle misère ! Et c'est un professeur d'histoire qui tient ces propos ! Il ne comprend rien à Marx.

Jacques Duclos
Assemblée nationale, 26 juillet 1949

On dit que monsieur Bidault, ce petit poivrot ridicule, subit très fortement l'influence de sa femme. C'est probablement elle qui lui transmet, entre deux « cuites », les ordres du Vatican.

La Calotte, février 1955

C'est un pion – dans tous les sens du terme.

Pierre Brossolette
propos rapporté par André Figueras,
Zoologie du Palais-Bourbon, 1956

Bidault tient en effet du cuistre et du joujou. Il y a en lui un Triboulet qui se sublime, qui se transcende et qui s'admire. Il est condescendant comme un régent de collège, et burlesque comme un toton. Supposez qu'une toupie tournante et ronflante prenne tout à coup forme humaine, pense et s'exprime – vous aurez Georges Bidault.

André Figueras
Zoologie du Palais-Bourbon, 1956

Et Bidault ? Amnistié, pardonné, mais exilé à jamais du pouvoir, rien ne lui sera plus, plus ne lui sera rien. Il ira, la nuit, coller sa pauvre petite figure de défroqué MRP aux grilles du quai d'Orsay. Depuis le trottoir il verra flamber les grands lustres, il imaginera l'huissier, les secrétaires tremblantes, le bureau de Vergennes, et cette ivresse permanente du pouvoir dont aucun alcool ne nous console, quand nous l'avons perdu. Alors Bidault pleurera, accroché des deux mains à la grille, jusqu'à ce qu'un agent paternel le prenne par l'épaule et lui dise doucement de circuler.

François Mauriac
Bloc-notes, 13 juin 1962

BIÉTRY (Pierre)
(1872-1918) Ancien socialiste fondateur des syndicats jaunes, député nationaliste du Finistère de 1906 à 1910.

Monsieur Biétry ? Ah ! Je l'avais oublié !

Jean Jaurès
Chambre des députés, 11 mars 1907

La politique de l'arc-en-ciel. Un jaune qui tourne au blanc et qui tire sur le rouge.

Flax, nom de plume de Victor Méric
Les Hommes du jour, 12 juin 1909

BILLOTTE (Pierre)
(1906-1992) Général, député gaulliste de la Côte-d'Or de 1951 à 1955, ministre de la Défense de 1955 à 1956.

[Pendant la campagne des législatives de 1951.]
Billôte-toi-d'là que j'm'y mette.

Le chanoine Kir
propos rapporté par Jean-François Bazin
et Alain Mignotte,
Le Chanoine Kir a-t-il existé ?, 1969

BLANC (Louis)
(1811-1882) Historien, député de la Seine, membre du Gouvernement provisoire de 1848, premier homme politique à réaliser la synthèse des idées républicaines et du socialisme utopique.

En somme ce nain bilieux était un malfaisant. Il a sa large part dans tout le mal produit en France par les idées révolutionnaires, dont il a été l'un des plus maussades, mais aussi l'un des plus tenaces propagateurs.

L'Univers, 8 décembre 1882
(deux jours après son décès)

BLUM (Léon)
(1872-1950) Député socialiste de la Seine de 1919 à 1928, député de l'Aude de 1929 à 1940, président du Conseil de 1936 à 1937 puis en 1938, président du Gouvernement provisoire de décembre 1946 à janvier 1947.

Un sémite jouant les jolis garçons avec un chapeau mou à l'artiste et un tout petit nez droit dans une physionomie trop régulière – cette sous-variété [de Juif] est horrible – appelé Léon Blum…

Léon Daudet
L'Entre-deux-guerres, 1915

[À propos du Blum de *La Revue blanche.]*
Un effarant Adonis hébreu, ancien normalien, anarcho-socialiste, en chapeau et en smoking, du nom de Léon Blum…

Léon Daudet
Au temps de Judas, 1920

[Propos échangés au sujet de l'occupation de la Ruhr.]

LÉON BLUM. – S'il en est ainsi, si la Chambre, en accord manifeste avec le Gouvernement, entend laisser se dérouler dans le silence une série d'événements redoutables…

LÉON DAUDET. – Indispensables !

MAGNE. – Redoutables pour la finance internationale !

LÉON DAUDET. – Pour la finance juive ! […]

LÉON BLUM. […] – Nous ne pouvons, nous, ni attendre, ni nous taire. […]

AU CENTRE. – Qui « nous » ?

MAGNE. – Il n'y a place que pour des Français, ici !

LÉON DAUDET. – À Jérusalem !

LÉON BLUM. – Je suis à la tribune pour y apporter, au nom de mes amis, contre la politique qui vient d'être exposée, un refus total. […]

MARCEL HABERT. – Vous êtes du côté de l'Allemagne !

LÉON BLUM. – Je déclare que nous protestons de toute notre force…

JEAN YBARNÉGARAY. – Le juif protestant ! *(Rires à droite.)*

LÉON BLUM. […] – Contre l'occupation militaire de la Ruhr. *(Interruptions à droite.)*

LIEUTENANT-COLONEL JOSSE. – Au nom de l'Allemagne !

LÉON BLUM. – Nous entendons protester surtout au nom de l'intérêt national. *(Vives exclamations à droite et au centre.)*

LÉON DAUDET. – Au nom de l'Internationale juive !

LÉON BLUM – J'entends sur ces bancs parler de juifs… *(Exclamations à l'extrême gauche.)* Est-ce, dans votre pensée, une intimidation ou une insulte ? *(Vifs applau-*

dissements à l'extrême gauche et sur divers bancs de gauche. – Bruits.)
MONSIEUR LE PRÉSIDENT. – Ces interruptions perpétuelles sont intolérables, messieurs, mais je n'ai entendu aucune parole injurieuse à l'adresse de l'orateur.

Chambre des députés, 11 janvier 1923

Je suis partagé en ce moment entre le désir de rester pour regarder encore cette mer et le désir de m'en aller pour ne plus voir Léon Blum. [...] C'est un bien curieux phénomène. Il fait penser à ces religions d'Isis ou de Mithra qui pénétraient et désagrégeaient peu à peu la société romaine...

Georges Clemenceau
propos du 26 février 1928 rapporté par Jean Martet
Le Silence de M. Clemenceau, 1929

Léon Blum, le socialiste pour salonnards, a un physique [...] qui tient de la chèvre et du lévrier, une cervelle allemande, et des petites manières chatouillées. Il est instruit, disert et redondant et il est évident qu'avec sa culture allemande il aspire à jouer les Ferdinand Lassalle, beaucoup plus qu'à faire le bonheur du quatrième état. C'est un de ces intellectuels retors, assez subtils et pas mal absurdes, épris du paradoxe élégant, comme il s'en balade quelques-uns sur le Sinaï.

Léon Daudet
Paris vécu. Deuxième série : rive gauche, 1930

Plongeant son nez dans son mouchoir de dentelle et roulant des yeux blancs de belette foireuse, mamzelle Blum déclare, en tapant du pied, que « c'en est trop à la fin », qu'elle n'en saurait supporter davantage. Elle supportera tout, la petite « ghetto », pour ramasser dans les crachats un mandat frelaté, avec ses dents d'or.

Léon Daudet
Termites parlementaires, 1930

Léon Blum, de l'Internationale n° 2, c'est la partie fibreuse dudit bloc, c'est le type du juif de traits réguliers et de petites manières, perfide, féroce et lâche à souhait. C'est un orateur, à mon avis, ennuyeux, par son ronron insistant et geignard, mais doué de quelques-unes des qualités de l'orateur, et qui se fait écouter. C'est un écrivain médiocre et grisâtre. [...] Intellectuellement et moralement, c'est un précieux, du genre hermaphrodite, et, dans le ghetto, quand de tels précieux s'en mêlent, chacun sait qu'ils font bien les choses. Ambitieux à froid, il porte, sur son visage d'ancien Adonis hébreu, la marque notée par Zangwile, son compatriote, la marque du *Tchad Gadya*, du *tædium vitæ*, de l'ennui de vivre. « Cohen » de naissance et de style, il méprise profondément les « Lévy » et la démocratie en général ; mais il voit en elle le moyen de parvenir à jouer un rôle important, à ramasser ainsi le sceptre tordu de Jaurès. Étant ainsi bâti, Léon Blum se parachève d'une hyperesthésie vaniteuse qui le pousse à pleurer de vraies larmes quand on le ridiculise, ou quand on se moque de son argument. Je l'ai même vu –

spectacle inénarrablement comique – taper du pied en descendant de la tribune et regagnant son banc, comme un cheval stationnant devant une boutique. Mademoiselle avait ses nerfs. Une autre fois, il eut une crise de colère désespérée, parce qu'un collègue l'avait traité d'Allemand [...] ; mademoiselle tempêtait, menaçait, arrondissait, croisait, décroisait ses bras de faucheux (je veux parler ici de l'araignée rustique, non du cultivateur). [...] Je vois encore cela comme si j'y étais et j'entends la voix railleuse de Joly, député de Nîmes : « Pauvre chéri, remets-toi, tu n'es pas Boche ; tu n'es que demi-Boche, qu'un juif panaché de Boche. » Quelle tempête de rires ! La fifille Blum excelle à prodiguer ses petites mines et ses sourires confus, ses supplications – je vous en supplie, monsieur le ministre ! – et ses étonnements chatouillés [...]. Quand il a fini d'évoquer, d'adjurer, d'implorer des explications sur ces arides tarifs de chemin de fer, qu'il suce ainsi que des bonbons, le citoyen Fifille libère tout à coup le serpent haineux qui siffle sous ce coussin de satin rose. L'œil devient d'acier. Le ton grince. Il est fait allusion à l'heure prochaine où Blum administrera la société française, sera notre maître à vous et à moi [...]. C'est comique, parce qu'une demoiselle, même garnie de barèmes et de logarithmes, même stylée par Jaurès et Sembat, même ambitieusement corsetée, ne fera jamais peur aux plus timides bourgeois. C'est comique, mais significatif. Ce Léon Blum est un Oriental, sans frein ni loi, barbouillé en juriste français. Il n'est sincère en lui, sous le feint bon ton et le beau veston, que la rage contre notre nation, nos tours d'esprit, nos mœurs, que l'avidité de les détruire. Comme elle voudrait mordre, cette fifille savante !...

Léon Daudet
Termites parlementaires, 1930

Ce visage de girafe irritée ; [...] la girafe en veston ; [...] parangon des salonnards socialisants...

Léon Daudet
Termites parlementaires, 1930

C'est un grand nerveux, un impressionnable, en ce qui le concerne, un insensible complet, en ce qui concerne les autres. Avant tout, c'est un hybride, qui a des colères et des tressaillements de femme, une férocité d'Oriental et une conception des choses demi-trouble, demi-brutale, de Boche accompli. Je me demande ce que les braves vignerons du Narbonnais peuvent penser de ce coco-là, qui a à peu près autant d'affinités avec eux qu'un hareng de la Baltique avec des coqs de chez nous. [...] Après la guerre, ce fut lui qui fut chargé de renouer les relations avec les sozial-demokrates allemands, qui avaient joué un si joli tour à leurs collègues français, au 31 juillet 1914 [...]. À Hambourg, Blum, rendu à son ethnicité foncière, s'exprima en allemand, et remporta, paraît-il, un véritable succès. Je le crois sans peine. Il devait se sentir rapatrié. [...] Je ne pense pas du tout que Blum – qui a la plus belle argenterie de France – opère seul, ni d'une manière spontanée. Il a certainement avec lui un consortium de banquiers, qui jouent la carte du socialisme et du prélèvement sur le capital.

Léon Daudet
Termites parlementaires, 1930

Blum, député « allemand » au Parlement français...

Léon Daudet
Termites parlementaires, 1930

Blum, sorte de lévrier hébreu, minaudant et hautain, à la parole facile et pédante, ex-conseiller d'État et distribuant à ses voisins des tas de conseils. Type classique du dupeur du peuple, chéri des salonnardes et des salonnards qu'il épate avec des manchettes étincelantes et des prédictions de Grand Soir.

Léon Daudet
Député de Paris, 1933

Ce juif allemand naturalisé ou fils de naturalisé qui disait aux Français, en pleine Chambre, *qu'il les haïssait*, n'est pas à traiter comme une personne naturelle. C'est un monstre de la République démocratique. Et c'est un hircocerf de la dialectique heimatlos. Détritus humain, à traiter comme tel. [...] C'est un homme à fusiller, mais dans le dos.

Charles Maurras
L'Action française, 9 avril 1935

Ce falot personnage finira président de quelque conférence Saint-Vincent-de-Paul pour démocrates-

chrétiens. Déjà, les Pédés fondent d'enthousiasme à la vue de ce parlementaire toujours battu. Blum est où il est, dans son trente-sixième dessous, et il y reste fort justement parce que rien ne peut changer dans sa position.
[Les Pédés sont, chez Maurras, les démocrates-chrétiens du Parti démocrate (PD).]

Charles Maurras
L'Action française, 7 janvier 1936

[Son] regard tout ensemble inflexible et trouble [...] regard d'enchanteur funèbre, luisant et clignotant sous les verres, ainsi que la veilleuse des tombeaux...

Henri Béraud
Gringoire, 10 janvier 1936

Blum ! C'est le bruit que font douze balles françaises entrant dans la peau d'un traître !

Xavier Vallat
pendant la campagne législative de 1936

[Blum] ne sera pas maître d'envoyer le peuple français à l'abattoir. S'il le fait, il sera le premier abattu. [...] Cela compris, il est trop clair qu'il s'en suivra de terribles conséquences pour notre pays, qui attirera la horde hitlérienne, une fois qu'il sera désarmé et ouvert. Mais il n'y a pas de désarmement qui tienne ! Le jour de l'agression et de l'invasion, il restera toujours en France quelques bons couteaux de cuisine et monsieur Léon Blum en sera le ressortissant numéro un.

Charles Maurras
L'Action française, 14 mai 1936

C'est en tant que juif qu'il faut voir, concevoir, entendre, combattre et *abattre* le Blum. Ce dernier verbe paraîtra un peu fort de café : je me hâte d'ajouter qu'il ne faudra *abattre* physiquement monsieur Blum que le jour où sa politique nous aura amené la guerre impie qu'il rêve contre nos compagnons d'armes italiens. Ce jour-là, il est vrai, il ne faudra pas le manquer.

Charles Maurras
L'Action française, 15 mai 1936

Alors les attaques contre ce vieux chameau sémitique de Blum ne sont pas tolérables par ces messieurs ? [...] Ce qu'il faudrait il nie l'avoir voulu : il s'inflige à lui-même cet éblouissant désaveu. Alors ? Alors, disons que le type a été dressé, parfaitement dressé, par nos soins : au fouet – en attendant le couteau de cuisine.

Charles Maurras
L'Action française, 16 mai 1936

Voici maintenant que se lève le cabinet Blum, le cabinet du Talmud. [...] Il se lève au-dessus de la nouvelle législature comme une lune blafarde dans un halo rouge, éclairant des ruines.

Léon Daudet
L'Action française, 2 juin 1936

Pour la première fois, ce vieux pays gallo-romain sera gouverné [...] par un juif. *(Vives réclamations à l'extrême gauche et à gauche.)* [...] Je dis, parce que je le pense, – et j'ai cette originalité ici, qui quelquefois me fait assumer une tâche ingrate, de dire tout haut ce que tout le monde pense tout bas *(Applaudissements à droite. – Exclamations à gauche et à l'extrême gauche.)* – que, pour gouverner cette nation paysanne qu'est la France, il vaut mieux avoir quelqu'un dont les origines, si modestes soient-elles, se perdent dans les entrailles de notre sol, qu'un talmudiste subtil. *(Protestations à l'extrême gauche et à gauche.)*

Xavier Vallat
Chambre des députés, 6 juin 1936

Au cours d'une carrière déjà longue et bien remplie, vous avez eu le tort de vous assurer une réputation bien établie de prophète qui se trompe.

Il y a longtemps que vous vaticinez et que vous annoncez le contraire de ce qui arrive ! Ce don instinctif de la divination à rebours, vous l'avez surtout exercé en politique étrangère. [...] Eh bien ! Avouez que, si gouverner c'est prévoir, il n'y a pas beaucoup d'hommes qui aient moins de titres que monsieur Léon Blum aux fonctions de chef de gouvernement. [...] Par ailleurs, votre passé, votre long passé dans l'opposition nous a prouvé surabondamment que vous étiez un esprit supérieur, qui se refusait à voir les humbles réalités de la vie. Nous ferons donc, pour notre compte, tout ce que nous pourrons pour que ne reste pas au gouvernail du navire « France » un pilote qui, les yeux perdus dans les nuées, nous conduira infailliblement vers tous les naufrages. *(Vifs applaudissements à droite et sur divers bancs au centre.)*

Xavier Vallat
Chambre des députés, 6 juin 1936

Le peuple français n'est prêt ni pour le Talmud ni pour le knout. [...] Le fait que le chef du gouvernement n'appartient pas à notre peuple est, cette fois, vivement ressenti [...]. Des personnes, fort éloignées hier encore de l'antisémitisme, déclarent maintenant que cette « royauté » d'Israël n'est pas tolérable.

Léon Daudet
L'Action française, 7 juin 1936

Pour la première fois, en ce jour de fête « nationale », le gouvernement ne rendra pas visite au Soldat inconnu. On s'en scandalisera. Mais peut-être, dans cette abstention, faut-il plutôt reconnaître un certain sens des convenances. Le Héros de l'Arc de Triomphe ne se sentirait nullement honoré d'être salué par le poing tendu de Jean Zay qui a traité de torche-c... le drapeau pour lequel il est mort. Et il est d'autres ministres de l'équipe qu'il ne tient pas à voir davantage, car, pour eux, il est deux fois l'Inconnu. Ils n'ont jamais eu l'occasion de le rencontrer de son vivant au seul front qui fût à la fois « national » et « populaire » et ils n'ont rien gardé ensemble, surtout les tranchées. [...] Tel est le cas de Léon Blum [qui] devait être [...] de la classe 92, peut-être 93 : elles ont fait la guerre en première ligne. Léon Blum préféra s'embusquer comme secrétaire de Marcel Sembat [...]. Mais Léon

Blum avait quatre frères, tous en âge de porter les armes. On ne leur demandait pas de s'engager, mais de suivre le sort de leurs classes. [...] Sans doute la bonne place occupée par Léon dans les ministères ne fut pas étrangère à l'heureux sort de ses frères. Ainsi fut réalisé ce véritable miracle : une famille de cinq garçons dans la force de l'âge parvenant à « tirer » les quatre ans de la guerre, non seulement sans morts ni blessés, mais sans avoir vu le front. Quelle famille française pourrait en dire autant ?

L'Action française, 14 juillet 1936

La basse moralité d'un Blum eût autrefois opposé quelques difficultés à son ascension. Dans ce régime de pourris, il a avancé en tant que pourri. C'est le cas de Salengro – eh quoi ! disent les bonnes gens, ministre de l'Intérieur quoique déserteur ! Mais non, mais non : parce que déserteur ! De même Blum : parce que pédéraste ! Parce que fraudeur à l'examen !

L'Action française, 9 octobre 1936

Il incarne tout ce qui nous révulse le sang et nous donne la chair de poule. Il est le mal, il est la mort.

Pierre Gaxotte
Candide, 7 avril 1938

Vous n'avez pas assez de terre française à la semelle de vos souliers !

Joseph Caillaux
Sénat, 8 avril 1938

Le coquin juif à gueule d'hypocampe *(sic)*, posté par sa race aux leviers de commande, ainsi qu'il est annoncé, de long en large, dans les *Protocoles des sages de Sion*...

Comte de Puységur
La Trahison des chefs nationaux, 1938

Il n'y a pas pour une canaille politique du genre de Blum de mesure unique permettant de juger ce qu'il a dit et fait hier et ce qu'il fait aujourd'hui. Blum a renoncé à se tordre comme le répugnant reptile qu'il est et à siffler comme un reptile ; il laisse maintenant libre cours à ses sauvages instincts d'exploiteur bourgeois qui a tremblé pour ses privilèges.
En Blum sont réunis le dégoût de Millerand envers le socialisme, la cruauté de Pilsudski, la lâcheté combinée avec la soif de sang de Noske, et la haine féroce de Trotski envers l'Union soviétique.
La classe ouvrière ne peut pas ne pas clouer au pilori ce monstre, monstre au point de vue moral et politique. Elle ne peut pas ne pas condamner, ne pas repousser avec horreur et dégoût Blum-le-bourgeois, Blum l'organisateur de la non-intervention et de la « pause », Blum l'assassin des ouvriers de Clichy, Blum-le-policier, Blum-la-guerre. Sans cela serait impossible la lutte victorieuse pour la paix, pour le socialisme.

Maurice Thorez
L'Internationale communiste, février 1940

BONNEVAY (Laurent)
(1870-1957) Dit « l'Éole de Tarare », député républicain progressiste du Rhône de 1902 à 1924 et de 1928

à 1940, sénateur de 1924 à 1927, membre de l'Assemblée consultative provisoire de 1944 à 1945.

Le Centre – lui, toujours lui – ou, comme on disait, l'« Aragouinat » avait placé son espoir parlementaire en un député de Tarare, à favoris, juriste consommé, assurait-on, du nom de Laurent Bonnevay. Celui-ci était affligé d'un défaut que nous n'avions pas tardé à déceler et qui affligeait ses voisins immédiats. Il pétait, tantôt sournoisement, tantôt avec bruit, toujours de la façon la plus odoriférante. La haute température maintenue par monsieur Eugène Pierre [le secrétaire général de la Chambre] dans la salle des séances alourdissait ces gaz nauséeux, qui flottaient pendant de longues minutes, comme des écharpes de bayadères, et sur lesquels nous soufflions, afin de les diriger vers la gauche.

Léon Daudet
Député de Paris, 1933

BORLOO (Jean-Louis)
(Né en 1951) Maire de Valenciennes, député du Nord de 1993 à 2002 et depuis 2010, plusieurs fois ministre, président du Parti radical.

Borloo est un avocat qui traite seul ses dossiers et ne dialogue qu'avec lui-même. Ce n'est pas un ministre, c'est un « créatif ». Heureusement qu'avec les autres on peut travailler.

Jean-Pierre Raffarin
Le Canard enchaîné, 15 décembre 2004

Zozo…

François Fillon
Le Canard enchaîné, 24 novembre 2010

Borloo, ça s'écrit B-O-R-L et double zéro.

François Bayrou
Le Canard enchaîné, 27 juillet 2011

[Après son retrait de la course présidentielle.] Borloo sera donc notre Delors à nous. Par chance, il n'a pas de fille à nous refiler en échange…

Jean-Christophe Lagarde
Marianne, 8 octobre 2011

BOSCARY-MONSSERVIN (Roland)
(1904-1988) Député indépendant de l'Aveyron de 1951 à 1958, ministre de l'Agriculture de 1957 à 1958.

Vous êtes un chien et pas un homme.

Jacques Duclos
Assemblée nationale, 26 mars 1957

BOULANGER (Georges)
(1837-1891) Général, ministre de la Guerre en 1886, chef de file du mouvement nationaliste, élu député dans plusieurs départements en 1888 et 1889.

Le général s'essaie au rôle de Bonaparte. C'est grotesque, tout simplement. Bonaparte, avant de devenir maître de la France, avait à son actif l'Italie et l'Égypte.

Boulanger a l'expulsion des Princes et ses mensonges, ce n'est pas suffisant : Bonaparte avait son génie, Boulanger a son impudence et sa blague.

Le Pilori, 22 août 1886

J'ignore qui a permis à notre collègue de prendre devant cette assemblée un langage si hautain et de lui parler comme le général Bonaparte revenant de ses victoires [...]. À votre âge, monsieur le général Boulanger, Napoléon était mort. Et vous ne serez, vous, que le Sieyès d'une Constitution mort-née.

Charles Floquet
Chambre des députés, 4 juin 1888

Vous qui avez passé des sacristies dans les antichambres des princes...

Charles Floquet
Chambre des députés, 12 juillet 1888

Quelle chute ! Quelle décadence ! [...] Paris l'a pris, corrompu, gâté, dévoyé, enlisé comme le premier Numa Roumestan de province. [...] Qui ça, Boulanger ? Un homme qui porte une belle barbe blonde. [...] Et je ne plaindrai pas ce malheureux, cet ancien soldat tellement déchu, chez qui la conscience est si bien morte, qu'il ne se plaint peut-être pas lui-même.

Joseph Reinach
article du 28 juin 1888 repris dans
Les Petites Catilinaires, tome I,
La Foire boulangiste, 1889

Sommes-nous revenus à Décembre ou Brumaire ?
En quête d'un nouveau César,
Le peuple se ruant aux pieds d'un rastaquouère
Va-t-il s'atteler à son char ? [...]
Va, crie : il nous le faut ; rugis, foule imbécile !
Acclame ton nouveau sauveur.

Jean Caraud
Au César d'occasion, 1888

Il nous est impossible de ne pas affirmer une fois de plus tout le mépris que nous avons pour lui [Boulanger]. Il est parvenu par la basse intrigue et l'adulation. [...] Il est plus qu'intrigant, il est vil, car il frappe et insulte sans scrupule tous ceux qui l'ont servi. Il est menteur. [...] Il plaide en divorce avec sa femme, délaissée et outragée. Toute la bande qui grouille autour de lui n'a pu rester dans la vie de famille. [...] Tous, ou presque tous, viveurs effrénés, joueurs endettés, se refaisant dans la caisse noire du boulangisme.

Jean Jaurès
La Dépêche, 3 février 1889

Dis donc, si on te fusillait un brin pour t'apprendre ce que c'est qu'un gouvernement fort, tu ne l'aurais pas volé, cochon !

Émile Pouget
Le Père Peinard, 24 mars 1889

Un héros d'alcôves... Le peuple qui peine et qui souffre finira par se désaffectionner d'un chef qu'il ne voit presque jamais et qui passe son temps avec les gourgandines de la haute pègre.

Le Petit Caporal, 5 avril 1889

Je croyais qu'en ayant Paris
D'un roi pouvoir prendre la place
Mais de Londres, j'ai bien compris,
Que je ne suis plus qu'une paillasse.

Le Général Paillasse,
chanson républicaine, octobre 1889

L'homme est tout entier dans ce peu de mots : un ambitieux, ni plus ni moins… la dupe très embarrassée aujourd'hui d'une faction et de son propre orgueil.

Théodore Pécheux
Les Élections générales de 1889 : république, boulangisme, empire, royauté, 1889

Ci-gît Boulanger, qui mourut comme il vécut : en sous-lieutenant.
[Épitaphe proposée après le suicide de Boulanger sur la tombe de sa maîtresse madame de Bonnemain.]

Georges Clemenceau
30 septembre 1891

Fallait-il qu'il soit godiche
Ce grand héros de carton.
D'sa grandeur s'étonnait-on ?
Non, vraiment, cette potiche
Aurait pu faire son chemin

S'il avait eu bonne main…
Faisons-lui une épitaphe,
Digne de tous ses exploits :
Homme de mauvais aloi,
Aussi bête qu'une girafe,
Ne plaignez pas trop son sort,
Il fallait qu'il devînt mort.

J. J. Guignol
Suicide de l'ex-brav' général Boulanger, jérémiades, 1891

S'annonça comme César, vécut comme Catilina… succomba comme Roméo !

Séverine
Notes d'une fondeuse. De Boulanger à Panama, 1894

BOURGEOIS (Léon)
(1851-1925) Député radical de la Marne de 1888 à 1905, sénateur de 1905 à 1925, plusieurs fois ministre, président du Conseil de 1895 à 1896, père du « solidarisme », militant de l'arbitrage international, président de la Société des Nations en 1919, prix Nobel de la Paix en 1920.

Bourgeois a le cerveau d'un chef et le cœur d'un suivant.

Georges Clemenceau
L'Aurore, 20 novembre 1898

BOURGES (Yvon)
(1921-2009) Diplomate, plusieurs fois membre du gouvernement et en particulier ministre de la Défense de 1975 à 1980, puis sénateur.

Vous êtes, monsieur le Ministre, le ministre de l'Ennui.

Charles Hernu
Le Monde, 4 octobre 1979

BOURMONT (Louis-Auguste-Victor de)
(1773-1846) Général royaliste qui changea de camp à Waterloo.

[Apprenant sa trahison à la veille de Waterloo.]
Qu'importe la cocarde, Jean-foutre sera toujours Jean-foutre.

Le général Blücher
cité par Gustave Gautherot, *Un gentilhomme de grand chemin. Le Maréchal de Bourmont*, 1926

BOUTIN (Christine)
(Née en 1944) Députée UDF puis UMP des Yvelines de 1986 à 2007, opposante au Pacs en 1998, candidate à l'élection présidentielle de 2002, ministre du Logement de 2007 à 2009, présidente du Forum des républicains sociaux.

[Le Premier ministre Lionel Jospin ayant comparé la droite aux anciens esclavagistes.]

CHRISTINE BOUTIN. – Honte à vous ! Monsieur le Président, il faut lever la séance. *(Jean Glavany brandit un papier portant « Boutin hystérique ».)*
CLAUDE BARTOLONE. – Boutin, dehors !
CHRISTINE BOUTIN. – Salopards ! [...]
NICOLE BRICQ. – Laissez-nous vivre, madame Boutin !

Assemblée nationale, 14 janvier 1998.

Il n'y a plus de caviar à Rambouillet ?

Jean-Pierre Brard
Assemblée nationale, 14 octobre 1998

[Après que Christine Boutin a cité Jaurès.]
JULIEN DRAY. – Ils l'ont changée !
GUY-MICHEL CHAUVEAU. – Miracle !

Assemblée nationale, 3 novembre 1998

Bachi-bouzouk !

Alfred Recours
Assemblée nationale, 3 novembre 1998

Amen ! *(Rires sur les bancs du groupe Communiste, du groupe Socialiste et du groupe Radical, Citoyen et Vert. – Exclamations et huées sur les bancs du groupe du Rassemblement pour la République, du groupe de l'Union pour la démocratie française-Alliance et du groupe Démocratie libérale et Indépendants.)*

Muguette Jacquaint
Assemblée nationale, 3 novembre 1998

Ce n'est pas un discours, c'est un chemin de croix !

Odile Saugues
Assemblée nationale, 3 novembre 1998

C'est nazi !

Yvette Roudy
Assemblée nationale, 3 novembre 1998

Madame Boutin ne pense qu'au sexe. Ça l'obsède !

Christian Bataille
Assemblée nationale, 3 novembre 1998

Nous sommes en France, pas au Vatican !

Yann Galut
Assemblée nationale, 3 novembre 1998

[Pendant les questions au gouvernement.]
Sur le Pacs, le retard pris par le débat s'explique pour l'essentiel par une obstination dans l'obstruction et par le choix de l'opposition de confier l'exposé de sa vision de ce problème de société à une députée marginale sur ces questions et outrancière dans ses propos. *(Vives protestations sur les bancs du groupe du Rassemblement pour la République, du groupe de l'Union pour la démocratie française-Alliance et du groupe Démocratie libérale et Indépendants. – Applaudissements sur les bancs du groupe Socialiste, du groupe Communiste et du groupe Radical, Citoyen et Vert.)* [...]
(Christine Boutin quitte son banc et s'approche de celui de monsieur le Premier ministre. – Les huissiers s'interposent.)

CHRISTINE BOUTIN. – Monsieur le Premier ministre, vos propos sont scandaleux !
(De nombreux députés du groupe de l'Union pour la démocratie française-Alliance, du groupe du Rassemblement pour la République et du groupe Démocratie libérale et Indépendants quittent l'hémicycle en protestant avec véhémence.)

Lionel Jospin
Assemblée nationale, 2 décembre 1998

[À propos d'une candidature selon lui soutenue par l'Élysée pour lui nuire.]
Boutin est un boudin d'urgence, tels ceux de l'*Erika*...
[Utilisé en mer, ce boudin gonflable sert à contenir les nappes de pétrole.]

Philippe de Villiers
Dossier du Canard, n° 83, avril 2002

Une peau de hareng...

Martin Hirsch
Le Canard enchaîné, 29 juillet 2009

BRAUN (Madeleine)
(1907-1980) Députée communiste de la Seine de 1946 à 1951.

[Madeleine Braun lui ayant lancé : « Parlez-nous de Munich ! »]
Je vous en ai déjà parlé, madame, pas assez sans doute à votre goût, vous avez peut-être des goûts dépravés.

Édouard Daladier
Assemblée nationale, 24 février 1949

BRIAND (Aristide)
(1862-1932) Député de la Loire de 1902 à 1919, député de la Loire-Inférieure (actuelle Loire-Atlantique) de 1919 à 1932, vingt-cinq fois ministre, onze fois président du Conseil, prix Nobel de la Paix en 1926 pour ses initiatives en faveur de la paix et du rapprochement franco-allemand.

Dans l'hospitalière maison où s'écoula l'enfance d'Aristide, un certain nombre de ces filles qu'on s'obstine à qualifier de joie, sans doute pour mieux faire ressortir leur passivité morne, se livraient pour des sommes relativement peu élevées, en présence des commis voyageurs, des calicots, des militaires et des fonctionnaires de l'endroit, à quelques exploits vocaux redoutables pour les oreilles, suivis d'autres exercices non moins redoutables par les suites, mais qui se passaient, pour sauvegarder les mœurs, aux étages supérieurs de cette demeure où brillait, la nuit, le gros numéro, lumineux comme un phare.
Aussi, le vilain garçon, en qui se développaient les plus charmants défauts de son âge : la gourmandise, le mensonge, la ruse, la fourberie, la luxure et le reste des péchés capitaux, manifesta de bonne heure les plus heureuses dispositions pour devenir un idéal malotru, et Titine Sallé, Marie Cavallin et autres Boules-de-Suif s'acquittèrent consciencieusement à satisfaire son instinct précoce du sexe.
On n'en finirait pas de raconter la série des méfaits de ce dauphin de la prostitution, qui roulait du fond des alcôves aux loges des chanteuses et qui ne se plaisait infiniment que parmi les impures visions, dans

l'atmosphère lourde des parfums violents, en reniflant voluptueusement les eaux sales de toilette.

Eugène Lacotte
Nos Seigneurs républicains, 1906

Il y a quelque chose de plus injurieux que de montrer aux foules pour leur enseignement les ilotes ivres, c'est comme le veut *Le Temps* de leur montrer des ilotes dégrisés.

Jean Jaurès
Chambre des députés, 14 mai 1907

Crapuleux personnage, loque humaine…

Gustave Hervé
La Guerre sociale, 17-23 février 1909

Élevé dans un lupanar, entremetteur dès l'adolescence, outrage public à la pudeur vers l'âge adulte, renégat tout le reste du temps, Aristide Briand a une tendance naturelle, innée en quelque sorte, à ne connaître que le droit commun.

Léon Daudet
L'Action française, 14 mars 1909

Que voulez-vous que je foute entre Caillaux qui se prend pour Napoléon et Briand qui se prend pour Jésus-Christ ?

Georges Clemenceau, 12 mai 1909

Salut à Son Excellence Aristide Briand, grand chef des tapinophages de France. Salut au Triomphateur, à l'Arriviste ingénieux et souple, au Professeur d'énergie selon le cœur de Maurice Barrès. Salut au Maître qui, parti des marais fangeux de la gêne et de la médiocrité, resplendit au soleil éclatant du Pouvoir.

Flax, nom de plume de Victor Méric
Les Hommes du jour, n° 26, 1910

On fabrique un Briand consul ou dictateur. De cet homme déshonoré, de ce rhéteur vide et fluent, de ce politique médiocre qui n'a jamais réussi que la fable ou la simagrée [...] de cette insignifiance habillée en ministre on essaie de tirer une silhouette d'homme d'État !

Charles Maurras
L'Action française, 6 mai 1910

Les hommes médiocres sont flattés quelquefois de la crainte qu'ils inspirent ; les héros, qui la méprisent, en ont pitié. Mais la peur irrite les chiens. Il suffit de leur donner le sentiment de son inquiétude pour se faire mordre à coup sûr. Dans sa chiennerie naturelle, Briand n'a pu s'empêcher de comploter des attaques à l'adresse de ceux dont il voyait trembler l'échine sous sa caresse.

Charles Maurras
L'Action française, 18 octobre 1910

Nous avons vu déjà des gouvernements réprimer violemment des manifestations ouvrières. Mais au lendemain de ces répressions, il ne restait pas dans le cœur du prolétariat la rancune qui persiste actuellement à l'égard du chef du gouvernement. Il y a aujourd'hui, dans tout le monde des travailleurs, des milliers d'hommes qui sont rentrés au travail, sous la pression de l'autorité, avec la rage dans le cœur contre celui qu'ils considéraient comme un excitateur hier et qu'aujourd'hui, ils voient comme un traître [...]. Dans notre refus d'accorder notre confiance, nous obéissons à un mobile de moralité politique que je soumets à la conscience de tous mes collègues.

Victor Augagneur
Chambre des députés, 30 octobre 1910

Considérant que cette politique scandaleuse et corruptrice ne peut qu'ébranler le régime républicain et supprimer toute chance d'évolution légale; que la violation flagrante du droit de grève et l'abus de la force militaire détournée de sa destination légale et employée à écraser une liberté connue par la loi, constituent des crimes qui doivent être, non seulement flétris, mais réprimés, la Chambre décide qu'il y a lieu de mettre en accusation, conformément à l'article 12, alinéa 2 de la loi constitutionnelle, monsieur Briand, président du Conseil.

Jules Guesde
Chambre des députés, 30 octobre 1910

César Arlequin de l'anarchie et de la grève générale [...] ; Polichinelle sinistre.

Jean Jaurès
L'Humanité, 30 octobre 1910

Ainsi le traître, par la combinaison de la félonie et de la ruse, a accumulé devant lui les difficultés insolubles. Quoi qu'il advienne, il est perdu. Il finira dans l'impuissance et le mépris. C'est en vain que l'hôte de l'Élysée s'emploie à badigeonner le sépulcre ; le sépulcre blanchi exhalera toujours une odeur de conscience morte.

Jean Jaurès
L'Humanité, 5 novembre 1910

On lit dans les *Mémoires de la fille d'un roi de Prusse* que « ce méchant roi, à table, avait l'habitude de cracher dans le plat de ses enfants ». On nous offre aujourd'hui une situation analogue, avec cette différence toutefois que monsieur Briand n'est pas notre père et que nous ne sommes pas obligés de l'aimer.

Jean Plichon
Chambre des députés, 9 novembre 1910

Ne déplaçons pas la question. Je sais à quel monstre de souplesse j'ai affaire. *(On rit.)*

Maurice Barrès
Chambre des députés, 16 janvier 1911

Son plaisir étant de pérorer simultanément ce qu'il fait et ce qu'il ne fait pas, quitte à s'embouteiller lui-même – ce dont il n'a cure – dans les détours de propos contradictoires où il ne cherche que l'avantage du moment.

Georges Clemenceau
Sénat, 6 juillet 1916
rapporté dans *L'Homme enchaîné*, 11 janvier 1917

On n'attelle pas un pur-sang avec une grenouille !

Georges Clemenceau
quand on lui propose de prendre Briand
dans son gouvernement en 1918.
[Réponse prêtée à Briand :
« La grenouille est un animal à sang froid.
Il n'est pas mauvais d'avoir du sang-froid.
Et quand un cheval de fiacre envoie
des ruades, il ne faut pas en conclure
que c'est un pur-sang ! »]

À ce voyou poussé sur le fumier des guerres sociales, il sied vraiment de dédaigner polémiques ou polémistes ! Je ne répondrai qu'une chose : si médiocre que fût mon estime pour Briand, je n'imaginais point qu'il irait, à cette vitesse-là, si bas !

Charles Maurras
article du 22 janvier 1921 repris dans
Le Mauvais Traité. De la Victoire à Locarno. Chronique d'une décadence, tome I, 1928

De toute évidence, l'imagination de monsieur Briand situe Aix-la-Chapelle dans les environs de Berlin.

C'est un nom de ville lointaine comme Pampelune et Pamperigouste. Telle est la géographie du président du Conseil des ministres français, chargé de la gestion de nos affaires en Allemagne. Nos intérêts sont entre de bonnes mains.

Charles Maurras
article du 1er juin 1921 repris dans
Le Mauvais Traité. De la Victoire à Locarno. Chronique d'une décadence, tome I, 1928

Mon cadavre lui ferait plaisir. Je ne pleurerais le sien que très modérément.

Léon Daudet
La Chambre nationale du 16-Novembre, 1923

Je veux la paix entre la France et l'Allemagne. Qui parle ainsi ? Jéhovah ? Le pape ? Non, c'est monsieur Briand. À lire, à relire, à méditer son oukase genevois, il est difficile de ne point se demander si la névrose oratoire n'est pas en train d'opérer au fond de ses méninges les ravages définitifs [...].

Charles Maurras
L'Action française, 9 septembre 1925

On ne comprendra jamais Briand si l'on ne part du principe que cet homme si rusé est d'abord un imbécile.

Charles Maurras
article du 3 décembre 1925 repris dans
Le Mauvais traité. De la Victoire à Locarno. Chronique d'une décadence, tome II, 1928

Laisser cet homme au ministère équivalait à placer au Quai d'Orsay un écriteau conviant les nations de l'Univers à considérer que la France s'établissait receveuse générale de tous les coups de pied quelque part qu'on voudrait lui administrer. Sous Briand, par Briand, le nom de citoyen français cesse fatalement de protéger les gens qui le portent. Jusques à quand cet homme sera-t-il supporté ?

Charles Maurras
article du 3 novembre 1926
repris dans *Le Politique (1926-1927)*, 1927

Oui, la politique de Briand, oui, la police de monsieur Briand, oui, cette politique allemande, philoboche et proboche, cette politique d'embrassade maçonnique et judaïque universelle, a pour effet d'abord, d'inquiéter, puis d'armer et d'alerter l'Italie contre nous. Il n'y a pas plus d'illusions à se faire sur la vérité qu'il n'y a de scrupule à concevoir sur le fait de la révéler.

Charles Maurras
article du 9 novembre 1926 repris dans
Le Politique (1926-1927), 1927

Le malfaisant n'est pas celui qui prêche ouvertement la désertion de la patrie ou le pillage de la propriété. C'est le rhéteur insidieux, le plat et mielleux philanthrope qui parle de vertu, d'évangile, d'amour pour insinuer doucement le principe de la crosse en l'air, du « Tue tes chefs » et de la guerre des classes.

[…] L'ennemi de la France qui dit : *Je suis la France*, l'ennemi de la paix qui dit : *Je suis la paix*, voilà, sans doute, le vrai pire. S'il fallait un nom propre pour illustrer et personnifier cette catégorie, il est tout trouvé, c'est Briand.

Charles Maurras
L'Action française, 20 avril 1928

Il y a bien des dangers qui menacent la France […]. Elle est menacée par les Briand, les Malvy, les Léon Blum, tous ces gens qui sont installés là-dedans comme des rats dans une charpente.

Georges Clemenceau
propos du 27 janvier 1929 rapporté par
Jean Martet, *Le Tigre*, 1930

Il est un homme du peuple français, d'une vieille race, avisée et gouailleuse. Il a traîné cette gouaille sur des ports et dans des faubourgs, souple comme un chat, noctambule et paresseux comme lui, guettant les oiseaux, et de temps en temps, se piquant une plume au-dessus du derrière pour faire croire que c'était une aile. À force de traîner, le pied est devenu traînard, la voix traînante et l'âme traîneuse. Il porte maintenant des chaussures, parce qu'il est ministre, mais l'âme reste en savates, parce que c'est son destin.

René Benjamin
Les Augures de Genève, 1929

Le voyou de passage…

Georges Clemenceau
Expression employée en 1910 et reprise par
Léon Daudet dans l'ouvrage au titre éponyme,
Le Voyou de passage : Aristide Briand, 1930

Monsieur Briand, une fois de plus, vient donc à l'Allemagne les mains tendues, les bras ouverts. Il lui dit : « Voyez ce que j'ai déjà fait : j'ai fait évacuer la Ruhr, Düsseldorf, Duisbourg, Ruhrort. Je suis prêt à faire plus encore ! *Nous causerons de l'évacuation des territoires occupés…* »
C'est ce que monsieur Briand appelle « jouer cartes sur table ». Il montre son jeu à l'adversaire, retourne ses atouts, et dit : « Maintenant, que la partie s'engage ! »

Georges Clemenceau
Grandeurs et misères d'une victoire, 1930

Même avec un pied dans la tombe, il m'en restera un pour botter les fesses de ce voyou.

Georges Clemenceau, propos

Où est le creux du vieux souteneur Aristide, ornement pelliculaire et chassieux de la Société des Nations ?

Léon Daudet
Termites parlementaires, 1930

La politique du chien crevé au fil de l'eau…

André Tardieu
Chambre des députés, 25 octobre 1931

Nous demandons qu'on le réveille au petit matin et, assisté, s'il le veut, du nonce du pape, qu'il aille recevoir le coup de rafale d'acier qu'il mérite depuis trente ans.

Charles Maurras
L'Action française, 1931

Non, cette bête n'est pas morte.

Charles Maurras
Casier judiciaire d'Aristide Briand, 1931

[Au lendemain du décès d'Aristide Briand.]
Cet ennemi de son pays, […] victime d'une injuste mort naturelle.

Charles Maurras
L'Action française, 10 mars 1932

Ignare à fond, mauvais bougre, fielleux, vanitorgueilleux, capable des pires intrigues et perfidies, tel se présentait alors celui qui devait se révéler bientôt comme le plus redoutable ennemi de son pays. On eût pu lui appliquer le mot de La Rochefoucauld : « La faiblesse est plus l'opposé de la vertu que le vice. » Tout en lui était veule, l'allure, le regard d'eau sale, avec un crapaud endormi au fond, la démarche hésitante, l'écendrement de la cibiche ou cigarette, le cheveu long et pelliculaire, l'insinuation grave et même « ah Messieurs combien grave », avec un accent circonflexe ; tout suait la vadrouille et le désordre de la chambre meublée, où le maquereau et croupier passe son habit taché et sa chemise souillée devant sa glace dépolie ; tout, dis-je, sauf la voix puissante, profonde, reprochante, insinuante à volonté, la contrebasse du cabot idéal. Je l'appelais, cette voix, son violoncelle, et il en tirait des effets tziganes à faire pâmer la dame du comptoir.

Léon Daudet
Député de Paris, 1933

Briand était un personnage de Balzac et qui traînait un passé de fumier – auquel il devait sa servitude et son ascension – comme un fœtus traîne un placenta difforme et contaminé. Tangent à toutes les infamies, sans y avoir positivement trempé, il en avait le reflet sur le visage, plus exactement sur la gueule.

Léon Daudet
Député de Paris, 1933

Cette épluchure de mauvais lieu…

Léon Daudet
Député de Paris, 1933

Il est le cataplasme verbal qui transforme l'abcès en gangrène.

Gaston Le Provost de Launay
rapporté par Léon Daudet, *Député de Paris*, 1933

Tandis que nous causions, apparut, dans une des portes, une figure extraordinaire. C'était un personnage qui paraissait avoir la quarantaine, mais qui la traînait avec lassitude, comme s'il avait trop cheminé, tout le corps affaissé et démis, les jambes molles, une épaule haute, le buste un peu de travers, donc l'aspect entier disait le désordre et la fatigue, depuis le visage jusqu'aux vêtements et aux chaussures. La tête eût été assez belle, le haut surtout, le front large et bien construit (on en découvrait que de plus près les yeux bleu-vert, voilés de gris, tantôt clairs, tantôt sombres, changeants, profonds, rieurs, secrets et faux, d'une eau de mer) ; mais il y avait ces cheveux mal coupés qui faisaient tignasse, revenaient en avant sur les joues et couvraient les oreilles de deux grosses touffes qu'on ne pourrait nommer qu'en argot ; il y avait la moustache épaisse, épatée aux bouts, en crosse de pistolet, telle qu'on la voit au petit bonhomme en manches de chemise, à la ceinture traversée de poignards, de ces couples de pupazzi napolitains qu'exposent périodiquement dans leurs vitrines les marchands de curiosités. Il y avait la bouche affreuse, la lèvre inférieure avançante, provocante, au coin tordu, de laquelle pendait, collé par une parcelle de papier roussi, un vieux bout de cigarette…

Charles Benoist
Souvenirs, tome III, 1934

Aristide Briand est le premier homme politique dont j'eusse réclamé l'assassinat comme une mesure de salut public. Il figurait pour nous la démocratie dans son débraillé le plus sordide, dans ses chimères les plus niaises, dans sa plus vulgaire ignorance de l'Histoire et des réalités humaines. Retors, doué d'une méprisable lâcheté pour se maintenir au pouvoir, il était cornard dès qu'il s'attablait avec l'étranger pour défendre les intérêts de la France. Il mettait à l'encan les fruits les plus légitimes de nos terribles sacrifices et de notre victoire, pour nous offrir en échange de risibles parchemins.

Lucien Rebatet
Les Décombres, 1942

Une paresse dont il ne se débarrassera probablement jamais. Elle fait corps avec lui. Il ne travaille guère, il lit à peine.

Joseph Caillaux
Mémoires, tome II, 1943

Je ne connais rien dont monsieur Briand ait plus horreur que la pensée, si ce n'est l'action.

Philippe Berthelot
propos rapporté par Jean-Luc Barré,
Philippe Berthelot, l'éminence grise (1966-1934), 1998

BRISSON (Henri)
(1835-1912) Dit « le Corbillard national » pour son apparence austère, député radical de la Seine de 1871 à 1885, député du Cher de 1885 à 1889, de nouveau député de la Seine de 1889 à 1902, député des Bouches-du-Rhône de 1902 à 1912, plusieurs fois président de la Chambre des députés, président du Conseil de 1885 à 1886 et en 1898.

Grâce à la lâcheté de monsieur Brisson, nous avons un retour offensif des faussaires. Est-ce lâcheté qu'il faut dire, ou imbécillité ? Les deux qualités ne sont pas contradictoires. […]

Brisson qui nous mène, en se lamentant sur sa destinée, aux catastrophes dernières, qu'en dire de celui-là ? Plus bête que lâche, ou plus lâche que bête ? Les deux.

Georges Clemenceau
L'Aurore, 22 septembre 1898

Brisson dont l'âme est pure, jouit de cette infirmité singulière de ne pouvoir comprendre que toute la France ne soit pas dans un contentement sans pareil dès qu'il est au pouvoir.

Georges Clemenceau,
L'Aurore, 4 octobre 1898

Les honnêtes gens, comme Brisson, ont peur de tout, surtout de l'action, qui serait le salut de la France. Les autres ne reculent devant rien, familiers avec tous les forfaits.

Georges Clemenceau
L'Aurore, 22 octobre 1898

BRUNSCHVICG (Cécile)
(1877-1946) Militante féministe, l'une des trois femmes nommées par Léon Blum dans le gouvernement du Front populaire, comme sous-secrétaire d'État à l'Éducation nationale.

[...] Madame Brunswick *(sic)*, dont il ne faudra pas sous-estimer le messianisme exalté...

Charles Maurras
L'Action française, 5 juin 1936

[Les] affectations flottantes de madame Léon Brunschwig *(sic)*. On commence par embarquer la dame ; puis on verra ce qu'on lui donnera à faire, un grand mois de méditations n'ayant pas éclairé Léon Blum sur ce brave sujet.

Charles Maurras
L'Action française, 6 juin 1936

BUCARD (Marcel)
(1895-1946) Fondateur en 1933 du premier parti français ouvertement fasciste, le Mouvement franciste, l'un des chefs collaborateurs les plus actifs sous l'Occupation, l'un des fondateurs de la Légion des volontaires français contre le bolchevisme (LVF), condamné à mort et fusillé en 1946.

Le simili Führer français traînait après ses chausses une chienlit de jeunes éphèbes chemisés de bleu, portant baudrier et ceinturon, qui se répartissaient en « mains bleues » et « collets noirs » (ces derniers constituant la garde personnelle du « Chef »). Avec ses dix citations et sa gueule ébréchée de capitaine Conan, Bucard avait longtemps impressionné certains gogos : sa piteuse aventure restera significative de la crétinisation de certains grands bourgeois incapables d'un sacrifice quelconque dans le domaine social, mais qui ne barguinèrent pas à verser des millions à un « faisan » de cette espèce.

« Et la collaboration »
article non signé, *Le Crapouillot*,
Histoire de la guerre, tome IV, janvier 1949

Au fond, chez la plupart de ces intellectuels fascistes, je pense à Brasillach, à Abel Bonnard, à Laubreaux, à Bucard, il y avait le désir inconscient de se faire enculer par les SS. Ce n'était pas du tout des modèles de beauté aryenne, vous savez, ces intellectuels fascistes ! Il suffisait de voir la bedaine de Laubreaux, la voix de fausset et la taille minuscule d'Abel Bonnard, les épaules étriquées de Rebatet… J'ai toujours trouvé que ces intellectuels fascistes n'avaient pas le physique de leurs idées.

Emmanuel Berl et Patrick Modiano
Interrogatoire, 1976

C

CACHIN (Marcel)

(1869-1958) Député socialiste puis communiste de la Seine de 1914 à 1932, sénateur de 1936 à 1940, député de la Seine de 1946 à 1958.

Le pauvre Cachin qui s'abîme dans la servitude et jouit de son abaissement intellectuel n'est plus qu'un lamentable personnage de Dostoïevsky un « ex-homme » de Gorki envers lequel il ne convient pas de montrer une trop grande sévérité.

Émile Buré
L'Éclair, 19 janvier 1923

Il est enfermé dans son parti, comme un petit buffle dans une malle, dont il cogne lourdement, et vainement, les parois de son front obtus. S'il pouvait nous faire tous coller au mur – pour honorer saint Lénine ou la mère Trotski des gorges coupées –, il nous ferait tous coller au mur avec délices. Mais il n'a aucun des moyens qui font le dictateur, même le dictateur du prolétariat. C'est un subalterne, qui s'est cru un chef, et qui commence à en douter ferme.

Léon Daudet
La Chambre nationale du 16-Novembre, 1923

Le vieux Cachin qui pendant des dizaines d'années fut un militant révolutionnaire conséquent et un hardi défenseur du prolétariat vient de trahir pour sauver sa peau. Arrêté, il n'a pas hésité, pour recouvrer sa liberté et retourner vivre tranquillement dans son castel breton, à faire des dépositions qui ont permis l'arrestation d'un certain nombre de ses camarades.

La Vie ouvrière clandestine, 1940

Il a la moustache et le mufle d'un barbet qui s'est roulé dans la crotte. Quand il jappe, on n'est pas du tout surpris. On ne l'est pas non plus qu'il se couche aisément. Devant Staline. Devant Hitler. Devant de Gaulle. Indifféremment, et sans y attacher d'importance. Si peu, qu'il l'oublie vite, et qu'aujourd'hui, avec la meilleure bonne foi, il nierait avoir applaudi au pacte germano-russe, avoir pendant l'Occupation invité les ouvriers français à fraterniser avec « leurs camarades allemands sous l'uniforme » ; et enfin, en 1946, réclamé, à cor et à cri, une augmentation des crédits militaires. Le chien-chien à son pé-père (des peuples) a l'obéissance si naturelle qu'elle ne le marque pas.

André Figueras
Zoologie du Palais-Bourbon, 1956

CAILLAUX (Joseph)
(1863-1944) Député républicain de la Sarthe de 1898 à 1919, sénateur de 1925 à 1944, six fois ministre, président du Conseil de 1911 à 1912.

[Durant la campagne des législatives de 1914.]
Il y a des ploutocrates démagogues qui courent vers le progrès d'une course si frénétique que nous nous essoufflons à les suivre ; [...] dans le moment même où ils s'enrichissent avec une facilité scandaleuse, dans le moment même, ils ont le poing tourné vers la richesse dans un geste si menaçant, si coercitif, que nous avons le droit de nous demander si c'est bien pour l'atteindre, si ce n'est pas plutôt pour la protéger.

Aristide Briand
discours prononcé à Saint-Étienne
21 décembre 1913

Par le contraste de ses origines avec son point d'arrivée, par ses trahisons de 1911, par le scandale de son retour aux affaires, par les traits de son insupportable insolence, par le grain de folie qui s'y mêla toujours, monsieur Caillaux nous paraissait d'abord justiciable du mépris puis voué à quelque châtiment exemplaire, donné en une fois et définitif.

Charles Maurras
L'Action française, 7 juillet 1914

Quel homme ! Il y a chez lui de l'enfant gâté. Enfant heureux, privilégié, il devait arriver dans son collège, à Stanislas peut-être, léger, heureux, aimable, un petit riche avec sa voiture à la porte et de belles cravates variées. Et les deux autres ! les Briand, les Barthou,

de quel air, amical sans doute, mais de haut, il les eût regardés, ces deux petits camarades plébéiens ! Aujourd'hui, l'enfant élégant, l'enfant vieilli, sans rien perdre de sa gentille manière qui enchante ses familiers, est devenu un pur, un chef de la démocratie avancée et doit bien rire, quand il nous traite de vieux réactionnaires encroûtés, nous autres petits bourgeois ! La grande affaire, voyez-vous, pour un aristocrate, c'est de ne jamais être un bourgeois. Les grands cercles ou le marchand de vins ! Mais l'entre-deux désoblige.
Ah ! pourquoi parler d'aristocratie à propos d'un homme qui ne sait que détruire les choses, les autres et soi-même ?

Maurice Barrès
Dans le cloaque, 1914

Malvy… Voyez-vous, Malvy, c'est le laisser-faire, le laisser-aller… La poignée de main à n'importe qui… Caillaux, lui, est une espèce de héros sombre, néfaste, comme il y en a dans les drames shakespeariens. Il ne faut pas les mépriser, car ils apportent en ce monde, où tout est usé, frotté, poli – ils apportent du pittoresque… Mais pour plus de sûreté il faut les retirer de la circulation.
Tenez ! je serais curieux d'avoir là-dessus l'avis du roi d'Afghanistan. Je voudrais savoir comment ces choses-là se passent chez les Afghans. Je pense que, là-bas, les Caillaux sont pendus par les pieds.

Georges Clemenceau
propos du 29 janvier 1928 rapporté par
Jean Martet, *Le Silence de M. Clemenceau*, 1929

CAMBACÉRÈS (Jean-Jacques-Régis de)
(1753-1824) Dit « Tante Turlurette » et « la Perruque », député à la Convention et au Conseil des Cinq-Cents, Deuxième Consul en 1799, archichancelier, duc de Parme, un des principaux rédacteurs du Code civil.

[Après l'attentat de la rue Saint-Nicaise le 25 décembre 1800.]
Si j'avais été tué, il aurait fallu avoir des couilles et vous n'êtes pas fort sur vos étriers.

Napoléon Bonaparte
propos rapporté dans
les *Mémoires* de Thibaudeau, 1913

CAPITANT (René)
(1903-1970) Député gaulliste du Bas-Rhin de 1945 à 1946, député de la Seine de 1946 à 1951 et de 1962 à 1968, garde des Sceaux, ministre de la Justice, de 1968 à 1969.

Vous allez obtenir le prix Nobel du reniement en matière électorale.

Henri Teitgen
Assemblée nationale, 20 décembre 1947

La malhonnêteté c'est l'équivoque, et vous êtes l'équivoque même !

Jacques Fonlupt-Esperaber
député démocrate-chrétien du Haut-Rhin
Assemblée nationale, 20 décembre 1947

CARNOT (Sadi)
(1837-1894) Député de la Côte-d'Or de 1871 à 1894, président de la République en 1894, assassiné le 24 juin de la même année par l'anarchiste Caserio.

[Quand les parlementaires républicains recherchaient un candidat à la Présidence.]
Il n'est pas bien fort mais il porte un nom républicain… À défaut de mieux.

Jugement attribué à Clemenceau

[Peu avant l'assassinat.]
N'y aura-t-il personne pour lui mettre un couteau dans le ventre ?

Jules-Louis Breton, futur député socialiste
propos rapporté par Maurice Barrès,
Mes Cahiers, 1896-1929

À part qu'il en est mort, Carnot n'aurait pas à se plaindre que Caserio lui ait troué le foie. Jusque-là, le type avait passé pour une tourte ; on l'avait bombardé président, à cause de son *imbécillité* : le plus bête semblait le *nec plus ultra* des présidents. Grâce à Caserio, on lui a découvert une foultitude de qualités et de vertus, de quoi rendre des points à toutes les saintes nitouches du paradis.

Émile Pouget
Le Père Peinard, septembre 1894

CASIMIR-PÉRIER (Jean)

(1847-1907) Député conservateur de l'Aube de 1876 à 1894, président du Conseil de 1893 à 1894, président de la République de 1894 à 1895. Héritier d'une dynastie de financiers et de parlementaires, il recevait plus volontiers dans son château de Vizille qu'à l'Élysée, ce qui choquait les républicains.

[Au procès de Gérault-Richard, dit du « Chambard ».]

Jean Jaurès. – Le prénom de Casimir a cessé d'être un prénom ; depuis deux générations il a été pieusement incorporé au nom de famille pour que l'orléanisme autoritaire, avide, égoïste et sanglant de l'aïeul fût désormais le patrimoine impérissable de la Patrie… Casimir-Périer, futur ministre de Louis-Philippe, commence par agrandir sa fortune. Voici quel est son premier coup de spéculation : il achète, actif et passif, une maison qui traversait des embarras momentanés. Il réalise aisément l'actif et triple sa fortune. C'est ici, messieurs les jurés, la caractéristique de Casimir-Périer. Il guettait dans notre société tourmentée les sinistres commerciaux et industriels et s'enrichissait de la défaite des vaincus. C'était un banquier de proie, guettant tous les naufrages. Et lorsqu'il n'y avait pas assez de naufrages dont il pût piller les dépouilles, il créait lui-même ces naufrages. C'est la loi souveraine de l'Histoire : il faut que tout régime ait son symbole et son signe visible par où se trahit et éclate son âme. On a voulu faire la république des grands manieurs d'argent et des grands usuriers ; eh bien ! le domaine où réside le président

de la République, où il convoque les ministres et signe les décrets, le domaine d'où il promulgue les lois et où il reçoit au nom de la France les représentants des peuples, c'est une terre d'usure, et lorsque la République française touche ce sol, c'est cet esprit d'usure qui monte en elle…
Je vous l'avoue, j'aimais mieux pour notre pays les maisons de débauche où agonisait la vieille monarchie de l'Ancien Régime, que la maison louche de banque et d'usure où agonise l'honneur de la République bourgeoise.
MONSIEUR LE PRÉSIDENT [de la Cour d'assises de la Seine]. – Monsieur Jaurès, vous allez trop loin. Vous avez fait jusqu'à présent le procès de la famille Périer et vos dernières comparaisons dépassent toutes les bornes : vous comparez la maison du président de la République à une maison de débauche…
JEAN JAURÈS. – Je ne la compare pas, je la mets au-dessous.

Cour d'assises de la Seine, 5 novembre 1894

CASTELNAU (Édouard de)
(1851-1944) Général, député de l'Aveyron de 1919 à 1924, président-fondateur de la Fédération nationale catholique.

[Le général de Castelnau ayant refusé de signer un appel des catholiques en faveur de la paix.]
Allons, le général de Castelnau se fait bien vieux. Il n'avait jamais été bien intelligent mais maintenant il est trop abruti pour comprendre la finesse des direc-

tives du pape. Il ferait mieux d'aller dans l'autre monde passer la revue des canons de l'Église.

La Lutte anti-religieuse et prolétarienne
Organe de l'Union fédérale des Libres-Penseurs
révolutionnaires de France, juin 1931

CAVAIGNAC (Godefroy)
(1853-1905) Général, député radicalisant de la Sarthe de 1882 à 1905, ministre de la Guerre en 1888, 1895 et 1898, antidreyfusard convaincu.

Il fallait une pièce où Dreyfus fût nommé en toutes lettres [...]. Les faussaires ont répondu à l'appel. [...]
Oui, tout cela est ignominieux et misérable, et ces scélérats conjurés, si on ne les écrase pas, couvriront notre France aimée d'une couche de ridicule et de honte si épaisse que seule peut-être une révolution la pourra laver.
Mais le plus coupable encore, c'est ce ministre Cavaignac qui a couvert de son autorité, de son austérité, toute cette besogne de faussaire, toute cette intrigue de trahison.
Avec pleine conscience ? Non, certes. C'est la combinaison de l'esprit le plus étroit avec l'ambition la plus maladive et la plus forcenée qui est en lui le principe d'erreur.

Jean Jaurès
La Petite République, 28 août 1898,
repris dans *Les Preuves*, 1898

Vous voulez lui donner un cheval noir ? *(Bruit.)* [Le cheval noir était la monture du général Boulanger, aspirant à la dictature.]

Interruption d'extrême gauche
Chambre des députés, 25 octobre 1898

C'est vous, monsieur Cavaignac, qui avez fait ouvrir la révision en apportant un faux à la tribune. *(Bruit.)*

Paschal Grousset
Chambre des députés, 28 novembre 1898

CHABAN-DELMAS (Jacques)
(1915-2000) Maire de Bordeaux de 1947 à 1995, député de la Gironde de 1945 à 1969 et de 1974 à 1997, plusieurs fois membre du gouvernement, Premier ministre de 1969 à 1972, candidat malheureux à l'élection présidentielle de 1974, six fois président de l'Assemblée nationale.

Chaban ne pense qu'à la carrière de Delmas, et Delmas qu'à la carrière de Chaban.

Charles de Gaulle, propos

Imaginez-le, ayant enfilé l'habit à losanges, la batte à la main, et faisant parade sur les tréteaux. Avec ses jolies petites mains, recroquevillées comme il les tient volontiers (car on est cabotin, mesdames), sa tête câline un peu à la renverse où l'œil est langoureux presque autant que celui de Luis Mariano, son sourire de fille de joie qui va passer maquerelle et qui s'essaye à la respectabilité, son regard *enamorado* dès qu'il lorgne une petite – n'est-il pas ravissant, le Chaban-Delmas ?

À son propos, comme il faisait pour Léon Blum, Jules Renard aurait-il dit : « Gracieux comme Antigone » ? Non, Renard aurait trouvé Chaban trop vert, et bon pour les goujats, – et il l'aurait sans doute appelé : gracieux comme un ouistiti.
Du ouistiti, en effet, Chaban-Delmas a les gamineries futées et coquettes, la séduction un peu niaise, les privautés oculaires. Et l'on adorerait, sur le Rocher des Singes, au zoo de Vincennes, voir gambader Chaban-Delmas librement, avec une jolie queue longue lui sortant du derrière.

André Figueras
Zoologie du Palais-Bourbon, 1956

Le petit général Chaban a toujours été une des ordonnances politiques du « grand » général de Colombey-les-Deux-Églises. De Londres au RPF, du RPF à l'ARS, le maire de Bordeaux a fait toute sa carrière dans le gaullisme. Celui qui rime avec fascisme, bien entendu.

Alain Guérin
L'Humanité, 16 mai 1958

[Ambitionnant la présidence de l'Assemblée nationale.] Chaban, c'est la IVe ! C'est le symbole de tout ce contre quoi nous nous sommes battus ! C'est la pirouette et la girouette, c'est le compromis permanent ! C'est le contraire de De Gaulle !...

Colonel Battesti
propos du 8 décembre 1958 rapporté par
Alain Peyrefitte, *C'était de Gaulle*, tome I, 1994

[Pendant la campagne présidentielle de 1974.]
On ne tire pas sur une ambulance.

Marie-France Garaud

[Après le premier tour de la présidentielle de 1974.]
Voilà qu'il nous engueule, comme s'il avait été battu par notre faute. La campagne était abominablement mauvaise. Il n'est au pouvoir de personne de sauver un noyé.

Michel Debré
propos rapporté par Hector Rolland,
Souvenirs dérangeants d'un godillot indiscipliné, 1990

Chaban-Delmas ? Mais c'est un gandin, un patron de salon de coiffure, un marchand de chaussures de luxe et je vous assure que c'est du trente-sept qu'il vous faut, madame ! Un chef de rayon.

Jean Cau
Croquis de mémoire, 1985

CHARASSE (Michel)
(Né en 1941) Sénateur du Puy-de-Dôme de 1981 à 1988 et de 1992 à 2010, ministre du Budget, membre du Conseil constitutionnel.

Oui, Charasse, vite surnommé « Charasse la Bavure », peut déraper. Tout l'y porte, sa boulimie, son orgueil, son sang, son goût pour la provocation, son sens de la frime, sa tendance profonde à l'excès de pouvoir. [...] L'homme subtil et secret se métamorphose alors en une boule de fièvre. Difficilement contrôlée. Ses inadmissibles recours à l'arme fiscale en témoignent. Sa violence déborde. Tout à coup l'homme ne rit plus. Il tire.

Daniel Rondeau
Le Nouvel Observateur, 15 août 1991

CHARLES (Pierre)
(1890-1976) Député poujadiste de la Loire-Inférieure (actuelle Loire-Atlantique) de 1956 à 1958 et interrupteur imprudent.

[À propos du discours d'investiture du général de Gaulle.]
FRANÇOIS MITTERRAND. – Quelqu'un vient de dire : dans quelque temps, vous vous rallierez. Eh bien ! Oui, mesdames, messieurs ! Si le général de Gaulle est le fondateur d'une nouvelle forme de démocratie [...] si le général de Gaulle est le libérateur des peuples africains, le mainteneur de la présence de la France partout au-delà des mers, s'il est le restaurateur de l'unité nationale, s'il prête à la France ce qu'il lui faut aussi de continuité et d'autorité, je me rallierai, mais à une condition...
PIERRE CHARLES. – Un portefeuille !
ANDRÉ LE TROQUER, président de l'Assemblée nationale. – Ces interruptions sont intolérables. Je préviens ceux qui s'en rendraient coupables que je prononcerai des rappels à l'ordre avec inscription au procès-verbal.
FRANÇOIS MITTERRAND. – Je prie monsieur le président de l'Assemblée nationale de ne pas s'émouvoir.
LE PRÉSIDENT. – Je ne suis pas ému ! *(Rires.)*

François Mitterrand. – Il est vrai, que j'ai eu plus souvent l'occasion de refuser un poste dans un gouvernement que ce monsieur ! *(Rires.)*

François Mitterrand
Assemblée nationale, 1er juin 1958

CHARLES (Serge)
(1927-1994) Député RPR du Nord de 1978 à 1986.

Serge Charles. – Je ne peux m'empêcher de songer que nous nous trouvons dans l'inconfortable situation du tailleur à qui l'on a commandé trois costumes – n'y aura-t-il pas désormais trois collectivités territoriales fondamentales ? – sans qu'il connaisse la morphologie de ceux à qui ils sont destinés.
Laurent Cathala. – Vos amis ont déjà eu la veste !

Assemblée nationale, 27 juillet 1981

CHARLES X
(1757-1836) Roi de France de 1824 à 1830.

[À propos du roi et de ses ministres.]
Pourquoi ces gens-là ne sauveraient-ils pas la France ? Les oies ont bien sauvé le Capitole.

Talleyrand, propos

CHATEAUBRIAND (François-René de)
(1768-1848) Écrivain, pair de France, ministre des Affaires étrangères en 1823.

Quand on cesse de parler de lui, monsieur de Chateaubriand croit qu'il devient sourd.

Talleyrand, propos

CHAUTEMPS (Émile)

(1850-1918) Député radical de la Seine de 1889 à 1897, député de la Haute-Savoie de 1897 à 1905, sénateur de la Haute-Savoie de 1905 à 1918, ministre des Colonies en 1895, ministre de la Marine en 1914, père du ministre et président du Conseil Camille Chautemps.

Parmi les types singuliers ou amusants de la zoologie parlementaire, il n'en est guère de plus intéressants que ce représentant de la Savoie qui offre à l'observateur un sujet perpétuel d'étonnement.
Monsieur Chautemps appartient, en effet, à la classe des mollusques, ordre des gastéropodes, section des conoïdes.
Lacépède a dit : « La nature conforme les êtres en vue de leur destination. » En regardant l'étrange produit du suffrage universel que nous tenons sous notre loupe, on ne saurait être trompé sur la sienne.
Son aspect hideux le range dans la catégorie des phénomènes malfaisants bons à montrer, en aquarium, à la foire aux Pains d'Épice; mais la manifestation de quelques signes d'intelligence, à peine percevable du reste, et la docilité qu'il a su montrer ont pu assurer à cet invertébré une existence paisible sur les bancs du Sénat, au lieu que de végéter dans ceux d'un parc d'ostréiculture.

Eugène Lacotte
Nos Seigneurs républicains, 1906

CHEVÈNEMENT (Jean-Pierre)
(Né en 1939) Dit « le Che », député du Territoire-de-Belfort, ministre d'État, ministre de la Recherche et de la Technologie de 1981 à sa démission en 1983, ministre de l'Éducation nationale de 1984 à 1986, ministre de la Défense nationale de 1988 à sa démission en 1991, ministre de l'Intérieur de 1997 à sa démission en 2000, fondateur du MDC, candidat à l'élection présidentielle de 2002, sénateur depuis 2008.

Il veut faire un faux parti communiste avec de vrais petits-bourgeois.

François Mitterrand
propos rapporté dans
Le Quid des présidents de la République, 1981

Il n'est pas bête ce garçon. C'est dommage qu'il soit à moitié fou.

François Mitterrand
propos rapporté par Franz-Olivier Giesbert,
La Fin d'une époque, 1993

Finalement, votre grand homme socialiste, c'aurait été Chevènement et son scientisme technocrate. Chevènement et ses retournements machiavéliques (école libre). Chevènement et son hyper-nationalisme, lui jamais démenti. Votre vieux complice en *combinazione* marxisantes, ex-leader de la « gauche du PS », passé à son extrême droite, manifeste bien ce que Fabius arrive à dissimuler : le tempérament dictatorial du renégat.

Guy Hocqenghem
Lettre ouverte à ceux qui sont passés du col Mao au Rotary, 1986

Si j'étais au festival de Cannes, je remercierais toute mon équipe sans qui rien n'aurait été possible. Mais surtout Jean-Pierre Chevènement, sans le ringardisme duquel nous aurions fait deux points de moins !

Daniel Cohn-Bendit
Le Canard enchaîné, 16 juin 1999

Jean-Pierre n'entend rien, retranché qu'il est dans son monde à lui, et persuadé que tous les autres que lui sont des nuls.

Raymond Forni
Le Canard enchaîné, 24 novembre 1999

CHIRAC (Bernadette)
(Née en 1933) Conseillère générale de Corrèze depuis 1976.

Ma femme est devenue un homme politique.

Jacques Chirac
VSD, 20 septembre 1979

CHIRAC (Jacques)
(Né en 1932) Élu député de Corrèze en 1967, plusieurs fois membre du gouvernement, Premier ministre de 1974 à 1976, maire de Paris, député de la Corrèze de

1977 à 1986 et de 1988 à 1995, Premier ministre de 1986 à 1988, président de la République de 1995 à 2007.

Chirac, c'est un de Gaulle sans 18 juin, mais disponible pour un 13 mai.

François Mitterrand, propos

Chirac est un émouchet posé sur le poing de Marie-France *[Garaud]*. De temps en temps, Juillet tire l'anneau pour que Chirac vole une heure. Et tue… [Marie-France Garaud et Pierre Juillet sont réputés avoir fait la carrière de Chirac.]

Françoise Giroud
La Comédie du pouvoir, 1977

Nous lui avons taillé un costume trop grand… Chirac n'a pas su partir pour Londres.

Pierre Juillet, propos de 1978

Le mouvement, chez Chirac, a toujours précédé la pensée. Souvent aussi il en tient lieu.

Dominique Jamet
Lettre ouverte à la droite
la plus mal à droite du monde, 1983

Je croyais que Chirac était du marbre dont on fait les statues. En réalité, il est de la faïence dont on fait les bidets.

Marie-France Garaud
Le Canard enchaîné, 2 décembre 1985

Quand j'écoute Chirac, je pense à cette phrase d'un humoriste anglais : « Il ment tellement que l'on ne peut même pas croire le contraire de ce qu'il dit. »

Marie-France Garaud, propos

Chirac n'a jamais cessé de sentir en lui une faille dont il a toujours eu le besoin de conjurer les signes par un insatiable appétit de tout.

Marie-France Garaud, propos

Chirac ? C'est un spécialiste du discours catégoriel lyrique.

Roger-Gérard Schwartzenberg
propos du 10 avril 1986

[Conclusion d'un de ses discours, chantée d'après l'opérette *La Fille de madame Angot.]*

Mitterrand est roi, Chirac est sa reine
C'était pas la peine, c'était pas la peine
C'était pas la peine assurément
De changer de gouvernement.

Jean-Marie Le Pen
Assemblée nationale, 15 octobre 1986

Si l'on pouvait se nourrir avec les promesses de cet homme, il y aurait de quoi mettre un terme à la famine du tiers-monde.

Hector Rolland
Souvenirs dérangeants d'un godillot indiscipliné, 1990

Jacques Chirac, un faux dur, entouré de faux professionnels… Il n'est pas capable d'être président.

François Mitterrand
propos rapporté par Jacques Attali,
Verbatim, 1995

Si étonnant que cela puisse paraître, je n'ai jamais cessé d'être chiraquien. Je l'ai été en suivant scrupuleusement votre exemple. Car enfin, il y a quelque injustice à me reprocher de vous avoir trahi. Vous étiez bien membre de la famille gaulliste quand vous avez trahi Jacques Chaban-Delmas pour Valéry Giscard d'Estaing. Et quand il a fallu trahir Giscard, avez-vous hésité à le faire alors même qu'il avait fait de vous son Premier ministre ? Je suis le seul à avoir suivi aussi scrupuleusement votre exemple. Va-t-on m'en vouloir de cela ?

Nicolas Sarkozy sous le pseudonyme de Mazarin,
« Lettre prétendument apocryphe de
Nicolas Sarkozy à Jacques Chirac »
Les Échos, 14 août 1995

JACQUES CHIRAC. – Permettez-moi de vous dire que ce soir, je ne suis pas le Premier ministre et vous n'êtes pas le président de la République, nous sommes deux candidats, à égalité, et qui se soumettent au jugement des Français, le seul qui compte. Vous me permettrez donc de vous appeler « Monsieur Mitterrand ».
FRANÇOIS MITTERRAND. – Vous avez tout à fait raison monsieur le Premier ministre.

Lors du face-à-face télévisé avant le second tour
de l'élection présidentielle de 1988, 28 avril 1988

On était dans un appartement avec une fuite de gaz. Chirac a craqué une allumette pour y voir clair.

Patrick Devedjian
à propos de la dissolution de 1997

Chirac a tué Chaban-Delmas, il a ensuite tué Giscard, puis il a tué Barre, et enfin il m'a tué. Méfiez-vous.

Édouard Balladur à Lionel Jospin
avant la présidentielle de 2002

De Chirac, on ne se souviendra de rien, sauf de mes réformes.

François Fillon
Le Monde, 4 juin 2005

Mitterrand a détruit la Ve République par orgueil, Valéry Giscard d'Estaing par vanité et Jacques Chirac par inadvertance.

Marie-France Garaud
France 2, 16 mai 2006

CLEMENCEAU (Georges)
(1841-1929) Dit « le Tigre » puis « le Père-la-Victoire », maire de Montmartre en 1870, député de la Seine en 1871 et de 1876 à 1885, député du Var de 1885 à 1893, sénateur du Var de 1902 à 1920, ministre de l'Intérieur en 1906, président du Conseil de 1906 à 1909 et de 1917 à 1920.

Écoute bien, Aurélien, ton Clemenceau, quand même il vivrait cent ans, ne sera jamais qu'un étourneau malfaisant !

Léon Gambetta au journaliste Aurélien Scholl
propos rapporté par Joseph Caillaux,
Mes Mémoires – tome I : *1863-1909*, 1942

Or, ce complaisant, ce dévoué, cet infatigable intermédiaire, si actif et si dangereux, vous le connaissez tous, son nom est sur toutes vos lèvres ; mais pas un de vous, pourtant, ne le nommerait, car il est trois choses en lui que vous redoutez : son épée, son pistolet, sa langue. Eh bien ! moi, je brave les trois et je le nomme : c'est monsieur Clemenceau !
[…] Certes, je suis un adversaire du régime parlementaire, mais je ne pense pas qu'un homme en France lui ait porté de plus rudes coups et fait de plus navrantes blessures que ce soi-disant parlementaire.

Paul Déroulède
Chambre des députés, 20 décembre 1892

Quand on apprit l'imminence du duel au pistolet entre Déroulède et Clemenceau [en décembre 1892], tout le monde crut que Déroulède serait tué. Sa notice nécrologique était déjà sur le marbre dans maints journaux. À la stupeur générale, les six balles des affaires sérieuses furent échangées sans résultat et il en devait être de même, quelques années plus tard, des six balles échangées avec Drumont. Ce fut le crépuscule de la réputation de tireur de Clemenceau. Sa légende de duelliste redoutable ayant disparu, ses camarades s'empressèrent de lui faire une réputation d'homme d'esprit. Il ne manque pas d'ailleurs – quand il n'écrit pas – d'une certaine drôlerie acerbe et spontanée, mais il ne va pas à la cheville d'un Barrès, ni d'un Degas, ni d'un Forain. Par exemple, ce Mongol vendéen a du sang-froid. Ses amis le trouvaient, au matin de ces âpres journées, goguenard et les pommettes en bataille, époussetant ses bibelots japonais, affectant de parler d'autre chose.

Léon Daudet
Souvenirs des milieux littéraires, politiques, artistiques et médicaux, 1915

C'est que, pour la particulière satisfaction de son intérêt personnel, monsieur Clemenceau ne doit son élévation qu'au plus exécrable moyen : ce brutal discoureur à langue de vipère, si léger et d'un égoïsme si naturellement anglais, a endossé avec le complet à carreaux du *cockney*, cette effroyable responsabilité de se faire pour quelques milliers de livres sterling, l'agent complaisant et servile de l'Angleterre.

Eugène Lacotte
Nos Seigneurs républicains, 1906

Ah ! je comprends l'embarras, l'irritation secrète de monsieur le ministre de l'Intérieur. Il a appliqué jusqu'ici à toutes les institutions une critique négative sans conclure à une société nouvelle, à un système nouveau, et quand les hommes qui ont recueilli pour une part les leçons de sa critique incisive se mettent en mouvement, quand ils se mettent en marche, quand ils signifient, par la masse même de leur action, que l'heure de la pure critique est passée, qu'il faut aboutir réellement, transformer un ordre social d'injustice et d'oppression, alors le critique d'hier, placé devant le néant de ses conceptions d'avenir, est inévitablement gagné par un mouvement de mauvaise humeur qui se traduit par l'abondance de l'emploi de l'élément militaire et policier. *(Applaudissements à l'extrême gauche.)*

Jean Jaurès
Chambre des députés, 12 juin 1906

Et au lendemain de cette bataille où le parti républicain a dit tout entier malgré les inquiétudes, les timidités de plusieurs de ses chefs : confiance, courage, action vigoureuse de réformes, vous lui apportez des phrases enveloppées, des solutions incomplètes, une politique hésitante, vous êtes au-dessous du suffrage universel. *(Applaudissements vifs et répétés à l'extrême gauche.)*

Jean Jaurès
Chambre des députés, 14 juin 1906

Il pourrait bien se trouver des révolutionnaires français pour venger les humiliations, les tortures physiques ou morales des leurs, et pour protester autrement que par des paroles contre l'envoi au bagne des militants révolutionnaires. [...] Clemenceau ne tient pas plus que nous, j'en suis sûr, à ce que la mêlée sociale prenne si tôt en France le caractère de férocité implacable qu'elle a pris en Russie. Que l'empereur des flics, avec sa nouvelle âme policière, n'aille pas s'imaginer que ceci est une menace déguisée.

Gustave Hervé
La Guerre sociale, 22 mai 1907

[À propos des événements de Draveil, Clemenceau étant président du Conseil et ministre de l'Intérieur.]
Il a donc accepté le défi de la Confédération générale du travail. Seulement il s'est laissé vaincre honteusement. Il a bien envoyé des soldats français à Draveil, en assez grand nombre pour faire la guerre à d'autres Français, mais en trop petit nombre pour imposer la paix, maintenir l'ordre, canaliser étroitement la manifestation. Cuirassiers, dragons et gendarmes se sont battus comme nos braves troupes savent se battre. À quoi bon ? Pourquoi ? Et pour qui ?
Nous le savons. C'est pour que le vieillard à peine moins sinistre que Thiers, à peine moins révolutionnaire, puisse venir crier à la tribune qu'il est l'ordre, qu'il est la propriété, qu'il est le salut. Nous ne dirons pas à ce vieillard sanglant qu'il se trompe. Nous lui dirons qu'il ment. Car il a voulu ce carnage. Cette tuerie n'est pas le résultat de la méprise ou de l'erreur. On ne peut l'imputer à une faute de calcul. Il l'a voulue. Il l'a visée. S'il avait voulu faire sérieusement son métier de gendarme, il l'aurait fait. [...] Ce fidèle ministre d'Édouard VII ne mérite pas d'être flétri en langue française. L'épithète qui lui revient, je la lui dirai en anglais, où elle prendra quelque force : *Bloody !*

Charles Maurras
L'Action française, 31 juillet 1908

Un jour il m'a été donné d'assister à une exécution [en 1893], je ne peux pas dire de la voir car en effet c'est un spectacle intolérable.
Je m'y trouvais non loin de monsieur le président du Conseil [Clemenceau, qui ne l'était pas encore]. Le

lendemain monsieur Clemenceau a écrit un bel article où il exprimait tout le dégoût qu'il avait éprouvé, toute la répulsion morale et physique que l'on ne peut pas ne pas ressentir.
Mais qu'est-ce que cela prouve ? Cela prouve d'abord que monsieur le président du Conseil a bien fait d'abandonner sa carrière médicale qui aurait pu l'amener à des opérations chirurgicales. *(Exclamations.)*

Maurice Barrès
Chambre des députés, 8 juillet 1908

[À propos du duel oratoire entre Clemenceau et Delcassé, en 1909, celui-ci provoquant la chute du ministère Clemenceau.]
C'est la lutte de la vipère et du scorpion : ils se sont mordus l'un l'autre.

Aristide Briand
propos rapporté par Maurice Barrès,
Mes cahiers, 1896-1929

Vous demandiez, je crois, si Clemenceau a une tête de Kalmouck ou s'il a une tête de Caraïbe. Regardez-le bien. Voyez ces pommettes saillantes, ces narines béantes, cette arcade sourcilière qui fait comme une barre au-dessus des yeux où l'on ne voit plus de pensée, des yeux qui sont des trous ; voyez ce front bombé, ce crâne nu ; ce visage grimaçant et terrifiant. Kalmouck, Caraïbe, Mongol ? allons-donc ! ce sont encore des vivants. Clemenceau, lui, a une tête de mort.

Flax, nom de plume de Victor Méric
Les Hommes du jour, janvier 1909

Naturellement, nous ne vous dirons pas le nom de cet homme politique et vous comprendrez aisément notre réserve. Qu'il nous suffise de vous indiquer que l'individu en cause est un gouvernant, qu'il a mérité la haine exaspérée du peuple, qu'il a semé le mal et la douleur, qu'il s'est efforcé par tous les moyens de restaurer le plus abject des régimes de tyrannie. Ce despote sanglant, après avoir, dans sa jeunesse, donné quelque espoir aux hommes de progrès, s'est révélé, par la suite, un abominable gredin. Il a trahi ses amis, il a trahi son passé, oublié ses programmes. Il a fait appel aux soldats pour fusiller le peuple. Il a répandu le sang de ceux qui avaient placé leur confiance en lui. Il a fait jeter en prison tous les esprits libres qui osaient critiquer et dénoncer ses crimes. Abominable fripouille, arriviste sans scrupules, tyranneau sans conscience, cet individu ignoble entre tous a, selon nous, mérité cent fois la mort, trop douce encore pour punir ses forfaits…

Un grand concours lancé par *La Guerre sociale*
en mai 1909, intitulé « Doit-on le tuer ? »
[Dans le numéro des 12-19 mai 1909,
3 365 lecteurs avaient répondu que
le personnage en question était Clemenceau.
Les auteurs du canular annoncèrent
que celui auquel ils avaient pensé était en réalité
Abdul-Hamid, sultan déposé de Turquie.
Quant à Clemenceau : « il se tuera bien tout seul. »]

L'homme fut toujours prodigieusement retors.

Joseph Caillaux
Mes Mémoires – tome I : *1863-1909*, 1942

Son incoercible légèreté le conduit plus loin encore. Il s'oublie au point de mettre les mains à la pâte de la Sûreté générale. Il s'abaisse jusqu'à recevoir dans son cabinet de ministre de l'Intérieur un bas mouchard, un nommé Métivier qu'il veut utiliser pour dissoudre – sans doute (?) – les grèves de Draveil-Vigneux (août 1908).

Joseph Caillaux
Mes Mémoires – tome I : *1863-1909*, 1942

Clemenceau dont je sais qu'il avale, bouche bée, tout ce que lui racontent les gens qu'il a pris en goût…

Joseph Caillaux
Mes Mémoires – tome I : *1863-1909*, 1942

Seul le souci de sa stature peut fléchir son insensibilité. L'intuition dont il n'est pas dépourvu lui suggère, d'aventure, que, pour prendre posture avantageuse devant la postérité, il lui faut feindre quelques sentiments d'humanité. L'orgueil lui dicte alors la compassion. Mais il lui arrive aussi que ce même orgueil lui interdise la pitié.

Joseph Caillaux
Mes Mémoires – tome I : *1863-1909*, 1942

Quand je regarde le Clemenceau d'alors [celui des années 1880-1890] à la lumière du Clemenceau d'aujourd'hui [1914], je m'aperçois que les institutions dont il a vécu l'ont amoindri, lui aussi. Il est devenu un vieux petit bavard, ratatiné dans des formules hargneuses, un rabâcheur de poncifs anti-romains.

Léon Daudet
Souvenirs des milieux littéraires, politiques, artistiques et médicaux, 1915

MONSIEUR LE PRÉSIDENT DU CONSEIL. – Eh bien ! Vraiment, quand je vous ai fait ces réponses, qui ne sont pas, je le reconnais, sans un certain décousu, je pense que j'ai répondu suffisamment aux principales questions qui m'ont été posées. *(Exclamations sur les bancs du parti socialiste.)*
ÉDOUARD BARTHE. – Vous n'êtes pas tigre, vous êtes autruche ! *(Mouvements divers.)*
MONSIEUR LE PRÉSIDENT DU CONSEIL. – Le seul avantage qu'on a de vieillir, c'est qu'on devient sourd. *(Très bien ! Très bien !)*

Édouard Barthe
Chambre des députés, 20 novembre 1917

Puis il a continué sa diatribe. Je tenais les yeux fixés sur lui, regardant avec stupéfaction ce vieillard irrité, qui se soulageait de ses angoisses en vomissant sur moi des flots d'injures. [...] Sa crise ne s'est pas apaisée avant qu'il eût pris le parti de s'en aller. Il s'est éloigné en répétant qu'avec les socialistes au pouvoir, je perdais la France, et en guise d'adieu, il s'est écrié : « Je suis heureux de partir. » Le voyant dans cet état d'exaltation, je me suis borné à lui répondre : « Vous êtes fou, ce qui s'appelle fou. » Il m'avait dit, du reste, comme à Messieurs Ribot et Thomson qu'il ne dormait plus et ne se soutenait que par le bromure.

Raymond Poincaré
Au service de la France, tome V, 1928

Étourdi, violent, vaniteux, ferrailleur, gouailleur, effroyablement léger, sourd physiquement et intellectuellement, incapable de raisonner, de réfléchir, de suivre une discussion. [...] C'est ce fou dont le pays a fait un dieu.

Raymond Poincaré
Au service de la France, tome XI, 1934

CLERGÉ

(régulier et séculier) C'est-à-dire la « calotte », les « calotins », les « ratichons », les « curetons », les « corbeaux », les « théophages » et les « farinocoles »...

Je défie qu'on me montre dans la société rien de plus méprisable que ce qu'on appelle un abbé.

Camille Desmoulins
La France libre, 17 juillet 1789

Le cléricalisme, voilà l'ennemi !

phrase de Joseph Peyrat
reprise par Léon Gambetta
Chambre des députés, 4 mai 1877

[Toast porté lors d'un banquet offert par les conseillers généraux de l'Yonne au ministre de l'Intérieur et des Cultes, Charles Lepère.]

Messieurs, je bois à la destruction des phylloxéras.
Le département de l'Yonne a eu le bonheur, jusqu'ici, d'échapper à ces deux fléaux : le phylloxéra qui se cache sous la vigne, et l'autre… le phylloxéra que l'on cache avec des feuilles de vigne.
Pour le premier, nous avons le sulfure de carbone ; pour le second, l'article 7 de la loi Ferry.
[…] Quand nous aurons l'article 7, nous l'essaierons, et, s'il nous donne les résultats attendus, nous nous en tiendrons là. Mais, s'il ne répond pas à notre attente, nous n'hésiterons pas à rechercher un autre insecticide plus énergique pour sauver la France.
Je bois donc, Messieurs, à l'inventeur du sulfure de carbone et aussi à l'initiateur de l'article 7, à monsieur Jules Ferry !
Des applaudissements répétés prouvèrent à l'orateur que l'assemblée tout entière partageait ses espérances.
[Venu des États-Unis, le phylloxéra pénétra dans le midi de la France au début des années 1860 ; il atteignit la Côte d'Or en 1878 et l'Yonne en 1886. L'autre phylloxéra désigne les congrégations religieuses, couramment comparées à de la vermine. Dans un projet de loi consacré à la collation des grades, Jules Ferry avait introduit un article 7 prévoyant que nul ne serait admis à participer à l'enseignement public ou libre, ni à diriger un établissement d'enseignement de quelque ordre qu'il fût, s'il appartenait à une congrégation religieuse non autorisée. Cet article fut adopté par la Chambre en juillet ; le 20 août, le Sénat n'avait pas encore discuté le projet de loi : il ne le fit qu'en mars 1880 et la majorité repoussa l'article 7. Après cet échec, le 29 mars 1880, le gouvernement

prit deux décrets, l'un pour dissoudre la Compagnie de Jésus, l'autre pour obliger les congrégations non autorisées à déposer une demande d'autorisation dans un délai de trois mois, sous peine d'être dissoutes d'office.]

Paul Bert, 20 août 1879
Version de *La Petite République française*,
24 août 1879

Entre le prêtre séculier, domicilié et connu, et le frocard régulier, vagabond errant de couvent en couvent, cachant son état civil et parfois son casier judiciaire, la France n'a jamais fait, ne fera jamais confusion. [...] Paix au curé, guerre au moine ! *(Sensations, applaudissements.)*

Paul Bert
discours au banquet de Coulanges-sur-Yonne,
15 août 1880
Leçons, discours et conférences, 1881

On remarque chez les religieux une saillie considérable des arcades sourcilières, caractère simien par excellence. [...] Enfin l'espace interorbitaire est petit, signe d'infériorité qui prouve l'étroitesse du cerveau et qui est à son maximum chez le cochon d'Inde.

Dr Gaétan Delaunay
Histoire naturelle du dévot, 1880

Ils [les congréganistes] se sont enracinés sur notre généreux sol [...] comme la hideuse pieuvre, étendant et posant leurs bras néfastes pour enlacer et étouffer la patrie, aspirant avec leurs suçoirs et sa richesse, et son intelligence, et sa conscience.

Noël-François-Alfred Madier de Montjau
Chambre des députés, 16 mars 1880

Si vous ne vous recoquillez pas au fond de vos trous à punaises autrement dits confessionnaux… nous vous écraserons du pied comme on écrase les répugnantes chenilles.

L'Anti-Clérical, 13 avril 1880

L'Espagne, disent-ils, a été le berceau de leur bande infâme [la Compagnie de Jésus]. Allons donc ! C'est Sodome qui les a vomis.

Léo Taxil
discours prononcé à Saint-Étienne, 10 avril 1880
L'Anti-Clérical, 20 avril 1880

Voilà comment Littré l'athée est mort muni des sacrements de l'Église. Quelle ignominie ! et en même temps quelle scélératesse ! Les prêtres ont eu l'aplomb de dire que le cadavre leur appartenait. Ils l'ont emporté dans leur tanière, et là, ils l'ont arrosé de leurs sales eaux bénites.

L'Anti-Clérical, 11 juin 1881

[Lors de l'enterrement civil du citoyen Simon Giniey au cimetière de la Capelette, à Marseille.]
Ah ! citoyens et citoyennes, le jour est proche où ces vampires de la secte noire périront ! Il faut que la

Chambre des députés nous donne cette satisfaction de voir disparaître du sol de cette noble France cette race de vipères.

Le citoyen Revel, 4 novembre 1882
Bulletin officiel de la Ligue anti-cléricale, novembre 1882

Il est aussi naturel aux frocards, aux soutaniers et aux béguines de transgresser les lois, qu'aux vipères de distiller du venin.

L'Anti-Clérical, 14 janvier 1882

Il [le prêtre] est noir, il est laid, mais d'une laideur sombre, d'une de ces laideurs qui semblent faites d'ombre, de satyriasisme et de caducité.

La Semaine anti-cléricale, 13 septembre 1884

[Au sujet des poursuites entamées par le parquet d'Auch contre un ecclésiastique qui aurait tenu des propos anti-républicains en chaire, dans l'église de Belmont (Gers).]
Quand ils seront insultés par ces cafards nauséabonds qui se sont réfugiés dans une soutane pour échapper au sac et au flingot, qu'ils saisissent l'insulteur par les oreilles, le déculottent en pleine place publique et le fouettent jusqu'à *Deo Gratias.* Après une ou deux exécutions de ce genre, vous verrez les soutanards devenir plus économes de leur bave et de leur venin.

La France anti-cléricale, 13 mars 1892

Le prêtre ne travaille pas, ne paye pas d'impôt et, par son vœu de chasteté, a le cerveau forcément dépravé. Donc, au nom de la morale, de la décence, des bonnes mœurs, plus de confession.

Léonie Rouzade, militante socialiste, féministe et libre-penseuse, discours à l'occasion du congrès de la Libre-Pensée de la région de l'Est
Chalon-sur-Saône, 13 août 1893

Le prêtre par la honte de son état, par la hideur infamante de son costume, vit en dehors de la loi commune, de la solidarité. Contre lui, tout est permis, car la société a un droit de légitime défense. C'est le chien enragé que tout passant a le devoir d'abattre, de peur qu'il ne morde les hommes et n'infecte les troupeaux.

Laurent Tailhade
« Lettre familière à monsieur Joseph Viollet, ratichon »
La Raison, 21 décembre 1902

Grasse, recuite, adipeuse et juteuse, mains boudinées et menton couenneux, « l'auguste religieuse » que l'on dut pousser dehors par l'épaule, était une horrifiante caricature de la vieille fille oisive et trop bien nourrie, cuvant sa graisse dans le *farniente* et la prière. Elle tenait de la place, était malpropre et collectionnait les microbes dans sa robe de bure, qui défiait la plus sommaire asepsie, au dire même des médecins et des chirurgiens.
[Article en faveur de la laïcisation des hôpitaux. Les anticléricaux reprochaient aux religieuses d'être

incompétentes, de mépriser l'hygiène corporelle et de se livrer au prosélytisme.]

L'Action, 1er novembre 1909

Sectarisme, méchanceté, esprit de lucre, hypocrisie, mensonge, calomnie, ami lecteur, à qui reviennent ces belles qualités ? Aux curés.

La Chronique de Vitré, 12 janvier 1910

[Pendant l'examen de la loi Debré sur les écoles privées.]
Dieu a bon dos !

François Billoux
Assemblée nationale, 23 décembre 1959

COCHIN (Denys)
(1851-1922) Battu aux législatives de 1877, député conservateur de la Seine de 1893 à 1919, ministre d'État de 1915 à 1916, sous-secrétaire d'État aux Affaires étrangères de 1916 à 1917.

Cochin ! Ce nom est tout un programme : réaction et cléricalisme.
Monsieur Cochin est bien malade, et, s'il y avait aussi un hospice pour les candidats députés laissés sur le carreau, je l'engagerais à y faire porter d'avance ses bonnets de nuit.

Gill
premier numéro du *Bulletin de vote*, 1877

Elle est belle, votre religion !
(À l'extrême gauche.) Parlez-nous de l'Inquisition !

Gustave Rouanet
Chambre des députés, 13 juillet 1906

COHN-BENDIT (Daniel)
(Né en 1945) Dit « Dany-le-Rouge », leader de Mai 68, député européen.

Cohn-Bendit à Dachau !

Slogan scandé au cours de la manifestation pro-gouvernementale du 30 mai 1968 et attesté par François Mauriac dans son *Bloc-notes* du 2 juin 1968, dans lequel il se démarque de ce « cri atroce ».

Dépouillé de son auréole ou de ses attributs de croque-mitaine, Dany le Rouge apparaît aujourd'hui réduit à ses véritables proportions : une Brigitte Bardot de la contestation, un produit publicitaire, comme on en fabrique chez Bleustein-Blanchet ou en première page de *France-Dimanche.*

La Chienlit, petit guide de la contestation, juin 1969

Cohn-Bendit, c'est le Tapie de l'écologie. Ça ne durera pas plus longtemps que l'été.

Jean-Pierre Chevènement
Le Canard enchaîné, 16 juin 1999

Oh vous savez, Cohn-Bendit n'est pas la personne la plus mal famée qu'on soit obligé de rencontrer. Par exemple, moi, j'ai bien dîné un jour, à l'Élysée, avec le dictateur pakistanais.

Jean-Pierre Chevènement
propos du 14 septembre 1999
Le Canard enchaîné, 22 septembre 1999

COMBES (Émile)
(1835-1921) Dit « le Petit Père Combes », ancien séminariste, sénateur de la Charente-Inférieure (actuelle Charente-Maritime) de 1885 à 1921, deux fois ministre, président du Conseil de 1902 à 1905, célèbre pour sa politique anticléricale.

Une faux à la main, tel qu'on représente la mort, monsieur Combes ravage la France.

Bulletin des congrégations, 26 avril 1903

[Une semaine plus tôt, le garde des Sceaux, monsieur Vallé, signait une circulaire ordonnant que tout symbole religieux soit retiré des tribunaux.]
De la part de renégats, de la part d'apostats comme monsieur Combes, nous ne pouvons croire à une distraction. Et nous sommes persuadés que c'est avec une froide préméditation et par un calcul satanique que ce jour du Vendredi-Saint a été choisi pour décréter l'enlèvement du Christ. [...] Il y a de la rage, il y a une rancune démoniaque chez ces dépossédés volontaires du paradis des croyances.

La Croix, 8 avril 1904

Recevez cette couronne, monsieur l'Abbé, vous l'avez bien méritée.
[En prononçant ces mots, Baudry d'Asson s'approcha d'Émile Combes en brandissant une cuiller en bois et une casserole, qu'il avait dissimulées sous ses vêtements. Pour des raisons demeurant quelque peu obscures, la casserole symbolisait alors la franc-maçonnerie dans l'esprit de ses adversaires. Les huissiers, l'empêchant d'aller au bout de son geste, se précipitèrent sur le trublion qui se défendit à coups de poing, tandis que s'échangeaient des injures de charretier. Baudry d'Asson fut expulsé et les députés votèrent la censure contre lui.]

Armand de Baudry d'Asson
Chambre des députés, 14 janvier 1905

Tas de cannibales, avez-vous assez fait nos poches ! Coquins. Traîtres. Vendus aux juifs ! Tas de cochons. À bas Marianne et ses souteneurs. Voilà ton œuvre vieux défroqué ! Prends garde à toi !

Fonds Émile Combes,
AD de la Charente-Maritime, 13 J 33,
légende d'un dessin envoyé à Émile Combes,
probablement lorsqu'il était
président du Conseil : vautrée sur le sol,
la truie Marianne écrase un crucifix et une Bible,
tandis que onze porcelets la tètent goulûment

J'apercevais, de dos, le petit Combes, horrible produit de l'anticléricalisme de sous-préfecture et de la formation idéologique Kant-Rousseau, la redingote et le cou crasseux de Pelletan, la nuque de vautour pelé du général André.

Léon Daudet
Souvenirs des milieux littéraires, politiques, artistiques et médicaux de 1880 à 1908, 5e série, 1920

Nous avons le plaisir de vous annoncer la crevaison définitive et irrémédiable du ministère Combes surnommé gouvernement de la délation officielle et trahison nationale.

Faire-part de décès fictif reproduit par Jean-Claude Souyri
Émile Combes (Roquecourbe 1835-Pons 1921), président du Conseil - ministre de l'Intérieur (juin 1902-janvier 1905)
catalogue de l'exposition organisée à Albi en décembre 2005

Cela dit, ces points posés, ces réserves faites, il ne reste pas moins que l'ancien abbé Combes est un type de fanatique véritablement dégradé. La dégradation morale [a suivi], comme toujours, l'abjection de l'esprit. […] Espionner, ficher, dénoncer […] là, monsieur Combes fut trouvé lâche, sale, inférieur aux plus bas étiages moraux de la communauté nationale.

Charles Maurras
L'Action française, 27 octobre 1928

COMMUNISTES
(PCF) Dits les « cocos », les « rougeauds », les « stals », les « cosaques » et les « séparatistes »…

À force de tourner en rond et de collaborer avec la bourgeoisie dite de gauche, Messieurs les stalinistes français 100 % en arrivent à la collaboration effective avec les gens de droite. À qui doit profiter toute cette palinodie ? […] Assez de fumisterie, Billoux et Matton. […] Seriez-vous devenus des juges dociles et bien-pensants servant la bourgeoisie cléricale et autres ? […] Thermidor est aussi à son apogée dans le PC […] vous acceptez de grand cœur avec le jésuite Cachin que la vieille garde de Lénine soit jugée par des anciens ennemis de la Révolution d'octobre.

La Commune, février 1937

C'est bien un État bourgeois que les communistes se déclarent prêts à servir, comme le dit le nouveau ministre Grenier ; c'est le programme prôné par tous les impérialismes, celui de la « victoire » (de l'impérialisme) et de « l'union complète de la France avec ses territoires d'outre-mer », c'est-à-dire la continuation de l'oppression coloniale, que ces deux « communistes » se préparent à appliquer au nom de leur parti. Il faut toute la désinvolture d'une bureaucratie cynique pour oser aujourd'hui tenir un tel langage. […] La bureaucratie de Staline […] donne ainsi les garanties à la bourgeoisie internationale de sa volonté de s'opposer à la Révolution et de maintenir le capitalisme ; les nouveaux laquais en livrée de ministres, les Billoux et les Grenier, agents de l'impérialisme français, ne représentent que les intérêts d'une bureaucratie restreinte.

La Vérité, 29 avril 1944

[Après la dissolution des milices patriotiques.]
Les communistes ne sont pas dangereux. Tout au plus des roseaux peints en fer… Et puis on ne fait pas de révolution sans révolutionnaires ! Et il n'y a qu'un révolutionnaire en France : c'est moi.

Charles de Gaulle
propos du 28 octobre 1944

La farce continue, farce tragi-comique. […] D'une part, devant la volonté ouvrière, on déclare s'incliner devant la volonté démocratiquement exprimée des ouvriers. […] D'autre part […] on emploie les mœurs hitlériennes en faisant assommer les grévistes par des individus dont la mentalité relève plus du gangster que de l'ouvrier conscient.

Marcel Baufrère
La Vérité, 9 mars 1947

Le Parti des Compromis Funestes peut parlementer, finasser, jouer le jeu parlementaire, organiser – à l'extrême limite – des défilés anodins, la bourgeoisie le tient à sa merci. Il a les mains liées par sa théorie de l'intérêt national.

Paul Parisot
La Vérité, 28 mars 1947

Le jour viendra où les fossoyeurs de la Révolution prolétarienne devront rendre compte de leurs calomnies et de leurs crimes.

La Vérité, 4 avril 1947

Messieurs les staliniens qui traitent les militants révolutionnaires de fascistes se prennent pour les supermen, qui ont, seuls, le droit de faire connaître (ou plutôt d'imposer) leur point de vue.

Pour la démocratie ouvrière, 24 mars 1962

Staliniens vos fils sont avec nous.

Slogan de Mai 68

Le Parti communiste ? Ce qui m'a fait plaisir cet après-midi, c'est d'être en tête d'un défilé où les crapules staliniennes étaient à la remorque.

Daniel Cohn-Bendit
déclaration à *Paris-Presse* après le défilé de Denfert-Rochereau, 14 mai 1968

CONSTANS (Ernest)
(1833-1913) Député de la Haute-Garonne de 1876 à 1889, sénateur de 1889 à 1906, trois fois ministre de l'Intérieur.

Constans [...] avait l'aspect, quadrangulaire quant au visage, de la blatte géante, l'œil dissimulé, la voix sourde et l'allure blafarde du Tartuffe laïque, plus sinistre que l'autre, son jumeau.

Léon Daudet
Panorama de la Troisième République, 1936

COPÉ (Jean-François)
(Né en 1964) Maire de Meaux, député de Seine-et-Marne de 1995 à 2002 et depuis 2007, plusieurs fois membre du gouvernement, président du groupe UMP.

Il ne tient pas les députés. C'est un chanteur de variétés. Il ne dirige pas le groupe, il fait son show ! Il ne dirige pas les réunions, il fait des vocalises !

Nicolas Sarkozy
Dossier du Canard, n° 106, décembre 2007

Jamais sous la Ve République un secrétaire général d'un mouvement ne s'est attaqué de façon si violente et brutale à un chef de gouvernement. S'il n'est pas d'accord avec le Premier ministre, c'est-à-dire avec un Premier ministre que le président de la République a choisi, il a toujours la possibilité de donner sa démission de secrétaire général de l'UMP, et à mes yeux, plus tôt il le fera, mieux ça vaudra, afin de ne pas être le fossoyeur de l'UMP.

Étienne Pinte
Canal+, 29 mars 2011

COT (Pierre)
(1895-1977) Député de la Savoie de 1928 à 1940 puis de 1945 à 1951, député du Rhône de 1951 à 1958, plusieurs fois ministre et tout particulièrement ministre de l'Air en 1936.

On prête à Pierre Cot, déjà rouge du sang des Parisiens, l'intention de préparer une aviation rouge. Celui-là n'est qu'un sanglant et prétentieux crétin.

Léon Daudet
L'Action française, 6 juin 1936

Je juge inadmissible la présence au gouvernement de monsieur Pierre Cot, qui jugeait, à l'aube livide du 7 février, que la place de la Concorde n'avait pas été rougie d'assez de sang. *(Applaudissements à droite. Vives interruptions à gauche et à l'extrême gauche.)*

Xavier Vallat
Chambre des députés, 6 juin 1936

Par la grâce d'un gouvernement de pleutres et de bandits, les cyniques, les marchands d'armes, les sadiques, comme ce petit Pierre Cot (il suffit de regarder son portrait pour deviner chez lui on ne sait quel érotisme du sang et de la mort) font la loi à ces pauvres gueules de pions chahutés que montrent Blum et Salengro.

Robert Brasillach
Je suis partout, 8 août 1936

Pierre Cot viole ouvertement la neutralité : quel jeu joue donc ce petit galopin fou d'orgueil à qui on a donné le ministère de l'Air ? Pierre Cot est-il l'agent des Soviets, chargé de nous jeter dans la guerre malgré nous ?

Maurice Pujo
L'Action française, 27 août 1936

On se souvient du battage que fit Pierre Cot lorsqu'il devint ministre de l'Aviation : il passa son brevet de pilote à grands coups de photos et de communiqués publicitaires, puis il se fit muter dans l'aviation. [...] Mais dès que les bruits de guerre se précisèrent, Pierre Cot, qui est, hélas ! bien placé pour savoir ce que vaut l'aviation qu'il avait sabotée, se fit muter par décret spécial dans l'artillerie. [...] Ce salaud avait pris ses précautions, mais les pilotes français n'oublieront pas.

L'Action française, 4 octobre 1938

Vous avez saboté l'aviation avant 1939 ! Vous sabotez le moral, maintenant ! *(Protestations à l'extrême gauche.)*

Raymond Mondon
Assemblée nationale, 31 octobre 1956

Monsieur Pierre Cot, vous êtes toujours l'accusateur de la France !

Jean Dides, député poujadiste de la Seine
Assemblée nationale, 31 octobre 1956

COTY (René)
(1882-1962) Député modéré de la Seine-Inférieure (actuelle Seine-Maritime) de 1923 à 1936, sénateur de 1936 à 1940, député de 1945 à 1948, sénateur de 1948 à 1953, secrétaire d'État à l'Intérieur en 1930, ministre de la Reconstruction et de l'Urbanisme de 1947 à 1948, président de la République de 1953 à 1958.

Cette énorme libellule se cogne follement à une vitre. Le libre azur est à deux doigts d'elle qui ne voit rien et qui s'épuise. Ainsi la politique française... Mais qu'est-ce donc, la politique française, en dehors d'une tête qui la penserait ? Quelqu'un la pense ces jours-ci, je l'espère : celui qui rituellement, au début de chaque crise, annonce, le pauvre homme, qu'il fera vite.
J'ai la plus grande considération pour monsieur le président de la République. On n'occupe pas une si haute charge sans avoir témoigné de capacités singulières. Mais enfin les plus nobles esprits ont leurs points faibles. Autant que nous en puissions juger du dehors et de la place infime que nous occupons, monsieur René Coty, dans les moments de sa carrière où il lui appartient de choisir un nouveau cheval, incline à revenir aux vieilles montures qu'il connaît. Ne se trouve-t-il donc, dans les haras du régime, que des chevaux de retour ? J'entends bien que monsieur René Coty est un classique : inventer en politique, risquer n'est pas son fort. Il joue correctement le jeu, quoi qu'il lui en coûte, et même si les règles de ce jeu l'obligent, chaque fois, à cogner contre un mur sa tête vénérable.

François Mauriac
Bloc-notes, 10 octobre 1957

Liée à la fortune et au caractère d'un seul homme la République près de céder à l'illusion de sa pérennité ne tarda pas à s'écrouler. Monsieur Coty, l'élu de la fatigue, la présida d'un souffle court. De même que le dernier Bourbon avait cru perpétuer la grandeur de sa dynastie en ressuscitant le code des manières, de même le dernier président crut-il continuer Fallières et Poincaré. Mais l'étiquette des époques heureuses ne camoufle pas longtemps les progrès de la décadence.

François Mitterrand
Le Coup d'État permanent, 1964

COUESNON (Amédée)
(1850-1931) Député radical de l'Aisne de 1907 à 1919.

Bien que le niveau intellectuel ne soit généralement pas très élevé chez nos honorables, il existe aux Folies-Bourbon un député folâtre dont la nullité et la suffisance font la joie de ses collègues.
À la buvette et dans les Pas-Perdus, il est toujours très entouré et nos QM [initiales de quinze mille, montant de l'indemnité parlementaire à l'époque] jouent à qui lui fera dire les plus grosses sottises. Deux jeunes députés, l'un du Midi et demi, l'autre des environs de Paris, réussissent admirablement dans ce genre de sport, aussi sont-ils particulièrement choyés de notre Amédée qui leur est très reconnaissant de l'importance qu'ils lui donnent et de l'esprit (!?) qu'ils lui trouvent.
Les plus énormes bêtises de notre QM banlieusard provoquent d'homériques éclats de rire, on se répète de proche en proche ses calinotades et chaque nouvelle bourde sensationnelle est accueillie par des claques amicales dans le dos et des : « Sacré Amédée ! » retentissants.
Il est célèbre même parmi les larbins qui ont pourtant connu bien d'autres pitres parlementaires et qui carac-

térisent la nullité de notre homme par cette phrase lapidaire : « On lui ferait prendre un saxophone pour un trombone à coulisse ! »
Quel peut bien être ce remarquable échantillon de la faune parlementaire, pour qui on a inventé dans les couloirs de la Chambre les expressions nouvelles : « Dire une couesnonnade ! Faire des couesnonnades !... » ?

Flax, nom de plume de Victor Méric
Les Hommes du jour, 19 mars 1910

COURTADE (Pierre)
(1915-1963) Écrivain et journaliste communiste, correspondant de *L'Humanité* à Moscou.

Demain en France comme dans le reste du monde, Pierre Courtade apprendra à ses dépens que les prolétaires mettront les phonographes du Guépéou dans le même sac que leurs amis du meilleur rempart des profiteurs.

Fred Zeller
La Vérité, 7 février 1947

CRESSON (Édith)
(Née en 1934) Maire de Thuré puis de Châtellerault, députée au Parlement européen de 1979 à 1981, élue députée socialiste de la Vienne et première femme nommée ministre de l'Agriculture en 1981, ministre du Commerce extérieur et du Tourisme de 1983 à 1984, ministre du Redéploiement industriel et du Commerce extérieur de 1984 à 1986, députée de la Vienne de 1986 à 1988, ministre des Affaires euro-

péennes de 1988 à 1990, première femme à porter le titre de Premier ministre de 1991 à 1992, commissaire européenne de 1994 à 1999.

Le Parti socialiste, n'ayant pas de programme, m'a envoyé une femme. J'ai rencontré madame Cresson, c'est une femme charmante. Je me demande ce qu'elle fait dans la politique.

Pierre Abelin
campagne de la législative partielle de Châtellerault en 1975
propos rapporté par Édith Cresson,
Avec le soleil, 1976

On nous donne la Pompadour !
[L'intéressée répliqua à la télévision, 16 mai 1991 : « Monsieur d'Aubert, deux cents ans après la Révolution, vit toujours dans un boudoir. [...] Je suis peut-être une favorite, mais la favorite de mes électeurs. »]

François d'Aubert
propos rapporté par Alexandra Da Rocha
Salope ! Insultes et autres perfidies sur les femmes politiques, 2007

Ciboulette.

Des proches de Michel Rocard
[explication donnée par les intéressés : « Parce qu'elle fait six boulettes par jour. »]
Le Canard enchaîné, 24 juillet 1991

Édith est un marteau-piqueur hors norme, avec tout ce que cela suppose d'efficacité et de nuisances auditives. Le problème c'est qu'il faut trouver quelqu'un pour lui dire où creuser. Et, pour l'instant on n'a pas trouvé.

Un collaborateur de Lionel Jospin
Le Canard enchaîné, 31 juillet 1991

Quand j'ai nommé Édith Cresson, je lui ai dit qu'elle avait le devoir d'être impopulaire. Je ne pensais pas qu'elle réussirait aussi bien.

François Mitterrand
Libération, 28 janvier 1992

À force de descendre dans les sondages, elle va finir par trouver du pétrole.

André Santini
propos rapporté par Alexandra Da Rocha
Salope ! Insultes et autres perfidies sur les femmes politiques, 2007

D

DALADIER (Édouard)
(1884-1970) Dit « le Taureau du Vaucluse », député de ce département de 1919 à 1940 et de 1945 à 1958, plusieurs fois ministre, président du Conseil en 1933, en 1934 et de 1938 à 1940, c'est-à-dire au moment des accords de Munich qui laissèrent Hitler démembrer la Tchécoslovaquie.

[Rappelant l'action de Daladier le 6 février 1934.]
[Un de ces hommes qui ont] fait la démonstration de leur impuissance gouvernementale par l'absurdité et l'incohérence de leurs décisions préliminaires, par l'insuffisance des mesures de police prises, par leur incapacité à prendre les mesures que dictait l'évolution de la situation. *(Applaudissements à droite. – Exclamations et interruptions à gauche et à l'extrême gauche.)*

Xavier Vallat
Chambre des députés, 6 juin 1936

[De Blum] comme de l'impulsif et hésitant Daladier, on peut attendre un acte de violence et même de sauvagerie, après lequel ils s'effondreront.

Léon Daudet
L'Action française, 6 juin 1936

L'année 1940 a vu la mort du petit sou. Souhaitons que 1941 voie la condamnation de Daladier : la mort du gros saoul !
[L'ancien président du Conseil était réputé pour son intempérance.]

La France au travail, 25 janvier 1941

Il n'est pas un personnage convexe à la Clemenceau, il est concave. Du taureau il a, si l'on veut, la forte encolure mais certainement pas le goût de foncer sur l'obstacle. [Il est] faible et flottant.

Pertinax
Les Fossoyeurs, 1943

C'est un taureau qui sent l'étable.

Joseph Caillaux
propos rapporté par Pertinax,
Les Fossoyeurs, 1943

Il n'a pas de volonté. Il ne parvient à une décision que par le processus le plus laborieux et le plus lent. Il a de l'esprit de finesse et […] de l'intuition. […] Justement parce qu'il n'est pas à même de prendre des résolutions brusques et brutales, il laisse agir sur lui ce que Leibniz appelait les « petites perceptions ». Il ne les étouffe pas comme font les impétueux. Il n'est pas intellectuellement agile. Il attend que, par un travail sourd et incessant, elles l'inclinent et le précipitent vers l'acte.

Pertinax
Les Fossoyeurs, 1943

[Au moment de l'exclusion du député Raoul Calas.]
Assassin !

Florimond Bonte, député communiste de la Seine
Assemblée nationale, 1er décembre 1947

À Munich ! *(Protestations à gauche, au centre et à droite.)*

Maria Rabaté
députée communiste de la Seine
Assemblée nationale, 24 février 1949

Flaubert a dit : « L'aigle de Meaux était une oie. » On peut écrire de même que « le taureau du Vaucluse » est un veau vieux. Il n'a plus ni cornes, ni dents, ni sabots, ni le reste. On le mènerait au pâturage avec une vieille ficelle. On ne peut rien voir de plus mou, de plus tombé, de plus laid que ce bonhomme.

André Figueras
Zoologie du Palais-Bourbon, 1956

DAMASIO (Jean)
(1919-1984) Hôtelier et commerçant en primeurs, député poujadiste de la Seine de 1956 à 1958.

Une voix à gauche. – Marchand de légumes !
Jean Damasio. – Ce n'est pas un déshonneur que d'être marchand de légumes. Tas de voyous !

Assemblée nationale, 25 septembre 1957

DASSAULT (Marcel)
(1892-1986) Industriel de l'aviation, député des Alpes-Maritimes de 1951 à 1956, sénateur de l'Oise de 1957 à 1958, député de l'Oise de 1958 à 1986 et doyen de l'Assemblée nationale.

Il sera candidat à l'Assemblée nationale jusqu'à sa mort. Après, il se présentera au Sénat.

Lionel Stoléru
L'Événement du jeudi, 21 novembre 1985

DARLAN (Jean-Louis, Xavier, François)
(1881-1942) Amiral, il succède en février 1941 à Pierre-Étienne Flandin, à la tête du gouvernement de Vichy, poste qu'il occupe jusqu'en avril 1942. En novembre 1942 il quitte Vichy pour Alger afin de se rendre au chevet de son fils malade. Après le débarquement allié et la prise du pouvoir par le général Giraud, il est assassiné le 24 décembre 1942 par Fernand Bonnier de La Chapelle.

Stinking skunks (le putois puant).

surnom de Darlan dans la presse américaine
et anglaise pendant la guerre

Weygand dit [...] qu'il n'eut jamais dans sa vie l'occasion de rencontrer un être aussi plat, aussi veule, aussi vil.

Roger Stéphane
Chaque homme est lié au monde, 1946

Fourbe autant que vantard, l'amiral était tout à fait capable des faits reprochés [*avoir livré des secrets militaires à la marine allemande*]. Ils collent admirablement avec sa nature d'agent double professionnel.

« Le double jeu de Vichy »
article non signé, *Le Crapouillot*,
Histoire de la guerre, tome IV, janvier 1949

DATI (Rachida)
(Née en 1965) Porte-parole de Nicolas Sarkozy pendant l'élection présidentielle de 2007, garde des Sceaux, ministre de la Justice de 2007 à 2009, maire du VIIe arrondissement de Paris depuis 2008 et députée européenne depuis 2009.

Rachida adore visiter des prisons, elle s'y sent bien. Elle fait la belle comme le paon qui fait la roue. Elle semble dire : « Oui, c'est vrai, il y a beaucoup de beurs et de beurettes derrière les barreaux, mais regardez-moi, l'ascenseur social marche, si l'on veut s'en donner la peine ! » On dirait une vedette de cinéma qui, de temps en temps, irait frimer aux Assedic spectacle.

Stéphane Guillon
France Inter, 14 octobre 2008

Rachida Dati va participer à l'émission de Michel Drucker « Vivement dimanche ». Vivement lundi.

Bruno Roger-Petit
François Mitterrand 2008 il revient, 2008

Envoyer Rachida Dati à Strasbourg qui ne possède aucun équivalent de l'avenue Montaigne, c'est comme envoyer Jean-Louis Borloo à Évian : c'est une sanction. [...] Quand les jeunes de l'UMP ont questionné Rachida Dati sur le rôle de l'Europe, elle a répondu : « L'Europe s'occupe de ce qu'on lui donne à s'occuper avec les personnes qui peuvent porter ces affaires à s'occuper. »

Stéphane Guillon
France Inter, 27 avril 2009

Vous croyez que Rachida Dati ira au Parlement européen ? Et mon œil, et mon œil !... Se taper les commissions, se taper l'endroit où il y a pas une caméra, se taper l'endroit où on ne veut pas la voir... [...] Faut pas rigoler...

Daniel Cohn-Bendit
BFM.TV, 10 mai 2009

Je ne suis pas moins légitime que Rachida Dati. Je suis élu depuis plus longtemps qu'elle à Paris, et moi je ne connais pas Dior !

Pierre Lellouche
Le Monde, 2 juillet 2010

DEBRÉ (Jean-Louis)
(Né en 1944) Député de l'Eure de 1986 à 1995 et de 1997 à 2007, ministre de l'Intérieur de 1995 à 1997, président de l'Assemblée nationale de 2002 à 2007, président du Conseil constitutionnel.

Il te sera difficile de faire oublier Pasqua [*à qui Jean-Louis Debré venait de succéder au ministère de l'Intérieur*]. D'ailleurs en deux mois, tu n'as peut-être rien fait, mais, du coup, on ne peut te reprocher la moindre gaffe. Ce n'est déjà pas si mal ! Je ne suis pas certain que nous aurions pu en dire autant avec ton prédécesseur. Tu n'as aucun complexe à nourrir. Sois toi-même (sans tout de même en rajouter). […] La première règle est que tu fasses le moins de déclarations possible. Tu n'as à communiquer sur rien. […] Tu ne dois avoir d'idée politique sur aucun sujet. J'ai dit aucun. […] Aucune déclaration ne t'est autorisée. […] Crois-moi, c'est stratégiquement beaucoup plus intelligent. Tu vas donc les épater par ton silence.

Nicolas Sarkozy sous le pseudonyme de Mazarin
« Lettre apocryphe de Jacques Chirac
à Jean-Louis Debré »
Les Échos, 24 août 1995

[Déclaration de campagne.]
Il semblerait que l'ambition de Jean-Louis Debré ne soit pas de faire gagner son camp mais de monter en grade dans la machine à faire perdre.

Christian Estrosi
Le Nouvel Obs.com, 16 octobre 2008

DEBRÉ (Michel)
(1912-1996) Dit « l'amer Michel », « Michou-la-Colère » et « Michou Lapin », compagnon du général de Gaulle, sénateur d'Indre-et-Loire de 1948 à 1958 et rédacteur du *Courrier de la colère*, l'un des principaux auteurs de la Constitution de 1958, Premier ministre de 1958 à 1962, plusieurs fois ministre, député de La Réunion.

L'extraordinaire volte-face qui amena ce touche-à-tout de la conspiration à présider le gouvernement qui signa les accords d'Évian, loin de supposer une tragique contradiction, comme l'ont cru ses détracteurs d'extrême droite, révèle au contraire l'unité du personnage.

François Mitterrand
Le Coup d'État permanent, 1964

Je ne nie point qu'il s'agisse en l'espèce d'une sorte de scolopendre raté, de scorpion geignard, de coléoptère sans carapace. Je sais qu'il est catalogué déjà, et que les limaces elles-mêmes, et les vers de chiottes, préférant légitimement être dans leur peau que dans la sienne, sont intervenus auprès du Bon Dieu pour qu'il ne le range point dans leur catégorie.

André Figueras
J'accuse Michel Debré, 1971

Si l'on rencontrait mendiant le long du chemin, affamé, blême, et au besoin en pleurs, ce Polichinelle sinistre, personne ne sortirait deux sous de sa poche pour sécher une larme sur cette face de harpie molle, de Gorgone fade.

André Figueras
J'accuse Michel Debré, 1971

Une singulière vocation pour l'erreur. Et il n'accède pas à l'erreur petitement mais par de vastes analyses et d'ardents raisonnements. Il en fait une symphonie fantastique.

Michel Poniatowski
propos rapporté par Hélène Vida,
Mes hommes politiques, 1977

DEFFERRE (Gaston)
(1910-1986) Résistant, maire de Marseille, député socialiste des Bouches-du-Rhône de 1943 à 1958, de 1962 à 1981 et en 1986, sénateur de 1959 à 1962, plusieurs fois membre du gouvernement et en particulier ministre de l'Intérieur de 1981 à 1986.

Defferre, partout où il traverse le domaine français, laisse derrière soi la pollution de sa bave. On rétorquera que c'est son métier d'escargot qu'il fait, et qu'il n'appartient à personne de transformer sa nature.

André Figueras
Zoologie du Palais-Bourbon, 1956

Il me racontait souvent qu'il était le seul à ne pas devoir préparer ses discours, puisque de toute façon personne ne le comprenait.

Bernard Tapie
Libération, 8 mai 1986

DELANOË (Bertrand)
(Né en 1950) Député socialiste de Paris de 1981 à 1986, sénateur de 1995 à 2001, maire de Paris.

Il inspire la terreur à force de courtoisie ostensible. [...] Ses visites courtes (Delanoë ne s'attarde jamais nulle part) mais régulières au siège du PS s'apparentent à celles que ferait un nouveau locataire, tout près de signer un bail et qui estime que les anciens titulaires de la place prennent trop de temps à vider les lieux et, pire encore, sont suspects de ne pas les restituer en état d'usage.

Bruno Roger-Petit
François Mitterrand 2008 il revient, 2008

DELBOS (Yvon)
(1885-1956) Député radical de la Dordogne de 1924 à 1940 puis de 1945 à 1955, sénateur de 1955 à 1956, six fois ministre et tout particulièrement ministre des Affaires étrangères dans le gouvernement du Front populaire.

On chuchotait dans les couloirs de la Chambre que Léon Blum, interrogé sur les raisons qui lui faisaient préférer Delbos à Chautemps, aurait répondu : « J'ai besoin au Quai d'Orsay d'un homme qui n'ait pas d'idées et qui soit obéissant. » Si Delbos n'est pas flatté après cela du choix qui a été fait de lui, c'est qu'il sera bien difficile !

L'Action française,
28 mai 1936

Yvon Delbos, d'un pas de somnambule promenait autour des quatre colonnes un profil d'agneau pascal qui n'a pas peur du loup. C'est un garçon bien honnête, au visage poupin, frisotté en long, en large et en travers, et qui justifie, par l'impression qu'il donne de sommeiller tout le temps, le proverbe : il ne faut pas se fier à l'eau qui dort. Yvon Delbos tient dans le parti radical l'emploi de penseur pour militants toulousains. C'est d'ordinaire un homme simple, effacé, modeste, un tantinet enfantin. Il paraît sans cesse encombré de ses mains, de ses pieds et porte son énorme tête calamistrée et frisottante comme un poids trop lourd pour lui. Il a l'air dormant et des yeux bleus de séraphin tout étonné de se trouver au milieu des hommes. Du reste il a toujours l'air étonné. Étonné des questions qu'on lui pose, de ses réponses, de porter un col mou, de se trouver là où il se trouve, étonné de tout.

Gringoire, 29 mai 1936

DELCASSÉ (Théophile)
(1852-1923) Député radical de l'Ariège de 1889 à 1919, plusieurs fois ministre et tout particulièrement ministre des Affaires étrangères de 1898 à 1905 et de 1914 à 1915.

Delcassé, c'est un Poincaré bête.

Georges Clemenceau
propos de 1913 rapporté par Joseph Caillaux,
Mes Mémoires – tome III : *1912-1930*, 1947

Delcassé ? Un lilliputien halluciné.

Georges Clemenceau, propos

DELONCLE (Eugène)
(1890-1944) Cofondateur de la Cagoule en 1935 et du Mouvement social révolutionnaire (MSR) sous l'Occupation.

Je connus l'envers du décor : impossibilité de connaître la vraie politique de Deloncle, esprit sectaire de droite, activisme incorrigible de l'élément important qui venait de la Cagoule, et surtout mentalité insupportable et mœurs dissolues du petit gang dont Deloncle s'était entouré.

André Mahé
Le Crapouillot, janvier 1949

DELORS (Jacques)
(Né en 1925) Conseiller de Jacques Chaban-Delmas puis ministre de François Mitterrand, président de la Commission européenne.

[Alors que Jacques Delors est pressenti pour remplacer Pierre Mauroy au poste de Premier ministre.] Delors ?... Il hésiterait même entre l'aspirine et l'euthanasie.

François Mitterrand
propos de 1983

L'establishment préfère vous observer avec une condescendance ironique, soulignant à l'envi votre côté saint Sébastien, vos dispositions à jouer les martyrs ou les grenouilles de bénitier, le tout rehaussé d'un zeste d'hypocrisie ou de masochisme.

Jean Bothorel
Lettre ouverte aux douze soupirants de l'Élysée, 1984

Delors ? Il aimerait bien être président sans être candidat.

François Mitterrand
propos rapporté par Laure Adler,
L'Année des adieux, 1995

Jacques Delors s'exprime comme un chef de gouvernement, alors qu'il n'est qu'un super-fonctionnaire !

Jean-Pierre Chevènement
France Inter, 24 janvier 1990

C'est une vieille bigote qui prend l'Europe pour son bénitier et préfère lire *L'Équipe* que les rapports économiques. Quand j'étais à l'Intérieur j'ai bien essayé de le faire plonger dans l'affaire du pasteur Doucet mais il avait un alibi en béton : il dînait chez moi le soir du crime.

Pierre Joxe
La Grosse Bertha, 21 mars 1991

Avec Delors, les socialistes passent de Léon Blum à Léon XIII.

Philippe Séguin
prix de l'Humour politique 1995

DEROIN (Jeanne)
(1805-1894) Saint-simonienne et militante féministe, première femme à se déclarer candidate aux législatives, en 1849.

Sur les questions les moins comprises,
Pouvant parler deux heur's de suite,
Comme vous, j'dirai des bêtises
Mais j'en dirai bien plus longtemps !

Clairville, chanson

DÉROULÈDE (Paul)
(1846-1914) Auteur des *Chants du soldat*, président de la Ligue des Patriotes, député nationaliste de la Charente de 1889 à 1893 et de 1898 à 1899, déchu et exilé après une tentative de coup d'État pendant l'affaire Dreyfus.

Si l'ingénuité se mesure à l'aune, monsieur Paul Déroulède, représentant des trois couleurs et de la ville d'Angoulême – est digne qu'on l'immatricule parmi les plus grands bêtas du XIXe siècle. Long comme un jour sans pain, efflanqué comme un Aztèque, avec ses yeux ronds, ses yeux de pruneau cuit, sa bouche déshicente, l'auteur de l'*Hetmann* porte sur son visage l'expression hébétée d'une candeur que cinquante ans n'ont pu réduire. Il bée naturellement, comme la grenouille au jeu du tonneau, il gobe les mouches de toute sa lèvre inférieure que surplombe un nez extravagant. Ce nez lamentable, pharamineux et truculent contraste avec le chef exigu, la tête d'oiseau sans cervelle – dindon ou canari. […]

C'est un mirliton d'alarme, ainsi qu'on l'avait plaisamment surnommé, un orgue de Barbarie qui moud naturellement tous les poncifs, toutes les sottises du chauvinisme le plus abject.

Laurent Tailhade
sous le pseudonyme de Patte-Pelue
L'Action, 23 mai 1898

L'idée de Déroulède, si j'ose accoupler ces deux mots, est extraordinairement simple : l'armée, pour lui, c'est la France.

Georges Clemenceau
L'Aurore, 2 mars 1899

DESCHANEL (Paul)
(1856-1922) Député d'Eure-et-Loir de 1885 à 1920, président de la République en 1920, invité à démissionner après sa chute du train présidentiel et quelques facéties fameuses, sénateur de 1921 à 1922.

On voudrait, pour la raison comme pour la pudeur, médire ici de monsieur Paul Deschanel : mais la chose ne se peut. Il n'est, sur son compte, ni bien ni mal à exprimer. C'est le néant sans phrase, le vide absolu. Il préside la Chambre où nul de ses prédécesseurs n'aura incarné au même degré la médiocrité des Assemblées délibérantes. […]
Le pédantisme hilare du sorbonnard avec je ne sais quoi du perruquier en belle humeur, tel se fait voir le Deschanel quand il pommade.

Laurent Tailhade
À travers les groins, 1899

Depuis quatre ans les circonstances ont tenu monsieur Deschanel un peu en marge de la rude bataille que les républicains livraient pour la liberté, pour la vérité et pour l'honneur. *(Applaudissements à l'extrême gauche et à gauche.)* Dans ce grand drame [l'affaire Dreyfus] dont il a dit lui-même qu'il avait déchiré la conscience nationale, il se peut que dans sa conscience monsieur Deschanel ait pris parti, mais nul n'en a jamais rien su. *(Applaudissements et rires sur les mêmes bancs.)*
Peut-être était-il au-dessus de la bataille, mais c'est encore un moyen d'être en dehors. *(Nouveaux rires.)*

Jean Jaurès
Chambre des députés, 23 janvier 1903

L'homme poupée. Le Grand Cosmétiqué. Mannequin articulé, marchant et parlant, exécutant des pirouettes et des courbettes, levant les mains, saluant, souriant, répétant à la perfection tous les gestes humains. En vente au grand bazar bourbonien au prix de quinze mille francs. Garanti quatre ans. N'a rien fait, rien dit, rien laissé, rien tenté, rien promis, rien voulu, et, pour cela, plusieurs fois président de la Chambre, membre de l'Académie, comblé d'honneurs et de fonctions. Le plus vide et le plus reluisant de nos politichinelles.

Flax, nom de plume de Victor Méric
Les Hommes du jour, 26 juin 1909

DESMOULINS (Camille)
(1760-1794) Révolutionnaire et journaliste.

Renégat de la sans-culotterie…

Jacques-René Hébert
J.-R. Hébert, auteur du père Duchesne à Camille Desmoulins et à sa compagnie, 1790

DEVEDJIAN (Patrick)
(Né en 1944) Député des Hauts-de-Seine de 1986 à 2002, de 2005 à 2007, de 2007 à 2009 et depuis 2010, cinq fois ministre, président du conseil général des Hauts-de-Seine.

C'est l'ancien d'Ordre nouveau qui nous donne des leçons ! L'ancien nervi d'extrême droite ! *(Rires sur les bancs du groupe Front national.)* L'avocat des terroristes !

Jean-Marie Le Pen
Assemblée nationale, 9 octobre 1987

[Citant une condamnation en correctionnelle de Patrick Devedjian et d'Alain Madelin en 1965.]
Ces deux jeunes avaient volé une Simca 1000, volé des moteurs de bateaux, avaient des papiers d'identité faux, des plaques d'immatriculation fausses, avaient avec eux un pistolet 6,35 et avaient fait courir la police.

Vincent Peillon
Le Nouvel Obs.com, 25 février 2010

[Patrick Devedjian ayant affirmé que Levallois-Perret, dont Balkany est le maire, était au bord de la faillite.] Sur le fond, Patrick Devedjian dit des conneries. Nous n'avons jamais eu le moindre problème de remboursement avec qui que ce soit, les propos de Patrick Devedjian ne sont que des âneries. [...] Il n'est aujourd'hui plus crédible. Tout ce qui sort de sa bouche est du fiel, de la haine.

Patrick Balkany
JDD.fr, 5 février 2011,

DONDOUX (Jacques)
(1931-2002) Élu en 1997 député radical de gauche de l'Ardèche, secrétaire d'État au Commerce extérieur de 1997 à 1999.

On prétend que Dondoux dit beaucoup de conneries : c'est faux, il ne parle pas souvent.

Dominique Strauss-Kahn
Le Canard enchaîné, 3 septembre 1997

Jacques Dondoux est tellement nul que même Jospin s'en est aperçu !

Jacques Chirac
Le Canard enchaîné, 4 août 1999

DORIOT (Jacques)
(1898-1945) Maire communiste de Saint-Denis, député de la Seine de 1924 à 1937, exclu du PC et fondateur en 1936 du Parti populaire français (PPF) d'inspiration fasciste. Collaborateur célèbre pour

son appétit pantagruélique, ses mœurs et ses besoins d'argent, il tenait ses réunions dans les plus luxueuses maisons closes de Paris.

Machiavel de foire aux puces…

Jean Quéval
Première page cinquième colonne, 1945

Doriot m'a vendu son parti pour cinq millions, plus trois millions. Il avait fait des dettes. Et puis je lui avais dit : « Quand vous serez le chef, je vous monterai un deuxième bureau. » Il me renseignait et me prêtait des gens à lui. Bucard travaillait aussi pour moi, coût : deux millions. Mais il opérait dans les milieux gouvernementaux. Ceci dit, Doriot espionnait Bucard et Bucard Doriot, à mon profit. C'était des pauvres types.

Déclaration faite par Masuy lors de son procès
propos rapporté par Madeleine Jacob,
Franc-Tireur, 3 juillet 1947
[D'origine belge, de son vrai nom Georges Delfanne,
Masuy, tour à tour prénommé Christian
ou Henri selon les sources, fut un des membres
de la Gestapo française de Bony et Lafont,
la tristement célèbre Carlingue.]

DORMOY (Marx)
(1888-1941) Dit « Fantomarx », député socialiste de l'Allier de 1931 à 1938, sénateur de 1938 à 1940, ministre de l'Intérieur du gouvernement de Front populaire, interné en 1940 et assassiné l'année suivante.

Le fol Marx Dormoy, romancier de l'affaire des Cagoulards…

Candide, 2 octobre 1940

Marx Dormoy, un homme lugubre. Sombre, barbu, livide, une sorte de Fouquier-Tinville au petit pied, il aurait envoyé sans sourciller la moitié de la France à l'échafaud, sous prétexte de purifier la République. […] Il eût volontiers ressuscité chez nous les tortures du Moyen Âge pour débarrasser la démocratie de quiconque répugnait à lever le poing en défilant au chant de *L'Internationale.* Entouré des éléments les plus suspects de la Sûreté nationale, il se révéla comme un prestigieux metteur en scène en montant de toutes pièces le fameux complot de la Cagoule qui lui permit d'emprisonner nombre d'anciens combattants.

Delpeyrou
Le Courrier du Centre, 3 octobre 1940

DOUMER (Paul)
(1857-1932) Député radical de l'Aisne de 1888 à 1889, député de l'Yonne de 1891 à 1896, député de l'Aisne de 1902 à 1910, sénateur de la Corse de 1912 à 1931, président de la République en 1931, assassiné l'année suivante par le déséquilibré Gorguloff, se disant chef des fascistes russes.

Nous colonisons […] pour permettre à nos Doumer besogneux, criblés de dettes et chargés de famille d'amasser une dot à leurs filles et une fortune qui leur donnera plus tard les faveurs intéressées de la presse et une situation politique inattaquable ; pour avoir à la disposition des sous-Doumer de notre politique, des ratés et des tarés de notre bourgeoisie, de bons nids à fonctionnaires où ils se referont une virginité et amasseront des rentes.

Gustave Hervé
Le Travailleur socialiste de l'Yonne,
20 octobre 1900

[…] Monsieur Doumer fait trop visiblement sur la pierre du foyer familial la cuisine de ses ambitions. […] il y aurait eu quelque courage et quelque fierté pour monsieur Doumer à tracer le manuel du parfait arriviste. Je ne veux pas en effet employer pour lui le mot d'ambitieux : ce serait rabaisser l'ambition. […] « Agir c'est vivre », écrit monsieur Doumer comme si toute action était indifférente ; mais que n'ajoute-t-il : « Trahir, c'est monter » ?

Jean Jaurès
Revue de renseignement primaire
et primaire supérieur, 7 janvier 1906

[Après la publication par Doumer du *Livre de mes fils*.] Monsieur Paul Doumer moraliste ! L'ancien purotin devenu puritain ! Non, laissez-moi rire. Il faut avoir parcouru son étourdissant bouquin, d'une telle sérénité d'ineptie, d'une si déconcertante niaiserie que l'imbécillité de ce Rockefeller du lieu commun ne laisse pas de devenir touchante à force de sincérité.

Eugène Lacotte
Nos Seigneurs républicains, 1906

DOUMERGUE (Gaston)
(1863-1937) Dit « Gastounet », député radical du Gard de 1893 à 1910, sénateur de 1910 à 1924, plusieurs fois ministre, président du Conseil de 1913 à 1914, président de la République de 1924 à 1931, de nouveau président du Conseil après les événements du 6 février 1934.

Avec son monocle et ses souliers vernis, il est charmant ! On croirait qu'il joue aux « Variétés », qu'il vient saluer à la chute du rideau. C'est quelqu'un ! Quand il est entré à l'Élysée, il a trouvé les meubles très agréables, il a cru qu'il se plairait. Puis, le lendemain, un huissier l'a vu bâiller dans un fauteuil. « Est-ce que monsieur le Président ne digérerait pas ? a dit cet homme inquiet. – Si, si ! a dit Doumergue. Seulement… je n'ai rien à faire… » Rien à faire ! Et il est à la tête de la France !

Georges Clemenceau
propos rapporté par René Benjamin,
Clemenceau dans la retraite, 1930

DOUSTE-BLAZY (Philippe)
(Né en 1953) Dit « Douste bla bla », député UDF des Hautes-Pyrénées de 1993 à 2002, député de la Haute-Garonne, ministre des Affaires étrangères.

[Le jour où le député Laurent Cathala eut un malaise.] Heureusement, Douste-Blazy n'était pas là !

André Santini
phrase nominée au prix Press Club,
Humour et Politique 2003

DRAPEAU (français)
Dit « tricolore ».

Le régiment qui tient garnison à Auxerre et beaucoup d'autres régiments de notre invincible armée viennent de célébrer l'anniversaire de Wagram. Wagram, journée de honte et de deuil ! [...] Je trouve même que des pitreries suivies d'une soûlerie ne sont pas suffisantes pour commémorer le souvenir d'ignominies comme celle de Wagram. Je ne vois qu'une façon vraiment digne et symbolique de célébrer un pareil anniversaire. Tant qu'il y aura des casernes, pour l'édification et la moralisation des soldats de notre démocratie, pour déshonorer à leurs yeux le militarisme et les guerres de conquête, je voudrais qu'on rassemblât dans la principale cour du quartier toutes les ordures et tout le fumier de la caserne et que, solennellement, en présence de toutes les troupes en tenue n° 1, au son de la musique militaire, le colonel, en grand plumet, vînt y planter le drapeau du régiment.

Un Sans Patrie, en fait Gustave Hervé
Le Travailleur socialiste de l'Yonne, 20 juillet 1901

Ils sont quinze cent mille qui sont morts pour cette saloperie-là [...] pour cette saloperie tricolore. [...] Qu'est-ce que c'est que cette loque pour laquelle ils sont morts ? [...] Pour cette immonde petite guenille.
Terrible morceau de drap cloué à ta hampe, je te hais férocement ; oui, je te hais dans l'âme, je te hais pour toute la misère que tu représentes, pour le sang frais,

le sang humain aux odeurs âpres qui gicla sous tes plis, je te hais au nom des squelettes…
[…] Je te hais pour tous ceux qui te saluent, je te hais à cause des peigne-culs, des cons et des putains qui traînent dans la boue leur chapeau devant ton ombre; je hais en toi toute la vieille oppression séculaire, le dieu bestial, le défi aux hommes que nous ne savons pas être; je hais tes sales couleurs, le rouge de leur sang, le bleu que tu volas au ciel, le blanc livide de tes remords…
Laisse-moi, ignoble symbole, pleurer tout seul, pleurer à grands coups, les quinze cent mille jeunes hommes qui sont morts et n'oublie pas, malgré tes généraux, ton fer doré et tes victoires, que tu es pour moi de la race vile des torche-culs.

Jean Zay
Le Drapeau, 6 mars 1924

Le drapeau français est fait pour être déchiré et pour être transformé en drapeau rouge.

Daniel Cohn-Bendit
déclaration à *Paris-Presse*, 23 mai 1968

DREYFUS (Alfred)
(1859-1935) Capitaine d'artillerie, condamné pour espionnage en 1894, réhabilité et réintégré dans l'armée en 1906.

Je crois qu'on ouvrirait le cerveau de Dreyfus, on n'y trouverait rien d'humain.

Saint-Genest
Le Figaro, 24 décembre 1894

Le voici devant moi, à l'instantanée du passage, l'œil sec, le regard perdu vers le passé, sans doute, puisque l'avenir est mort avec l'honneur. Il n'a plus d'âge. Il n'a plus de nom. Il n'a plus de teint. Il est couleur traître. Sa face est terreuse, aplatie et basse, sans apparence de remords, étrangère à coup sûr, épave de ghetto…

Léon Daudet
Le Figaro, 6 janvier 1895

Que Dreyfus a pu trahir, je le déduis de sa race.

Maurice Barrès, propos

Il ne doit plus rien y avoir entre la France et cet homme. Dreyfus est un traître ; il n'est plus un Français. *(Très bien ! Très bien !)*

André Castelin
Chambre des députés, 18 novembre 1896

CHARLES BOS. – Ce qui me frappe, ce qui a frappé tout le monde, ce qui a indisposé l'opinion publique, ce qui a provoqué dans le pays un mouvement de protestation unanime… *(Interruptions sur divers bancs.)*
FIRMIN FAURE. – C'est l'argent des juifs.
[Le député radical de la Seine Charles Bos, dreyfusard est interrompu par Firmin Faure, député antisémite d'Oran.]

Chambre des députés, 28 novembre 1898

AMÉDÉE RENAULT-MORLIÈRE, rapporteur. – La communication de ce dossier était déjà singulièrement diffi-

cile devant une chambre composée d'un président et de quinze conseillers.
JULIEN GOUJON. – Et un grand rabbin. *(Rires à droite et sur divers bancs au centre.)*
[Le député républicain modéré de la Mayenne Amédée Renault-Morlière est interrompu par Julien Goujon, député antisémite de la Seine-Inférieure.]

Chambre des députés, 10 février 1899

[La Cour de cassation vient de réhabiliter Dreyfus.]
ADOLPHE MESSIMY, rapporteur. – La lumière a été faite, limpide, éclatante, absolue sur tous les points de cette affaire.
À DROITE. – À huis clos !

Chambre des députés, 13 juillet 1906

HENRI BRISSON, président. – Votre président, messieurs, enregistre avec fierté ce vote. *(Vifs applaudissements à gauche et à l'extrême gauche.)* Il consacre par une loi ce triomphe de la justice *(Nouveaux applaudissements)* qui depuis deux jours vaut à la France les acclamations du monde. *(Applaudissements répétés.)*
PAUL PUGLIESI-CONTI. – Et l'indignation douloureuse des patriotes ! *(Bruits.)*

Chambre des députés, après le vote du projet de loi tendant à réintégrer Dreyfus dans l'armée, 13 juillet 1906 [Paul Pugliesi-Conti, député nationaliste de la Seine, est alors giflé par Albert Sarraut, membre du gouvernement : les deux hommes se battront en duel le soir même.]

MAURICE BARRÈS. – Dreyfus a été le traître pendant douze ans, par une vérité judiciaire. *(Réclamations à gauche.)*
LOUIS LAGASSE. – Par le crime de vos amis !
MAURICE BARRÈS. – Depuis vingt-quatre heures, par une nouvelle vérité judiciaire, il est innocent. C'est une bien grande leçon, messieurs, je ne dis pas de scepticisme, mais de relativisme, qui nous invite à modérer nos passions. *(Exclamations à gauche.)*

Maurice Barrès
Chambre des députés, 13 juillet 1906

DRUMONT (Édouard)
(1844-1917) Dit « Barbapoux », auteur de *La France juive*, directeur de *La Libre Parole*, député antisémite d'Alger de 1898 à 1902.

La feuille de Drumont, suppéditée par les jésuites qui ne perdent jamais une occasion d'accroître leurs deniers, a levé, depuis peu, la truffe nourricière, le caca généreux où tous les groins, aussi bien la trogne du Maître, que le proboscide gluant des derniers reporteurs auront une auge profitable, un trottoir égal en poignon aux Folies-Bergère, ou bien au Chabanais.
Ce trottoir, c'est l'affaire Dreyfus, Esterhazy, avec les complications, mensonges, palinodies, qui caractérisent ces sortes de tournois.

Laurent Tailhade
Imbéciles et gredins, 1900

Quant à Drumont, petit employé de l'Hôtel de Ville en 1867, il a gardé la crasse insaponifiable des bureaux. Métis de Petdeloup, de rond-de-cuir, et de bedeau et de la Préfecture et d'espion, il exerce l'imposture historique et la provocation à l'homicide, pour un sou par jour, au grand contentement des béates de province et des curés inquisitifs.

Laurent Tailhade
Imbéciles et gredins, 1900

DUBOST (Antonin)
(1842-1921) Député radical de l'Isère de 1880 à 1897, sénateur de 1897 à 1921, garde des Sceaux de 1893 à 1894, président du Sénat, candidat malheureux à la présidence de la République en 1913.

[…] Un jeune député narre la dernière boutade de Clemenceau. Antonin Dubost aurait abordé le Tigre dans les couloirs du Luxembourg. « Je crois bien que je suis votre candidat à l'Élysée. Mais vous avez une drôle de façon de me soutenir. Vous dites à tout le monde que je ne suis qu'un imbécile. Je ne suis cependant pas plus bête qu'un autre. – Où est l'autre ? » aurait répondu Clemenceau en regardant à sa droite et à sa gauche.

Échange rapporté par Joseph Caillaux
Mes Mémoires – tome III : *1912-1930*, 1947

DUCLOS (Jacques)
(1896-1975) Député communiste de la Seine de 1926 à 1932, de 1936 à 1940 et de 1945 à 1958, membre du Comité central du PCF.

Il vient de Moscou et il en rougit.

Robert Bruyneel, député libéral du Loir-et-Cher
Assemblée nationale, 14 mars 1957

[Après le lancement du Spoutnik par l'URSS.]
C'est un satellite non libéré. *(Rires à droite et à l'extrême droite.)*

Jean Dides, député poujadiste de la Seine
Assemblée nationale, 18 octobre 1957

Ce crabe des cocotiers a perdu une pince ; ce qui fait qu'il se propulse d'une manière syncopée et roulante (dans tous les sens du terme) ; et que ses grandes mandibules ne font qu'une moitié d'impression.

André Figueras
Zoologie du Palais-Bourbon, 1956

DUMAS (Roland)
(Né en 1922) Député apparenté UDSR de la Haute-Vienne de 1956 à 1958, député FGDS de la Corrèze de 1967 à 1968, élu député socialiste de la Dordogne en 1981, réélu en 1986 et 1988, plusieurs fois ministre, président du Conseil constitutionnel.

François Mitterrand avait deux avocats : Badinter pour le droit, Dumas pour le tordu.

Propos attribué à Roger Patrice-Pelat

Comme ministre des Affaires étrangères, je vois surtout son sourire, son brushing, mais je constate que la faillite est complète. On ne mène pas une politique étrangère avec des ronds de jambe.

Jacques Vergès
Le Salaud lumineux, 1990

DUPIN (André)
(1783-1865) Député conservateur, président de la Chambre des députés de 1832 à 1840, président de l'Assemblée nationale législative de 1849 au coup d'État du 2 décembre 1851 et rallié à Napoléon III.

Monsieur Dupin est la personnification la plus expressive et la plus vraie du bourgeois, non pas du bourgeois élégant et poli de la Chaussée d'Antin qui singe le gentilhomme, non pas du petit-bourgeois qui porte les galons de laine et qui en vend, mais du bourgeois rentier, du bourgeois fonctionnaire, du bourgeois propriétaire, du bourgeois avocat, du bourgeois notaire, du bourgeois négociant, du gros bourgeois qui n'a pas de goût pour les grands seigneurs et qui fait fi du prolétaire. Vivre chacun pour soi et chacun chez soi, voilà ses deux maximes favorites de philanthropie intérieure et de politique étrangère. Advienne ensuite le peuple que pourra !

Timon, nom de plume du vicomte de Cormenin
Études sur les orateurs parlementaires, 1838

Si par hasard, la nuit, dans les carrefours mornes,
Fouillant du croc l'ordure où dort plus d'un secret,
Un chiffonnier trouvait cette âme au coin des bornes,
Il la dédaignerait !

Victor Hugo
Les Châtiments, 1853

Monsieur Dupin est une honte incomparable.

Victor Hugo
Histoire d'un crime, 1883

DUPUY (Charles)
(1851-1923) Député modéré de la Haute-Loire de 1885 à 1900, sénateur de 1900 à 1923, ministre de l'Instruction publique de 1892 à 1893, président de la Chambre des députés, président du Conseil en 1893 et de 1894 à 1895, antidreyfusard.

Voilà pourquoi il faut que Dreyfus, forçat par mystification, demeure au bagne, afin que monsieur Dupuy fasse de son supplice l'épanouissement des classes gouvernantes. [...]
Dupuy, c'est le machiavélisme bourgeois tombé des hauteurs de l'art dans la bourbe de la *politicaille.*

Georges Clemenceau
L'Aurore, 3 avril 1899

DURAFOUR (Michel)
(Né en 1920) Sénateur radical de la Loire de 1965 à 1967, député de 1967 à 1974, et de 1978 à 1981, sénateur de 1983 à 1988, plusieurs fois membre du

gouvernement et tout particulièrement, au titre de l'ouverture, ministre de la Fonction publique de 1988 à 1991.

Monsieur Durafour et Dumoulin, obscur ministre de l'ouverture dans laquelle il a d'ailleurs immédiatement disparu, a déclaré : « Nous devons nous allier aux élections municipales, y compris avec le Parti communiste, car le Parti communiste, lui, perd des voix tandis que l'extrême droite ne cesse d'en gagner… » Monsieur Durafour-crématoire, merci de cet aveu.

Jean-Marie Le Pen
Université d'été du Front national,
2 septembre 1988

DURUY (Victor)
(1811-1894) Historien, ministre de l'Instruction publique de 1863 à 1869.

Un pion déclassé…

Désiré Nisard
propos rapporté par Anatole Claveau,
Souvenirs politiques et parlementaires d'un témoin (1865-1870), 1913

E

EMMANUELLI (Henri)

(Né en 1945) Député socialiste des Landes de 1978 à mars 1993, puis de septembre 1993 à 1997 et depuis 2000, président de l'Assemblée nationale de 1992 à 1993.

Escroc !

Philippe de Villiers
Assemblée nationale, 9 avril 1991

ÉNARQUES

Élèves de l'ENA, dits technocrates, crânes d'œuf et têtes de bois.

De Gaulle trop loin ou trop haut, le gouvernement diminué, le Parlement en résidence surveillée, la compétition des barons pour la possession des fiefs en déshérence fait rage. L'un d'entre eux, le technocrate, a pris de l'avance sur les autres. Au sein de l'administration il connaît ses plus belles heures. La camaraderie de promotion préférée à l'esprit d'obéissance, un réseau d'ambitions toutes neuves enserre la vie nationale. Une affaire que ne parviennent pas à régler entre eux les ministres ou les super-préfets, leurs chefs de cabinet, s'ils proviennent de l'ENA, la résolvent au téléphone. La technocratie administrative s'est ralliée à la victoire gaulliste mais ne s'est ralliée qu'à la victoire. Elle supporte, elle subit, elle accepte, elle exécute, elle profite mais elle n'aime pas. Ce qu'elle aime, c'est l'État, un État-symbole dont elle assume la fonction. En quête de l'État, elle se figure qu'aux lieux et places des hommes et des partis politiques qui se querellent et s'annulent, du Parlement qui se soumet, des complots qui se trament, elle seule représente l'absent. Elle est comme le régent d'un royaume dont l'héritier mineur ne grandira jamais.

François Mitterrand
Le Coup d'État permanent, 1964

La plupart des énarques sont des peine-à-jouir.

Gérard Longuet
Le Point, 11 février 1980

La différence qui existe entre un énarque et un chef d'entreprise me paraît simple : l'État se sauve de la faillite provoquée par le premier en abusant de la « planche à billets » et si l'économie, malade, ne meurt pas c'est grâce au travail intelligent du second.

Hector Rolland
Souvenirs dérangeants d'un godillot indiscipliné, 1990

EUROPE (intégrée)
Dite « CECA », « CEE », « Union européenne ».

L'Europe est une vieille putain pourrie. J'ai huit cent mille hommes. J'en ferai ce qu'il me plaira.

Napoléon Bonaparte en 1801
selon L. A. Pichon, *De l'état de la France sous la domination de Napoléon*, 1814

Dante, Goethe, Chateaubriand appartiennent à toute l'Europe dans la mesure même où ils étaient respectivement et éminemment italien, allemand et français. Ils n'auraient pas beaucoup servi l'Europe s'ils avaient été des apatrides et s'ils avaient pensé, écrit en quelque espéranto ou volapük intégré.

Charles de Gaulle
conférence de presse du 15 mai 1962,
[cette dernière provoqua le départ
des ministres démocrates-chrétiens du MRP,
favorables à l'Europe intégrée.]

Mais de tous ces chevaux de carton enfourchés par les candidats [à l'élection présidentielle de 1965], le pire à mon sens est celui de l'Europe intégrée, parce que là le mensonge est flagrant, l'imposture crève les yeux : ce professeur, cet agrégé de philosophie [Jean Lecanuet], sait tout de même ce que signifie « abandon de souveraineté » pour l'Angleterre, ou pour cette Allemagne resurgie qui dresse de nouveau au-dessus de ses villes reconstruites son front redoutable (pour ne parler que de l'Occident de l'Europe). Cet agrégé de philosophie ne peut pas ne pas convenir que la différence entre les vues de De Gaulle et les siennes, c'est que de Gaulle raisonne à partir de l'Europe telle qu'elle est, alors que celle des « Européens » n'a guère plus de réalité que les îles Fortunées ou que le Monomotapa.

François Mauriac
Bloc-notes, 28 novembre 1965

Il faut prendre les choses comme elles sont, car on ne fait pas de politique autrement que sur des réalités. Bien entendu on peut sauter sur sa chaise comme un cabri en disant : « L'Europe ! l'Europe ! l'Europe ! », mais cela n'aboutit à rien et cela ne signifie rien.

Charles de Gaulle
entretien télévisé avec Michel Droit,
14 décembre 1965

On nous propose l'Europe, mais avec une vision provinciale du monde; on nous propose l'Europe pour en faire une région : on nous propose l'Europe simplement pour que nous ne nous disputions plus entre nous, pour que nous renoncions à nous-mêmes en nous confortant du renoncement des autres.

Alexandre Sanguinetti
J'ai mal à ma peau de gaulliste, 1978

Tout nous conduit à penser que, derrière le masque et les mots des technocrates, on prépare l'inféodation de la France, on consent à l'idée de son abaissement. [...] L'Europe ne peut servir à camoufler l'effacement d'une France qui n'aurait plus, sur le plan mondial, ni autorité, ni idée, ni message, ni visage. [...]

Comme toujours quand il s'agit de l'abaissement de la France, le parti de l'étranger est à l'œuvre avec sa voix paisible et rassurante. Français, ne l'écoutez pas. C'est l'engourdissement qui précède la paix de la mort.

Jacques Chirac
Appel de Cochin, 6 décembre 1978

F

FABIUS (Laurent)
(Né en 1946) Dit « Fafa », député socialiste, proche collaborateur de François Mitterrand, Premier ministre de 1984 à 1986, président de l'Assemblée nationale de 1988 à 1992 et de 1997 à 2000.

Monsieur Fabius est au Premier ministre ce que le Canada Dry est à l'alcool.

Charles Pasqua, propos

Laurent Fabius dessine son personnage avec une gomme.

Jean-Claude Gaudin, propos

On meurt pour de Gaulle, pas pour Fabius.

Marcel Bigeard
L'Événement du jeudi, 21 février 1985

Certains n'ont pas été courageux, mais lui a été franchement lâche. Donner le parti à Fabius, c'est insulter le passé et l'avenir. Le parti mérite mieux qu'un dandy de carnaval.

Charles Hernu
propos rapporté par sa veuve, Martine Hernu
Le Canard enchaîné, 24 janvier 1990

Je me suis toujours interdit d'appeler François Mitterrand au secours. Je trouve déplorable cet infantilisme qui consiste à se réfugier derrière lui en permanence. Avoir comme seul argument : Mitterrand me préfère, c'est dérisoire, et ça montre la grandeur d'une ambition. Le parti vaut mieux que ces attitudes de caniche.

Lionel Jospin
Le Canard enchaîné, 31 janvier 1990

Fabius n'a pas de tripes, il n'a que des dents. Il faut l'arrêter avant qu'il ne tue le parti.

Édith Cresson
Le Canard enchaîné, 21 mars 1990

Laurent Fabius, lui, a trouvé le moyen de trahir celui à qui il devait tout. Imagine quelle pourrait être son attitude avec toi à qui il ne doit rien.

Nicolas Sarkozy sous le pseudonyme de Mazarin
« Lettre apocryphe de Michel Rocard
à Jacques Chirac »
Les Échos, 23 août 1995

Voter pour ce mec en Haute-Normandie me poserait un problème, il a une tronche pas catholique.

Georges Frêche
L'Express, 28 janvier 2010

C'est vrai qu'il a une tronche de con, ce Fabius. Pauvre France, dans ce pays on ne peut plus rien dire.

Louis Nicollin
La Dépêche du Midi, 28 janvier 2010

FAUCHER (Léon)
(1803-1854) Ministre de l'Intérieur sous la IIe République.

Il est tranchant, non comme une lame de sabre, mais comme un couteau de cuisine.

Henri de La Rochejacquelein
propos de janvier 1849 rapporté par
Victor Hugo, *Choses vues* (1887-1890)

FAURE (Edgar)
(1908-1988) Avocat, chef des services législatifs du gouvernement provisoire d'Alger puis procureur au tribunal de Nuremberg, député et sénateur du Jura, treize fois ministre et deux fois président du Conseil, il est l'artisan de l'indépendance de la Tunisie et du Maroc. Sous la Ve République, trois fois ministre, il fait voter à l'unanimité la réforme de l'université après Mai 68, avant de devenir président de l'Assemblée nationale en 1973. Historien, auteur de chansons, il entre en 1978 à l'Académie française.

Le fils d'un dirigeant soviétique et d'une juive bulgare…

Général Koenig, septembre 1955

[À propos de la politique de décolonisation au Maroc.]
De tous les pavés qui pavent notre enfer, les bonnes intentions de monsieur Edgar Faure auront été les pires.
« Du moins celui-là est-il intelligent… » Ainsi nous rassurions-nous. Peut-être un imbécile eût-il mieux valu qui n'aurait rien fait que laisser faire. Des cartes, au moins, nous resteraient : aujourd'hui elles ont été risquées et elles sont perdues.
Monsieur Edgar Faure les a jouées au cours d'une partie qui n'était pas celle de la France, qui était celle de monsieur Edgar Faure. Son excuse est que, dans son esprit, les deux causes se confondent, et qu'il importe au salut de la patrie que tout soit subordonné au maintien de monsieur Edgar Faure à la présidence du Conseil.
Qui n'est saisi par ce contraste : un avocat roué, mais myope, le nez dans son jeu personnel, s'embrouille dans ses combinaisons ; et ce serait comique si l'enjeu de la partie qui se tient, pour monsieur Edgar Faure, dans la présence de monsieur Edgar Faure à l'hôtel Matignon, n'était, de surcroît, la destinée africaine de la France.
Nous voudrions que monsieur Edgar Faure fût sensible au risque de ce chapitre de l'histoire qui lui est destiné, qu'apprendront les écoliers qui ne sont pas nés encore et dont j'imagine cette première phrase : « On peut faire dater du ministère Edgar Faure le moment où tout a été résolu pour notre pays et où il a été engagé sans

retour possible sur la pente qu'avant lui avait descendue l'Espagne. Ce fut lui qui livra l'État aux généraux. »

François Mauriac
Bloc-notes, 1er octobre 1955

On nous a annoncé qu'Edgar Faure était maintenant député non inscrit. J'ai envie de demander : non inscrit où ?

Robert Poujade
Le Monde, 4 octobre 1979

[Propos tenus à sa voisine de table lors d'un dîner à l'hôtel de Lassay, en 1977, sans savoir que celle-ci était Lucie Faure, épouse de l'intéressé.]
Ce diable d'Edgar, c'est lui que le général de Gaulle a choisi pour être son envoyé en Chine alors qu'il n'a jamais été gaulliste, il est président de l'Assemblée grâce au RPR alors qu'il n'est pas du tout chiraquien, il possède l'art des contradictions et ses « majorités d'échec » ressemblent à un véritable marché persan ou à une auberge espagnole.

Hector Rolland
Souvenirs dérangeants d'un godillot indiscipliné, 1990

Lorsque nous étions proches, c'est parce que j'avais raison.
Lorsque nous étions éloignés, c'est parce que vous aviez tort.

François Mitterrand à Edgar Faure
propos tenu à Besançon, 30 mars 1987

FAURE (Félix)
(1841-1899) Dit « le Tanneur » pour ses origines et le « Président-Soleil » pour son goût du faste, député de la Seine-Inférieure (actuelle Seine-Maritime) de 1881 à 1895, deux fois sous-secrétaire d'État, ministre de la Marine en 1894, président de la République en 1895, célèbre pour sa mort en épectase tandis que sa connaissance quittait l'Élysée par une porte discrète.

Quand la question [de la violation de la loi dans l'affaire Dreyfus] fut soulevée, sa pauvre cervelle bouffie de vanité bourgeoise n'eut de place que pour une pensée : il faut venir au secours des violateurs de la loi. Ainsi, grâce à lui, fut déchaînée la crise mortelle qui n'a d'analogie dans l'histoire d'aucun peuple de la terre. Le représentant suprême de l'ordre légal en France devint le centre de résistance à la légalité. Son inintelligence naturelle, aggravée par la terreur de certaines révélations dont on le menaçait du côté de la Boulange antisémite, lui fit trouver la chose toute simple. Seulement, comme tout sentiment de droiture lui est étranger, comme le ridicule mélange de snobisme et de fausse bonhomie qui le caractérise est d'un fourbe assez bas, il laissa croire à ses propres ministres qu'il demeurait neutre et se contenta de soutenir sous main les mensonges d'un Billot.

Georges Clemenceau
L'Aurore, 17 septembre 1898

Cela n'est pas pour surprendre ceux qui ont pu mesurer l'étiage de cette âme, si j'ose dénommer ainsi un ensemble assez bas des vulgaires instincts.

Georges Clemenceau
L'Aurore, 21 octobre 1898

Par son inqualifiable sottise, pour ne pas dire plus, monsieur Félix Faure nous a fait assez de mal.

Georges Clemenceau
L'Aurore, 9 janvier 1899

Félix Faure est au-dessous de l'inintelligence.

Georges Clemenceau
L'Aurore, 5 février 1899

Félix Faure vient de mourir. Cela ne fait pas un homme de moins en France.

Georges Clemenceau
L'Aurore, 17 février 1899

Ce mort n'appelle point Bossuet. Molière le peignit en monsieur Jourdain, sans prévoir la férocité d'égoïsme où la poursuite éperdue des grandeurs peut jeter une âme basse. Le sort nous l'enlève après nous l'avoir montré tout entier. Il s'en fera quelque jour une belle étude de psychologie dans la galerie des maîtres symboliques du *Démos*.

Georges Clemenceau
L'Aurore, 18 février 1899

Le lendemain de ses obsèques, Félix Faure sera plus oublié que les pharaons d'Égypte, que les Incas du Pérou. Une farceuse de théâtre, confinée à jamais dans l'Odéon par cet inattendu trépas, donnera quelques pleurs de regret au michet présidentiel. Et ce ne sera qu'un goujat de plus dans la tombe. Ce ne sera qu'une grue de moins au Théâtre-Français.

Laurent Tailhade sous le pseudonyme de Tybalt
L'Écho de Paris, 19 février 1899

Seulement sa vanité monstrueuse avait fait de lui le jouet de tous les flagorneurs qui, flattant sa mégalomanie, le livraient pieds et poings liés aux préparateurs du coup de force dont on se disputait, sous son nez, les bénéfices.
Ainsi l'Élysée devint le point d'appui légal de la conspiration clérico-militaire. Conspirateurs et sous-conspirateurs avaient là un centre d'opérations inviolable. L'imbécile monarque d'un jour croyait que tous ces gens n'avaient en vue que sa grandeur. C'était la farce du Mamamouchi jouée sérieusement dans les décors de la République. Quand le grand-duc Vladimir quitta l'hôtel pour aller passer le mouton d'or au cou du nouveau chevalier : « Surtout ne pouffez pas », lui dit la grande-duchesse. « Je tâcherai », dit-il, en éclatant de rire.

Georges Clemenceau
L'Aurore, 20 février 1899

Une simple artère athéromateuse, cassée dans un paroxysme qui n'avait rien de protocolaire, nous enleva ce merveilleux grotesque, quasi couronné.

Nous ne retrouverons plus, d'ici à bien longtemps, un si riche élément de joie.

Georges Clemenceau
Le Bloc, 1901

FAURE (Maurice)
(Né en 1922) Député radical du Lot de 1951 à 1958, ministre de l'Intérieur du 14 au 17 mai 1958, ministre des Institutions européennes du 17 mai au 1er juin 1958.

Môssieur Maurice Faure veut un gouvernement européen. C'est la seule chance qui lui reste de devenir ministre !

Charles de Gaulle
propos rapporté par Jacques Vendroux

FEMMES
(Électrices et éligibles) Dites « bas-bleus » et « suffragettes ».

[À propos de la candidature de Jeanne Deroin aux législatives de 1849.]
Nous ne comprenons pas plus une femme législateur qu'un homme nourrice.

Pierre-Joseph Proudhon

[Répondant à la question : « Les femmes doivent-elles voter ? »]
N'ajoutons pas le suffrage des incompétentes à celui des incompétents.

Alfred Fouillée, 1910

Au point de vue du principe, nous sommes tous d'accord. [...] Mais est-ce le moment de s'aventurer dans ce redoutable inconnu ?

Victor Augagneur
Chambre des députés, 3 octobre 1919

La femme est un ange de douceur, au foyer et dans les hôpitaux, lorsqu'elle y remplit les fonctions qu'elle est appelée à y remplir. Si, sous prétexte d'en faire un être qu'elle ne peut réaliser, une espèce d'homme disgracieux, vous introduisez dans tous les ménages les querelles politiques, vous aurez fait disparaître les qualités de la femme...
Et vous voulez que la femme, lorsque le mari rentrera, s'en aille remplir des fonctions publiques, qu'elle s'en aille au club ou à la réunion préparatoire d'élections. [...] Vous voulez qu'elle soit sollicitée à tout instant par les candidats, par les groupements de partis, par les comités, d'aller entendre la bonne parole politique, au lieu de rester chez elle à préparer un intérieur accueillant où son mari se reposera si volontiers. Vous voulez qu'elle aille à toutes ces réunions au lieu de soigner ses enfants.
Mais vous le savez, rien, ni la crèche ni le phalanstère ne remplace les soins d'une mère. Où l'enfant peut-il mieux se trouver que dans les bras de sa mère ? *(Interruptions à l'extrême gauche.)*

Edmond Lefebvre du Preÿ
Chambre des députés,
3 octobre 1919

Les mains des femmes sont-elles bien faites pour le pugilat de l'arène publique ? Plus que pour manier le bulletin de vote, les mains de femmes sont faites pour être baisées, baisées dévotement quand ce sont celles des mères, amoureusement quand ce sont celles des femmes et des fiancées : [...] séduire et être mère, c'est pour cela qu'est faite la femme.

Alexandre Bérard
rapport annexé au procès-verbal
de la séance du Sénat du 3 octobre 1919

La moyenne des hommes et des femmes sont également incapables de juger actuellement des choses politiques. Elles dépassent infiniment leurs capacités d'attention et de compréhension.
Les femmes étant encore plus livrées que les hommes aux forces émotives seront emportées plus massivement encore par ces vastes ondes... La masse électorale nouvelle en s'ajoutant à l'ancienne ne fera qu'amplifier les vibrations de l'opinion régnante.

Romain Rolland
Le Nouveau Monde, 1925

Nous sommes disposés à accorder aux femmes tout ce que leur sexe a le droit de demander, mais en dehors de la politique [...]. Donner le droit de vote aux femmes, c'est l'aventure, le saut dans l'inconnu, et nous avons le devoir de ne pas nous précipiter dans cette aventure.
Ayons le courage de rester nous-mêmes. Nous avons remonté d'autres courants que le féminisme. Nous avons remonté le courant du boulangisme, le courant

du nationalisme et toutes les fois que la République a été en péril c'est le Sénat qui l'a sauvée.

Armand Calmel
Sénat, juillet 1932

Allez dans les réceptions diplomatiques, dans les réunions mondaines, dites-moi sérieusement si la femme de France se trouve humiliée parce qu'elle ne vote pas. Non ! Cela ne peut gêner que quelques femmes naturellement aigries, mécontentes, jalouses, qui veulent essayer de devenir des hommes *(applaudissements à gauche)*, à leur grand dommage d'ailleurs. En vérité, les femmes de France ne s'inquiètent pas de cette question.

Edmond Lefebvre du Preÿ
Sénat, 7 juillet 1932

Il est établi qu'en temps normal les femmes sont déjà plus nombreuses que les hommes. Que sera-ce à un moment où les prisonniers et les déportés ne seront pas encore rentrés. Quels que soient les mérites des femmes, est-il bien indiqué de remplacer le suffrage masculin par le suffrage féminin ?

Paul Giacobbi
délégué à l'Assemblée consultative d'Alger,
mars 1944

La plupart des trente-neuf députettes n'étaient que des noms d'homme : veuves de glorieux fusillés, ou de martyrs de la dernière guerre, ou d'illustres politiciens. Mais certaines avaient une existence politique qui leur était propre. Deux surtout. Madame Gertrude Lamothe, élue de Rambouillet, avait gardé, des souve-

nirs de tout ce qu'elle avait pu subir auprès d'un mari ivrogne, une horreur furieuse de l'alcool. Présidente de la commission du Ravitaillement, présidente nationale d'honneur de la Ligue anti-alcoolique, elle était vite devenue l'ennemie intime de Capoulade, qui l'appelait : « la Pasionaria de l'Eau »… Mlle Adélaïde Apalty, élue de Toulon, aussi placide, corpulente, rougeaude et démo-chrétienne que madame Lamothe était nerveuse, sèche, livide et radicale, s'était spécialisée, à cinquante-cinq ans, dans la Protection de l'Enfance et de la Jeune Fille. C'était elle qui avait fait supprimer les maisons de tolérance. Elle avait l'accent chantant et aillé de la Provence. Quand elle montait à la tribune, Rondeaux, contemplant son regard bigle, son teint sanguinolent, son nez boursouflé et son menton en galoche, et l'écoutant discourir contre la traite des Blanches, soupirait : « Pourtant, elle ne risque rien, elle !… » On la surnommait « Mademoiselle Aplatie », peut-être par cousinage avec la prononciation de son vrai nom, peut-être parce qu'elle ne portait que des chapeaux très plats, postés en bataille sur son gros chignon…
[Les « députettes » visées sont en fait Jacqueline Thome-Patenôtre et Germaine Poinso-Chapuis.]

Arthur Conte
Les hommes ne sont pas des héros, 1959

Et pourquoi pas un sous-secrétariat d'État au Tricot ?

Charles de Gaulle, propos

FERRY (Jules)
(1832-1893) Dit « Ferry-Famine » pendant le siège de Paris et « le Tonkinois » après le désastre militaire de

Lang-son, député républicain des Vosges de 1879 à 1889, sénateur de 1891 à 1893, plusieurs fois ministre de l'Instruction publique et président du Conseil de 1879 à 1885.

Oui, tout débat est fini entre nous ; nous ne voulons plus vous entendre ; nous ne pouvons plus discuter avec vous des grands intérêts de la patrie. [...] Ce ne sont plus des ministres que j'ai devant moi, ce sont des accusés de haute trahison *(Rumeurs au centre.* – Oui ! Oui ! *à droite et à l'extrême gauche)* sur lesquels, s'il subsiste encore en France un principe de responsabilité et de justice, la main de la loi ne tardera pas à s'abattre.

Georges Clemenceau
Chambre des députés, 30 mars 1885

Nom de Dieu, s'il y a un cochon qui me dégoûte, c'est bien Ferry ! En voilà un sale type que cet animal, c'est la plus grande crapule qui existe en France.
Il est jésuite jusqu'au bout des ongles – comme un avocat qu'il est d'ailleurs ; et avec ça aussi abject que Foutriquet [Thiers].
C'en est un, nom de Dieu, à qui je verrais tordre le cou avec plaisir : on peut l'escoffier sans plus de remords qu'on en a pour écrabouiller une punaise. [...]
Ah, nom de Dieu, ce que je serai content, le jour où on t'empoignera par les côtelettes et qu'on te traînera à l'égout, sale charogne !

Émile Pouget
Le Père Peinard, 21 avril 1889

Un jour, je me suis trouvé en face de Ferry. J'ai compris que Ferry était incapable de réaliser la République. [...] ça n'était pas un malhonnête homme. Mais du point de vue de l'intelligence, c'était un homme au-dessous du médiocre, pas fichu de rien faire, pas fichu de dire deux mots. Ces gens-là, habituellement, ont au moins la parole ; ils n'expriment peut-être que du vent mais ils l'expriment. Lui, quand vous alliez le voir, il vous regardait avec des yeux vides, faisait de petites plaisanteries bourgeoises – et c'était tout. Et si on en avait fait un président du Conseil, c'est précisément parce qu'il n'était bon à rien.

Georges Clemenceau
propos rapporté par Jean Martet,
M. Clemenceau peint par lui-même, 1929

Nous ne nous associerons pas aux fêtes du centenaire de l'école laïque ni à l'apothéose de Jules Ferry. L'immense majorité des nôtres est catholique, elle hait dans Ferry [...] l'ennemi naturel, conscient, volontaire de la civilisation catholique, c'est-à-dire de la civilisation tout court dans notre pays. [...] Jules Ferry a été le malfaiteur intellectuel qui, sous des prétextes moralistes, a démoralisé et dénationalisé ce pays.

Charles Maurras
L'Action française, 4 juillet 1930

FILLIOUD (Georges)
(Né en 1929) Journaliste, député FGDS de la Drôme de 1967 à 1968 et de 1973 à 1981, ministre de la

Communication de 1981 à 1983, secrétaire d'État de 1983 à 1986.

Vous êtes un maître-chanteur ! (Robert-André Vivien), Dictateur ! (Jean-Louis Goasduff), Filou ! (Pascal Clément), Charles X ! (Philippe Séguin), Analphabète ! (Robert-André Vivien), Fillioud, voyou ! Fillioud, démission ! (Plusieurs députés RPR et UDF)

Examen du projet de loi sur la presse
Assemblée nationale, 24 janvier 1984

FILLON (François)
(Né en 1954) Député de la Sarthe depuis 1981, plusieurs fois membre du gouvernement, Premier ministre depuis 2007.

Il commence à m'emmerder avec ses caprices de jeune fille.

Nicolas Sarkozy
Le Nouvel Observateur, 20 juin 2006

Profession : Premier ministre furtif, transparent, totalement indétectable… Les services secrets américains nous l'envient. Fillon est devenu très populaire en ne faisant rien, en ne bougeant pas. Quand il fera son entrée au musée Grévin, on aura l'impression qu'il est au travail.

Stéphane Guillon
France Inter, 1er avril 2008

On ne reprochera pas à monsieur Fillon de nous administrer la preuve de sa capacité à convenir publiquement de ce qu'il faut bien appeler son inutilité. On lui reprochera seulement de manquer de logique au profit d'une rhétorique du coup de menton qui ne trompera personne. En effet, si monsieur Fillon ne fait rien, c'est parce qu'on ne lui demande rien. Et si on ne lui demande rien, alors à qui pourrait-il refuser de céder quoi que ce soit ?

Bruno Roger-Petit
François Mitterrand 2008 il revient, 2008

Bourgeois de la Sarthe…

Fadela Amara
Le Parisien, 23 octobre 2010

François Fillon a tellement de qualités qu'il mériterait d'être Premier ministre.

François Goulard
phrase nominée au prix Press Club,
Humour et Politique 2010

C'est un pitbull avec une tête de Snoopy.

Yves Jégo
devant la presse le 9 novembre 2010
Le Canard enchaîné, 17 novembre 2010

Je sais bien qu'on reconnaît au Premier ministre sa qualité de fidélité. Qu'on me permette aussi de critiquer son impuissance. On l'appelle Fidel Castré.

Jean-Marie Le Pen
Le Nouvel Obs.com, 25 février 2010

[À propos du deuxième gouvernement Fillon, en juin 2007.] Dati à la Justice ? Du vent. Morin à la Défense nationale ? Une petite rafale. Alliot-Marie à l'Intérieur ? Un doux alizé. Bachelot à la Santé ? Une petite bise. Borloo à l'Environnement ? Une brise apaisante. Kouchner aux Affaires étrangères ? Un tourbillon sans conséquences. Lagarde à l'Économie et aux Finances ? Un mistral perdant. Boutin au Logement ? Un zéphyr évanescent. Yade aux Droits de l'Homme ? Un souffle court. [...] Constitué comme il l'est, ce gouvernement Fillon va durer. Plus léger que l'air, il ne risque pas de tomber.

Bruno Roger-Petit
François Mitterrand 2008 il revient, 2008,

FLOQUET (Charles)
(1828-1896) Député radical de la Seine de 1876 à 1882, député des Pyrénées-Orientales de 1882 à 1889, député de la Seine de 1889 à 1893, sénateur de la Seine de 1894 à 1896, président du Conseil de 1888 à 1889, deux fois président de la Chambre des députés.

Floquet, ce sinistre cabotin, hideux prudhomme grimé en géant de la Révolution, grotesque et stupide bavard qui n'a laissé ni une page, ni un discours, ni une bonne action, et dont le néant s'atteste si insondable que le *Larousse* n'a pu trouver, comme éloge de cette tourte radicale, que cette laconique appréciation : il avait une éloquence chaleureuse *(sic)*.

Eugène Lacotte
Nos Seigneurs républicains, 1906

FOUCHÉ (Joseph, duc d'Otrante)
(1759-1820) Député à la Convention, ministre de la Police du Directoire et de l'Empire, jusqu'en 1810, puis de 1815 à 1816.

Fouché fait un sale métier, mais il le fait salement.

Talleyrand, propos

Monsieur Fouché méprise les hommes, sans doute s'est-il beaucoup étudié.

Talleyrand, propos

Un ministre de la police n'est autre chose qu'un maquereau.

Talleyrand, propos

FOUCHET (Christian)
(1911-1974) Diplomate, député gaulliste de la Seine de 1951 à 1955, député de la Meurthe-et-Moselle de 1967 à 1974, plusieurs fois membre du gouvernement et tout particulièrement ministre de l'Intérieur en Mai 68.

MONSIEUR LE PRÉSIDENT. – Monsieur Mitterrand, autorisez-vous monsieur le ministre de l'Intérieur à vous interrompre ?
FRANÇOIS MITTERRAND. – Monsieur Fouchet étant encore ministre de l'Intérieur, je lui laisse bien volontiers la parole.

Assemblée nationale, 14 mai 1968

FRANCS-MAÇONS
(de toutes obédiences) Dits « Frères trois-points » ou « Frères-la-gratouille ».

Agitant triangles, truelles
Et leur quincaillerie de bazars
Ils sortent comme des lézards
Des trous noirs, des vieilles ruelles.
Au ventre ils ont des écussons,
Des tabliers et des médailles…
Et la haine au fond des entrailles.
Voici venir les francs-maçons.

C. d'Artois
« La ballade des francs-maçons »,
La Revue de Lille, 1904-1905

Voilà où en est la Franc-Maçonnerie dont les Combes, dont les André et les Pelletan sont les esclaves. Elle est grossière, triviale, plate et sans dignité, au point de saucissonner encore le Vendredi-Saint. […] Ah ! non, ne rions plus : ce sont ces gens-là qui gouvernent la France !

Cyr
La Croix, 7 avril 1904

La Riposte balaiera autant qu'elle le pourra ces défroqués de l'honneur, ces crabes de sacristie maçonnique, muflots rentés, sangsues gorgées de l'argent religieux destiné aux pauvres.

La Riposte de l'Oise,
22 juillet 1905

Veuillez regarder un peu par vous-même et me dire ce que vous apercevez là, tapi et embusqué dans l'ombre, à la porte de chaque préfecture et de chaque mairie, à la porte de toutes les écoles et de toutes les casernes, sur les talons de tous les fournisseurs et de tous les ouvriers de l'État. [...] Vous avez tous nommé, Mesdames et Messieurs, l'être bas et vil qui fait un métier répugnant : c'est le franc-maçon.

Mgr Delamaire
discours prononcé à l'hippodrome de Lille,
22 novembre 1903
Le Bulletin des congrégations,
29 novembre 1903

Un franc-maçon est la bête noire par excellence. Un juif n'est jamais responsable de ses origines, un franc-maçon l'est toujours de son choix.

Philippe Pétain
propos rapporté par Adrien Marquet

La dissolution de la franc-maçonnerie n'a pas été une œuvre de vengeance partisane, mais une mesure nécessaire de salubrité publique contre la plus néfaste ingérence de l'étranger dans notre vie nationale.

Robert de Beauplan
L'Illustration, 12 octobre 1940

La franc-maçonnerie est un des quatre États confédérés qui gouvernent la République. Nous avons toujours tenu le Maçon pour le plus dangereux de tous, puisque c'est dans la Loge que se syndique tout ce que la synagogue et le monde métèque comptent de moins français.

Charles Maurras
La Seule France, 1941

Vile Maçonnerie !… Où nous conduiras-tu ?…
Au sein de la Débauche et loin de la Vertu ?…
Et dans l'Union Libre, au dam de la Famille ?
Dans le Champ de l'Opprobre où le malheur fourmille ?…

Oui ! Tu nous conduiras au fond de l'Égoïsme !…
Dans l'infâme Anarchie et le Sensualisme !…
L'Esclavage infernal et la Perversité !…
Dans la Ruine Sombre et la Férocité !…

A. Croubois
poème cité par Dominique Rossignol,
Vichy et les Francs-maçons, 1981

FREYCINET (Charles de Saulces de)
(1828-1923) Sénateur de la Seine de 1876 à 1920, plusieurs fois ministre et président du Conseil et en particulier ministre de la Guerre de 1898 à 1899, en pleine affaire Dreyfus.

C'est monsieur de Freycinet qui est ministre de la Guerre. […] C'est un chef né pour servir. Il faudrait commander. Il ruse. Il trahit la France, n'ayant dessein que de la tromper. Tout de même, il sera cloué au poteau de l'histoire.

Georges Clemenceau
L'Aurore, 10 décembre 1898

Un autre ministre que monsieur de Freycinet ne l'eût permis [que des militaires, parmi lesquels 3 000 officiers dont 1 700 de l'armée active, signent la souscription Henry]. Celui-là, parce qu'il est chargé de commander en chef, croit servir ses ambitions politiques en se mettant à plat ventre devant ses subordonnés. Nul autre ministre de la Guerre, sous quelque régime que ce fût, n'eût accepté ce qu'il tolère, car c'est tout simplement l'anarchie dans l'armée, et le prodrome de cette intervention des soldats dans le gouvernement civil dont l'enseignement, du Deux Décembre à Sedan, n'est peut-être pas encore oublié par tout le monde.

Georges Clemenceau
L'Aurore, 20 décembre 1898

De tradition, les militaires font leurs coups d'État dans la rue, avec accompagnement de tueries. Monsieur de Freycinet, civil, opère, sans tant de bruit, dans le prétoire. Il ne tue pas, c'est trop grossier. Sans fusils ni canons, il coupe nuitamment toutes les sources de vie qui alimentent l'organisation de justice et de liberté.
[…]
Monsieur de Freycinet n'est point fou. Il sait ce qu'il fait quand il conduit une bande de factieux à l'assaut de la société civile, gardienne de la justice et des lois. Ce qui m'étonne de lui c'est qu'il puisse croire qu'ayant eu l'honneur de l'entreprise, on lui en laissera les profits. Vieillirait-il ? Je croyais sa faiblesse plus avisée.

Georges Clemenceau
L'Aurore, 2 février 1899

Sauf la sincérité, monsieur de Freycinet a tous les dons. Il nous présente ainsi le tableau complet de tout ce que l'art peut faire en dehors de la vérité, et c'est un spectacle réconfortant de voir qu'une si rare industrie n'aboutit, après trente ans d'efforts, qu'au néant. […]
Car ce ministre d'habileté si vantée, n'a que deux cordes à son arc : il nie, ou, quand il est contraint d'avouer, il envoie une circulaire. La circulaire, pour lui, c'est le maximum de l'action, quelque chose comme les douze travaux d'Hercule ramassés en quelques traits d'écriture.

Georges Clemenceau
L'Aurore, 23 mars 1899

Si bien que Freycinet aura servi les tortureurs de Dreyfus et de Picquart, aura toléré l'impunité de tous les menteurs et de tous les faussaires, aura de ses propres mains fabriqué le tribunal destiné à innocenter le crime et à écraser l'innocence, tout cela sans autre profit pour lui-même que de se montrer publiquement le chef de la bande ennemie de la justice et des lois.

Georges Clemenceau
L'Aurore, 30 mars 1899

G

GAMBETTA (Léon)

(1838-1882) Député républicain de Belleville (Seine) en 1869, ministre de la Guerre dans le gouvernement de la Défense nationale, député du Bas-Rhin de 1871 à 1875, réélu dans plusieurs départements, président de la Chambre de 1879 à 1881, président du Conseil de 1881 à 1882.

Soit, Gambetta a maté la jument ; maintenant, qu'il la saillisse : on verra ce qu'il a dans le ventre.

Georges Clemenceau
propos rapporté par Eugène Lacotte,
Nos Seigneurs républicains, 1906

Cet énergumène échappé en ballon de l'Hôtel de Ville pour aller semer en province le désordre, l'effroi et le désastre de nos armées…

Le Figaro, 8 février 1871

La dictature de Gambetta [est] la plus extravagante, la plus stupide, la plus insolente des tyrannies sous laquelle la bêtise humaine ait pu courber une nation.

H.-R. Blandeau
La Dictature de Gambetta, 1871

Un vaniteux, […] capable de faire de beaux discours, […] incapable de faire des actes, [qui] a consommé notre ruine, sans nous rendre le plus petit service.

Arsène Gomber
Notes sur la dictature de Gambetta, 1872

Il représente la ribote dans le sang, le marché véreux, la fausse nouvelle incarnée, l'histrionisme cynique.

L'Univers,
28 septembre 1872

Grossier comme du pain d'orge et insolent comme un valet de bourreau…

Le Courrier de la Gironde, 28 septembre 1872

Vous êtes l'ami de tous les coquins, de tous les incendiaires, de tous les assassins de la Commune !

Paul de Cassagnac
Chambre des députés, 6 juin 1877

Il était une fois un avocat sans sou ni maille, tirant littéralement le diable par la queue. […] Aujourd'hui, il est gros, gras et dodu. […] Monsieur Gambetta, c'est la dictature, une dictature de César grossier et repu, imposé aux peuples en décadence.

Edmond Béraud
Gambetta dictateur, 1881

Aussi bien, la dictature est dans son tempérament. Sa fatuité brouillonne et impérieuse n'admet pas les obstacles [...] Oui, c'est la dictature dans ce qu'elle a de plus abaissé et de plus méprisable, la dictature sans le génie, sans la gloire, sans les services rendus, sans rien de ce qui la fait ordinairement accepter d'un peuple ébloui et reconnaissant.

Philippe de Grandlieu
Le Figaro, 15 novembre 1881

Vous savez, celui dont vous faisiez votre Dieu, celui qui unissait la sagesse de Caton à l'éloquence de Mirabeau, eh bien ! c'était un simple aliéné. Il est entré ce matin à l'asile Sainte-Anne.

Henri Rochefort
L'Intransigeant, 3 janvier 1882

La chauve-souris génoise, qui, après avoir longtemps tournoyé sur nous, s'y était audacieusement abattue, est désormais clouée sur la porte du Parlement, pour apprendre aux amateurs de dictature que l'imposture ne tient lieu ni de talent ni de popularité, et qu'il ne suffit pas de rêver le trône pour être en état de l'escalader... On sait aujourd'hui que ce que l'on avait pris pour une tête était une calebasse.

Henri Rochefort
L'Intransigeant, 28 janvier 1882

Les Gambetta venaient de loin. À supposer qu'ils ne fussent pas juifs, Nice « cap de Provence » où le père était né les a tenus pour des métèques [...]. Cette race des aventuriers et des comédiens est sujette à tous les mélanges de la sincérité et de l'illusion. Un État bien constitué tire parti de tout, même de ces coureurs de grand chemin [...]. Sans patrie, ignorant cet honneur du foyer qui oblige au respect de soi, il n'était pas moins naturel que Gambetta se fît chez nous le serviteur des vieilles haines anti-catholiques. La Juiverie offrait de l'or à son parti, la métaphysique protestante faisait l'avance d'une doctrine. Pour tout refuser à la foi, il eût fallu encore plus de talent et d'intelligence que n'en eut Gambetta, à supposer qu'il fût sincère. L'était-il ? Et s'il a été plus qu'un parasite et qu'un exploiteur, était-il quelque chose en dehors de son rôle de chef de clan ? Destructeur, le fut-il par goût ou par doctrine, par passion ou par position ? [...] Le personnage de Gambetta est insaisissable comme le vent qui passe. Il est mystérieux comme l'itinéraire des bohémiens. Mais ce mystère même est un conseil de méfiance. Que tout métèque soit suspect. Celui-ci nous souffla quarante ans de guerre civile.

Charles Maurras
L'Action française, 30 septembre 1908

Détestable comme fondateur de gouvernement, le métèque génois Gambetta eut les plus hautes qualités de chef de bande.

Charles Maurras
L'Action française, 13 août 1909

Gambetta n'était qu'un élève de Thiers, sophiste intelligent et demi-grec rusé...

Charles Maurras
Kiel et Tanger, 1921

GARAUD (Marie-France)
(Née en 1934) Conseillère de Georges Pompidou, candidate à l'élection présidentielle de 1981.

Elle est cynique, totalement cynique... De sorte qu'en face d'elle, quiconque nourrit le moindre idéal a le sentiment d'être le docteur Schweitzer.

Françoise Giroud, propos

Si elle n'était pas montée à Paris, cette belle impérieuse aurait brûlé ses feux à faire tourner la tête de la *gentry* locale. Les femmes l'auraient épiée derrière leurs jalousies. Un jeune sous-préfet se serait suicidé aux champs. Un chef d'escadron aurait été muté à la hâte à Tombouctou. Elle aurait été l'Anna Karénine de la Vienne.

Catherine Nay
La Double Méprise, 1980

GAUDIN (Jean-Claude)
(Né en 1939) Maire de Marseille, député UDF des Bouches-du-Rhône de 1978 à 1989, sénateur depuis 1995, président du groupe UMP au Sénat.

Son sens moral n'est pas très élevé mais son sens politique est remarquable. On ne peut pas tout avoir. La morale demande des vues élevées, de la fidélité et de la mémoire. La politique au jour le jour nécessite de peser, comme dans le petit commerce, les avantages, les récompenses, les gratitudes.

Patrick Séry
L'Événement du jeudi, 27 mars 1986

GAULLE (Charles de)
(1890-1970) Dit « le Connétable », le « Général Micro », « Charlot », « la Grande Zohra », général, sous-secrétaire d'État à la Guerre en 1940, chef de la France libre, président du Gouvernement provisoire de la République française jusqu'en janvier 1946, fondateur du RPF, président du Conseil en 1958, président de la République de 1958 à 1969.

Le dingaullisme s'attrape, surtout, par les organes auditifs. Le plus souvent, il résulte d'une intoxication chronique par les ondes courtes. Certains malades ne peuvent plus se passer de leur drogue habituelle, et se relèvent, la nuit, pour boire, à Radio Londres, une coupe de messages « stupéfiants ». Il s'attaque de préférence aux natures débiles : femmes nerveuses, collégiens impubères, vieillards inadaptés aux conditions nouvelles de vie, émigrés déracinés, oisifs de la zone non occupée, etc.

Paul Allard
Le Matin, 30 juillet 1941,
rapporté par Aurélie Luneau dans
Radio Londres 1940-1944, 2010

Un Napoléon qui aurait fait carrière à l'envers à partir d'une île anglaise.

André Frossard, propos

Sans la radio britannique, de Gaulle serait resté un chef de bande.

Georges Bidault, propos

Le gaullisme ? C'est un caporalisme qui a pris du galon.

Le chanoine Kir, propos

Ce plan démoniaque : faire de la France une tête de pont américaine, est bien dans l'esprit de ce prétendant au pouvoir personnel qui a le mépris des hommes, qui a assumé la responsabilité de la tragédie du Vercors… *(Protestations sur divers bancs à gauche, au centre et à droite.)*

Fernand Grenier, député communiste de la Seine
Assemblée nationale, 29 novembre 1947

[À propos de la réforme de l'entreprise par l'association capital-travail.]
Hum ! Mes oreilles cornent, cornent ! Où diable ai-je entendu cela ? Dans les grommellements ahanants du maréchal traître ou dans les cocoricolades du général factieux ? Chez les deux, pardi !

Le Bossu
L'Humanité, 24 janvier 1949

Nul ne peut dire qu'on ne les connaisse pas. Alors qu'attend-on pour les frapper ? De Gaulle a jeté le masque. Ses complices aussi. Et avant même que « le général » ne diffuse sa déclaration tout était combiné. Le putsch fasciste était télécommandé.

Alain Guérin
L'Humanité, 16 mai 1958

[Répondant au discours d'investiture du général de Gaulle.]
La présence du général de Gaulle signifie, même malgré lui, que désormais les minorités violentes pourront impunément et victorieusement partir à l'assaut de la démocratie. *(Applaudissements sur quelques bancs à gauche.)*
Lorsque, le 10 septembre 1944, le général de Gaulle s'est présenté devant l'Assemblée consultative issue des combats de l'extérieur ou de la Résistance, il avait auprès de lui deux compagnons qui s'appelaient l'honneur et la patrie.
Ses compagnons d'aujourd'hui, qu'il n'a sans doute pas choisis mais qui l'ont suivi jusqu'ici, se nomment le coup de force et la sédition. *(Applaudissements à l'extrême gauche et sur plusieurs bancs à gauche.)*
En bref, au moment où l'Assemblée nationale va se prononcer, au moment où – comme son message solennel l'a rappelé ici même avant-hier – le plus illustre des Français se présente devant nous, je ne puis oublier que le général de Gaulle, président du Conseil pressenti, fut appelé d'abord et avant tout par une armée indisciplinée. *(Murmures à droite.)*
En droit, le général de Gaulle tiendra ce soir ses pouvoirs de la représentation nationale ; en fait il les

détient déjà du coup de force. *(Vifs applaudissements sur de nombreux bancs à gauche.)*

François Mitterrand
Assemblée nationale, 1er juin 1958

Et quand, au général de Gaulle, on posera la question : « Qui t'a fait roi ? », il ne pourra honnêtement répondre que : « C'est la violence, c'est l'insurrection, et non le Parlement français. » *(Applaudissements à l'extrême gauche et sur divers bancs à gauche. – Murmures à droite et à l'extrême droite.)*

Pierre Cot
Assemblée nationale, 1er juin 1958

Après l'opération-sédition, l'opération-séduction !

Maurice Kriegel-Valrimont
Assemblée nationale, 1er juin 1958,
propos rapporté par François Mitterrand,
Le Coup d'État permanent, 1964

Que l'on plaide la sincérité d'un soldat qui, de Saint-Cyr à Covent's Garden, fut en quête de grandeur française, je le veux bien. Cette hypothèse prévalant, on nous épargnera, je l'espère, le couplet sur l'esprit divinateur du général de Gaulle, sur son aptitude à pressentir les déroulements de l'Histoire et on chaussera le grand homme à sa juste pointure, celle d'un Giraud cynique ou d'un Juin subtil, et voilà tout !

François Mitterrand
Le Coup d'État permanent, 1964

On savait déjà avant lui que le pire malheur de la Patrie sert autant l'ambition du héros que les desseins du traître.

François Mitterrand
Le Coup d'État permanent, 1964

De Gaulle serait-il un dictateur ? Je ne cherche pas à l'abaisser en le plaçant dans une rubrique où ma génération s'est habituée à ranger pêle-mêle Hitler et Mussolini, Franco et Salazar, Staline et Pilsudski. Mais si de Gaulle n'imite personne, ne ressemble à personne sinon, à la rigueur, à un Louis-Napoléon Bonaparte qu'habiteraient les vertus bourgeoises de Louis-Philippe Ier, ce qui serait plutôt rassurant, le gaullisme, lui, porte des stigmates qui ne trompent pas.

François Mitterrand
Le Coup d'État permanent, 1964

La politique extérieure de la France n'appartient plus à la Nation mais à un seul homme et, pis encore, à un homme seul. On dit que c'est la marque du gaullisme. Pourquoi pas ? Le gaullisme après tout n'est peut-être qu'un poujadisme aux dimensions de l'univers.

François Mitterrand
Le Coup d'État permanent, 1964

De siècle en siècle verra-t-on toujours un Français coiffer la couronne de Patagonie ?

François Mitterrand
Le Coup d'État permanent, 1964

De Gaulle pouvait être Washington et fonder une République. Il s'est contenté de faire du gaullisme.

François Mitterrand
Le Coup d'État permanent, 1964

Son Premier ministre, le vrai, c'est la police. [...] La Ve République est un régime policier parce que sans police il n'y aurait pas de Ve République. Sans de Gaulle non plus, convenons-en. Disons donc que le gaullisme c'est de Gaulle plus la police.

François Mitterrand
Le Coup d'État permanent, 1964

Le gaullisme vit sans lois. Il avance au flair. D'un coup d'État à l'autre il prétend construire un État, ignorant qu'il n'a réussi qu'à sacraliser l'aventure.

François Mitterrand
Le Coup d'État permanent, 1964

Autrefois, de Gaulle était de Gaulle. Il n'est plus, maintenant, qu'un gaulliste.

François Mitterrand, propos du 9 février 1967

De Gaulle aux archives !
De Gaulle à l'hospice !
De Gaulle au musée !
De Gaulle à Sainte-Hélène !
La chienlit c'est lui.
Le gaullisme est l'inversion de la vie.
La volonté générale contre la volonté du général.
Le pouvoir ne se prend pas, il se ramasse.

Pour l'anniversaire de l'appel du 18 Juin, nous
[ramasserons de Gaulle à la pelle.

Slogans de Mai 68

Le général de Gaulle [...] jouait de toutes les séductions quand il le jugeait utile, façon de mépriser, la pire.

François Mitterrand
La Paille et le Grain, 1975

GÉRAULT-RICHARD (Alfred)
(1860-1911) Dit « l'Innommable », ancien ouvrier tapissier et sans doute ancien souteneur, directeur du *Chambard* puis de *La Petite République*, député socialiste de la Seine de 1895 à 1898, député de la Guadeloupe de 1902 à 1911.

Dans un régime abject et incohérent comme celui qui nous opprime, où les sots n'aspirent qu'à devenir coquins, où les prostituées effrontées tiennent le haut du pavé en compagnie de leurs souteneurs enviés et respectés, où les lois sont faussées par une magistrature indigne, où la vertu est récompensée une fois l'an sous la coupole de l'Institut, quand le vice, la corruption, la bassesse s'étalent avec impudence chez les bénéficiaires des plus hautes charges de la République, on ne peut guère s'étonner de la fortune scandaleuse d'un Gérault-Richard, ni de l'invraisemblable audace de ce chourineur de Presse et de Parlement.
Toutefois, si l'on a vu, de tout temps, le triomphe de quelques cyniques personnages, avouons qu'aucune

comparaison ne semble possible devant le succès écrasant de ce plumitif de brasserie, de ce primaire, ancien élève des Jésuites, de cet ouvrier tapissier, rinceur de bouteilles au *Chat noir*, qui a trouvé bon souper, le gîte et le reste chez une obligeante et vieille maquerelle, puis qui s'est élevé de ces bas-fonds de prostitution et de lupanar jusqu'à la situation étourdissante de chef de Parti, directeur d'un grand journal parisien, et de Représentant du Peuple. S'il n'a pas été ministre, ce n'est pas par ostentation d'humilité. Ah ! non, mais c'est seulement parce qu'il n'a pas voulu, et parce que ce fangeux gredin préfère continuer à opérer dans la pénombre, discrète et propice aux mauvais coups, des maisons closes.

Quand on considère d'un peu près les incidents publics de la vie infâme de ce seigneur de la pègre, on reconnaît sans peine qu'il est difficile à la nature humaine de descendre si bas : Gérault-Richard dépasse toutes les conjectures, toutes les espérances ; son existence, par ce qu'on voit, laisse deviner ce qu'on ne voit pas, et c'est un symbole parfait, absolu, de déliquescence, de décomposition sociale. Lorsqu'un individu de cette espèce ose s'afficher comme il le fait, lorsqu'un être aussi immonde, élixir de crapule, extrait concentré de pourriture, quintessence de berge et de dessous de pont, prétend à jouer un rôle dans un pays, il est permis de prévoir, avec certitude et à brève échéance, la fin d'une société où la moralité publique a si étrangement disparu.

Eugène Lacotte
Nos Seigneurs républicains, 1906

GISCARD D'ESTAING (Valéry)
(Né en 1926) Député républicain indépendant du Puy-de-Dôme depuis 1956, toujours réélu jusqu'en 1973, ministre des Finances, président de la République de 1974 à 1981, député et président du conseil régional d'Auvergne.

Quant au ministre des Finances, naguère encore si empesé, il a aujourd'hui la désinvolture et la grâce de Gilbert Bécaud.

François Mauriac
Notre République, 19 septembre 1963

Et de même nous nous souvenons d'un Giscard d'Estaing, il n'y a pas si longtemps, emprunté, engoncé, « Sciences po » monté en graine. Il a un peu tâtonné, n'a commis qu'une seule fois l'erreur du pull-over et, enfin, il a mis au point son personnage, qui correspond à une certaine idée, chez le téléspectateur et surtout chez la téléspectatrice, de l'homme jeune encore, fort, riche, puissant, intelligent, équilibré, détective, qui gagne à tous les coups et dont les films américains ont fixé le type.

François Mauriac
Bloc-notes, 30 mai 1964

Monsieur Giscard est un homme grand, au front large, aux épaules étroites… et aux dents longues.

Wilfrid Baumgartner, propos de 1964

[Valéry Giscard d'Estaing vient de définir son soutien au gouvernement par un « Oui, mais ».]
On ne gouverne pas avec des *mais*.

Charles de Gaulle, propos du 11 janvier 1967
rapporté par Alain Peyrefitte,
C'était de Gaulle, tome III, 2000

Ce qui intéresse Giscard, c'est d'Estaing. Ce qui intéresse d'Estaing, c'est Giscard.

François Mauriac
Bloc-notes, 13 janvier 1967

Le giscardisme est une ambition et non une pensée.

Philippe de Saint-Robert
Notre République, 28 avril 1967

Giscard d'Estaing est un faux frère, mais il n'ira pas jusqu'à la rupture car il scierait la branche sur laquelle il veut grimper. C'est le mot que j'avais employé dans mon interview dans *L'Express*, puis j'ai rayé et j'ai mis « monter » à la place, car « grimper », ça fait quand même un peu trop « singe ». Il veut essayer à tout instant de nous déborder.

Georges Pompidou, propos du 23 septembre 1967
rapporté par Alain Peyrefitte
C'était de Gaulle, tome III, 2000

Son problème, c'est le peuple.

Charles de Gaulle, propos

Giscard est un traître par nature. Il n'en demeure pas moins indispensable. Allez le voir et persuadez-le de trahir dans le bon sens.

Charles de Gaulle
durant la campagne du référendum de 1969

L'homme qui n'a été exceptionnel que dans la trahison…

Jacques Chirac
L'Essor du Limousin, mai 1969

Je voudrais le voir, cet homme qui a du cœur, faire vivre avec le Smic son bouquet de fleurs familial, son Anne-Aymone, sa Valérie-Anne, sa Jacinthe.

Arlette Laguiller, propos

La France n'avait personne de grande dimension. Ça a été la lutte de deux borgnes et d'un aveugle. Il y avait un borgne qui avait un œil meilleur que l'autre, c'est-à-dire Giscard.

Alexandre Sanguinetti,
propos de novembre 1975

La susceptibilité de monsieur Giscard d'Estaing – l'homme du « Oui, mais » – en dit long sur la société libérale avancée qu'il nous prépare avec le concours de monsieur Poniatowski.
Où est le changement ? Ce ne sont plus les mêmes bandes qui se partagent les mêmes prébendes. Au

temps des copains et des coquins a succédé le temps des barons et des larrons.

Jean-Pierre Chevènement
Le Figaro, 6 novembre 1975

Il n'a pas son pareil pour métamorphoser quelque évidence en hardiesse de pensée.

Marie-France Garaud
propos rapporté par Catherine Nay,
La Double Méprise, 1980

Vous êtes l'homme de la cinquantaine avancée des magazines de mode, le modèle passe-partout, à l'écaille visqueuse et la queue souple, posant pour les duffle-coats et les culottes de chasse, les lodens et les parfums Lancôme.

Jean-Edern Hallier
Lettre ouverte au colin froid, 1979

Je le verrais assez bien baron du Chômage, marquis des Inégalités, comte de la Hausse des prix, duc de la Technocratie, prince de l'Électoralisme et roi de l'Anesthésie.

François Mitterrand
conférence de presse du 24 juin 1980

Que voulez-vous, Giscard, il n'y peut rien, mais c'est un gosse de riche. C'est sa chance et sa malchance.

François Mitterrand
France-Soir, 21 février 1980

[Propos tenus lors d'un meeting électoral à Beauvais.]
Il était difficile cette semaine d'ignorer que Valéry Giscard d'Estaing avait présenté sa candidature aux Français. On aurait attendu plutôt qu'il leur présentât ses excuses.

François Mitterrand, 7 mars 1981

[Lors du face-à-face télévisé avant le second tour de l'élection présidentielle de 1981.]
Vous avez tendance à reprendre le refrain d'il y a sept ans, l'homme du passé. C'est tout de même ennuyeux que dans l'intervalle, vous soyez devenu, vous, l'homme du passif.

François Mitterrand, 5 mai 1981

On a dit grand oiseau, ordinateur monté sur échasses, « magnifique insecte, mais qui n'a pas d'antennes » (Alexandre Sanguinetti), surdoué ayant une case de trop, etc. On a tout dit sauf qu'il était physiquement trop propre et croyait qu'il entraînerait la France derrière lui en laissant dans son élégant sillage, un parfum délicat de savonnette.

Jean Cau
Croquis de mémoire, 1985

En 1974, les Français voulaient un jeune : ils ont eu Giscard. En 1995, ils voudront un vieux : ils auront Giscard.

Philippe Séguin
prix de l'Humour politique 1990

Je me demande si l'on n'en a pas trop fait pour les obsèques de François Mitterrand. Je ne me souviens pas qu'on en ait fait autant pour Giscard.

André Santini
accessit au prix de l'Humour politique 1998,
pour lequel il était déclaré hors concours

GOUGES (Marie Gouze dite Olympe de)
(1748-1793) Signataire de la Déclaration des droits de la femme et de la citoyenne, guillotinée sous la Terreur.

[Au lendemain de son exécution.]
Elle voulut être homme d'État et il semble que la loi ait puni cette conspiratrice d'avoir oublié les vertus qui conviennent à son sexe.

Le Moniteur, novembre 1793

GOUIN (Félix)
(1884-1977) Député socialiste des Bouches-du-Rhône de 1924 à 1940 et de 1945 à 1958, président du Gouvernement provisoire de janvier à juin 1946, plusieurs fois ministre.

De la merde dans un bas nylon, comme dirait Napoléon.

Antoine Blondin
La Dernière Lanterne, février 1947

[Au sujet du départ de Léon Blum en 1946.]
J'ai pensé que Léon Blum était digne de prendre la queue de la poêle. J'ai essayé de l'y pousser. Mais il

s'est dérobé. Il savait que, quand les parlementaires ont le choix entre un type capable et un tocard, ils sont toujours portés à préférer le tocard. Ils n'ont pas souhaité Blum, ils ont pris Gouin.

Charles de Gaulle
propos du 22 avril 1963 rapporté par
Alain Peyrefitte, *C'était de Gaulle*, tome I, 1994

GUESDE (Jules Basile, dit Jules)
(1845-1922) Dit « le Torquemada en lorgnons », introducteur du marxisme en France, fondateur du Parti ouvrier de France (POF), député socialiste du Nord de 1893 à 1898 et de 1906 à 1922, ministre d'État de 1914 à 1916.

LE CITOYEN JAURÈS. – Guesde ! Je vous appelle ici… Guesde !… *(Long tumulte.)* Guesde !… Guesde ! Je vous appelle ici… Guesde ! *(Bruit prolongé, silence sur les bancs du POF.)*
LE CITOYEN JAURÈS. – Guesde !… Guesde ! Guesde ! C'est une trahison ! *(Violentes exclamations. De nombreux citoyens debout sur les tables et dans les tribunes acclament le citoyen Jaurès.)*
LE CITOYEN JAURÈS. – Guesde ! Je vous appelle ici !… Guesde ! Vous êtes sourd à l'honneur !… Guesde ! Vous êtes déchu… Guesde !… Guesde ! Vous êtes déshonoré !… Guesde ! Vous avez manqué à vos promesses ! Guesde ! C'est une félonie !
(Long tumulte. Les membres du POF restent immobiles à leurs bancs. De nombreux délégués acclament le citoyen Jaurès. La tribune est envahie. Le citoyen président ne pouvant se faire entendre, on dresse derrière

la tribune un tableau noir avec l'inscription : Suspension de séance de dix minutes. Etc., etc.)

Jean Jaurès
compte rendu du Congrès général
des organisations socialistes françaises
Salle Japy, 6 décembre 1899

GUIGOU (Élisabeth)
(Née en 1946) Députée socialiste, garde des Sceaux, ministre de la Justice.

3615 TONTON

Affiche la représentant lors des
élections cantonales de 1994

[Élisabeth Guigou ayant déclaré que « Fumer un joint, ce n'est pas un drame. »]
Après la gauche caviar, la gauche camée.

Jean-Louis Debré
Le Canard enchaîné, 24 septembre 1997

H

HAMON (Benoît)
(Né en 1967) Porte-parole du PS depuis 2008.

Ça ne doit pas être facile pour Benoît Hamon d'être porte-parole d'un parti qui n'a rien à dire.

Xavier Bertrand
simpleslide.com, 6 janvier 2011

HAMON (Léo)
(1908-1993) Gaulliste de gauche, secrétaire d'État et porte-parole du Gouvernement de 1969 à 1972.

Personnage tout épais en duplicité, politicien opportuniste, sous-ministre flagorneur, au demeurant faux gaulliste et faux homme de gauche, et selon moi porte-malheur plutôt que porte-parole, monsieur Léo Hamon est un Frégoli politique qui a tourné toute sa vie à tous les vents de doctrine.

Philippe de Saint-Robert
Combat, 29 octobre 1969

HANOTAUX (Gabriel)
(1853-1944) Député de l'Aisne de 1886 à 1889, ministre des Affaires étrangères de 1894 à 1895 et de 1896 à 1898.

Il a cru que c'était son intérêt de politicien de protéger le crime, parce qu'il a craint que la défense de la justice et de la vérité ne lui mît aux trousses la meute antisémite [...] et toute la bande empanachée des faussaires. Il a jugé, il a condamné sciemment l'innocent [Dreyfus], il l'a mis en croix pendant quatre années, pour se faire, de ce supplice, des places, des honneurs, des titres aux bonnes grâces des douairières qui ne lui auraient pas permis, la veille, de franchir l'antichambre. Il a fait cela comme il a baisé la main du Sultan rouge après les massacres d'Arménie. Et pas un mouvement de révolte ! Et pas un cri d'humanité !

Georges Clemenceau
L'Aurore, 24 avril 1899

HENNESSY (Jean)
(1874-1944) Distillateur de cognac, député indépendant de la Charente de 1910 à 1922, ministre de l'Agriculture de 1928 à 1930, député des Alpes-Maritimes de 1936 à 1940.

Il est plus spiritueux que spirituel.

Léon Daudet
La Chambre nationale du 16-Novembre, 1923

HENRIOT (Philippe)
(1889-1944) Milicien, speaker à Radio-Paris puis secrétaire d'État à la Propagande dans le dernier gouvernement de Vichy.

Le ministre Philippe Henriot touchait pour son immonde propagande de très fortes mensualités de l'ambassade d'Italie. Celles-ci prirent fin en date du 25 juillet [1943] à la suite de l'arrivée au pouvoir du maréchal Badoglio. Nous ne savons pas si le nouveau gouvernement fantôme du Duce a jugé nécessaire de reprendre ces mensualités destinées à ce polichinelle de la plume vendu aux puissances totalitaires depuis l'Occupation.

Bir Hakeïm
publication clandestine, 31 décembre 1943

HERRIOT (Édouard)
(1872-1957) Dit « le Bœuf gras », « l'Éléphant de la République », « Pipendum » et « le Discrédit lyonnais », sénateur radical du Rhône de 1912 à 1919, député de 1919 à 1940 et de 1945 à 1957, plusieurs fois ministre, président du Conseil de 1924 à 1925, en 1926 et en 1932, président de la Chambre des députés de 1936 à 1940, s'abstient lors du vote des pleins pouvoirs à Pétain. Il préside l'Assemblée nationale de 1947 à 1954.

J'avoue qu'il est pénible d'avoir à constater un si affreux mélange de coquinerie et d'absurdité. Nous étions seuls à observer combien monsieur Herriot était bête. Les uns le disaient naïf, les autres bon et court, un troisième parti rusé plutôt que dissimulé. Nous avons pris le public à témoin qu'Herriot était essentiellement un homme inférieur à sa tâche que les résistances de la nature des choses rendraient furieux et méchant. Au matin de Pâques, les chrétiens orthodoxes s'abordent en disant : Christ est ressuscité. Aux matins des années 1897, 1898, 1899, les dévots mystiques de la religion de Dreyfus échangeaient leurs souhaits en se répétant : Alfred Dreyfus est innocent. Il est à croire qu'aujourd'hui, demain et après-demain, pour cette Saint-Sylvestre et ce 1er janvier, beaucoup de bons Français jugeront convenables de s'aborder en se redisant à haute voix : Édouard Herriot est trop bête ! [...] Être déshonorés par des traîtres et sales bandits c'est, après tout, une disgrâce qui peut revenir à tous les corps d'État. Mais recevoir en pleine poitrine la preuve des maladresses et des nigauderies d'un intellectuel qui cumule toutes les qualités d'un bêta, il faut bien avouer que ce n'est pas très gai.

Charles Maurras
L'Action française, 30 décembre 1924

Herriot, bonne pipe, bon ventre, bon œil... Bonne bouse de vache !

Georges Clemenceau
propos rapporté par René Benjamin,
Clemenceau dans la retraite, 1930

C'est Herriot qui a été plus que tout autre l'homme des juifs et qui a poussé le pays à la constitution du ministère Blum. Depuis longtemps, cet homme gonflé de vent aurait dû être arrêté et fusillé. Nous attendons encore.

Comte de Puységur
Les Sangsues de Marianne, 1943

Républicain en peau de lapin !

Florimond Bonte
Assemblée nationale le 29 novembre 1947

[Alors que le président de l'Assemblée dénonce les appels à la révolte de l'armée.]
Calomniateur !

Jeannette Vermeersch
Assemblée nationale, 1er décembre 1947

Il a eu la bonne idée de mourir avant que je revienne aux affaires, ça m'a évité d'avoir à décider sur ses funérailles nationales.

Charles de Gaulle, propos

Monsieur Édouard Herriot a eu la vie sauve deux fois. Une fois en 40, par Pétain. Une fois en 44, par Laval. Ce qui lui a permis de se conduire deux fois comme un salaud. Sans compter les autres. Quand monsieur Herriot après soixante ans de longs et déloyaux services, mourra définitivement, ce sera une grande perte pour le pays légal… Autant dire pour personne.

Henri Jeanson
Le Crapouillot, n° 17 (nouvelle série), mars 1952

Alfred Capus, voyant ce débris s'agiter encore, dirait avec son gai et profond cynisme : « Mais qu'est-ce que fait donc la mort ? »
Car ce n'est pas assez, pour le pélican décati, d'avoir multiplié les fautes pendant une interminable existence, d'avoir joué toujours sur le mauvais tableau, d'avoir gaffé comme il respirait. Il faut encore qu'il s'éternise devant la mangeoire politique, qu'il continue de clabauder, de faire des effets de thorax et de jouer, suprême dérision, au penseur et au pacificateur. […] Cette baderne nous a suffisamment nui.

André Figueras
Zoologie du Palais-Bourbon, 1956

HERVÉ (Gustave)
(1871-1944) « L'Oracle des concierges » selon Trotski, membre de la Commission administrative permanente de la SFIO, leader des antimilitaristes et antipatriotes, plusieurs fois condamné pour délits de presse ou insultes à l'armée, professeur agrégé d'histoire révoqué et rayé du barreau comme avocat. Rédacteur en chef de *La Guerre sociale* – qui devint *La Victoire* en janvier 1916 –, il devient jusqu'au-boutiste pendant la Grande Guerre puis fonde le Parti socialiste national (PSN) prônant une république autoritaire, mais ne joue qu'un rôle mineur dans la mouvance des droites extrêmes. Auteur de la brochure *C'est Pétain qu'il nous faut* en 1934, sympathisant du fascisme, il se sépare de Pétain dès 1940… par nationalisme.

Que Hervé soit, comme on l'a dit souvent, un fou, c'est ce que personnellement je ne crois pas, mais c'est ce qui demeure tout de même un objet de libre discussion. Mais que Hervé soit, techniquement, un traître, ce ne peut être l'objet que d'une reconnaissance, d'une constatation, d'une simple et usagère définition de ce mot. [...] En réalité, au fond, le hervéisme est une forme particulière, un cas particulier de cette infirmité d'esprit, de cette duplicité mentale, de ce parapragmatisme perpétuel déjà connu et quelquefois un peu décrit sous le nom de jauressisme.

Charles Péguy
Hervé traître, janvier 1906

Hier, Hervé a essayé de critiquer le SPD en un discours hérissé de pointes. Il a montré par là qu'il est devenu un véritable internationaliste car, généralement, il ne réserve ses attaques qu'au parti auquel il appartient. *(Rires.)* J'ajoute que si j'étais blessé chaque fois qu'Hervé m'attaque, j'aurais la figure balafrée d'un étudiant d'université allemande. *(Hilarité générale.)*

Jean Jaurès
Congrès de Stuttgart, 1907

Un bateleur qui ne parle que devant la lie de la population...

Maurice Barrès
propos rapporté par Gustave Hervé,
Discours prononcé aux Sociétés Savantes
12 septembre 1907

Peut-on parler de Hervé ! Cette plus grande crapule du siècle, l'homme aux combinaisons louches, en relations ouvertes avec les royalistes, cet individu qui s'est vu féliciter par le duc d'Orléans pour son action politique. Comment se fait-il que des ouvriers puissent encore lui témoigner leur sympathie ?

Verquière
membre de la Ligue française pour la Défense
des droits de l'Homme et du citoyen,
réunion publique à Charenton septembre 1912

Nous le croyions un apôtre : ce n'était qu'un mégalomane de la pire espèce [...] un marchand d'héroïsme [...] un débitant de gloire.

Jean Goldsky
La Réincarnation de Judas.
Les Trente Deniers de Gustave Hervé.
Histoire d'une trahison

Il y a dans la calomnie hervéiste, je ne sais quoi d'épais, de bête et de boche, qui répugne je ne dirai même pas à l'esprit français, mais à la fibre subtile de notre chair française.

Charles Maurras
L'Action française, 17 octobre 1915

Hervé le fol, l'ex-saboteur de la Défense nationale devenu consul des Austro-Allemands...

Léon Daudet
L'Action française, 17 octobre 1915

Qu'est-ce que monsieur Gustave Hervé ? Un ex-professeur, chassé de l'université ; un ex-avocat, chassé du barreau. Dans un petit collège de province, il torchait une demi-douzaine de marmots en leur contant, à la manière des loriquets rouges, le règne de Dagobert et les forfaits de Brunehaut. Il pérore, il objurgue, il remanie la carte de l'Europe, critique les généraux, les exhorte, décerne des couronnes à ceux du Grand Orient, diffame les autres, réclame à grands cris l'évacuation de Salonique, ordonne à Sarrail d'y demeurer, confond les noms des peuples avec les noms des fleurs, prend les ports pour des diplomates, discute canons, explosifs, tranchées, avions, sous-marins, comme un dur-à-cuire, un loup de mer, un marin. […] Le gros socialiste jouit de la vie, de la bêtise des bourgeois, de l'abondance des fonds secrets et des subsides juifs.

Urbain Gohier
Menaces du Sans Patrie.
Le Camarade de Caserio exagère, 1916

Il ne suffit pas, pour se dire prolétaire, d'être un raté de la bourgeoisie. Nous connaissons cette espèce. Gustave Hervé la représente à merveille. Hervé qui a fait partir pour le bagne des malheureux, exaltés par ses théories sur « la chaussette à clous » ou sur « la machine à bosseler » et qui, maintenant, doté de tout le confortable possible, conseiller aulique de nos plus puissantes Majestés, portant au cou (ou presque) la clef de chambellan, déverse sur les démocrates que nous sommes le torrent boueux de ses injures.

Édouard Herriot
Le Quotidien, 8 décembre 1923

maintenant il veut séduire. Vous imaginez un type qui incarne les pires salauds et, d'un coup, il veut jouer les gentils ! Hortefeux dans le rôle d'un abbé, je vois pas ! Ou alors l'abbé Cottard qui a noyé des scouts !

Stéphane Guillon
France Inter, 13 janvier 2009

HOVNANIAN (Léon)
(1920-2010) Député radical de Seine-et-Oise de 1956 à 1958.

JEAN-LOUIS TIXIER-VIGNANCOUR. – J'avais cru être interrompu par monsieur Hovnanian qui, certes, a dû combattre les Allemands…
LÉON HOVNANIAN. – Oui, c'est vrai et avant vous.
JEAN-LOUIS TIXIER-VIGNANCOUR. – … et les Turcs aussi, sans doute.

Jean-Louis Tixier-Vignancour
Assemblée nationale, 29 novembre 1957

HUCHON (Jean-Paul)
(Né en 1946) Député socialiste, président de la région Ile-de-France.

[Mimant l'endormissement.]
Jean Polochon…

André Santini
pendant la campagne des élections régionales de 2004

[Hervé] fait reparler de lui. Monsieur Gustave Hervé expose le point de vue du maréchal Pétain et avec beaucoup de complaisance le point de vue du traître de Gaulle, et il conclut : « L'une et l'autre opinion sont défendables. » Puis il prend la défense des juifs, des Anglais et il attaque l'amiral Darlan et il se permet d'être même très réservé en ce qui concerne le maréchal. […] Nous avons assez souvent riposté à la radio gaulliste pour ne pas consacrer un long article aux divagations de ce vieux sacripant qui devrait être dans un camp de concentration.

Horace de Carbuccia
Gringoire, 16 janvier 1942

HOLLANDE (François)
(Né en 1954) Dit « Flamby », député socialiste et président du conseil général de Corrèze, ancien secrétaire général du PS, candidat à l'élection présidentielle de 2012 et président de la République depuis mai 2012.

Ségolène Royal n'a qu'un défaut, c'est son compagnon.

Arnaud Montebourg
phrase nominée au prix Press Club,
Humour et Politique 2007

[À propos du débauchage d'un certain nombre de personnalités socialistes par Nicolas Sarkozy.]
François Hollande n'est pas à vendre, et il le dit d'autant plus haut qu'il a remarqué que le nouveau pouvoir n'achète que ce qui compte.

Bruno Roger-Petit
François Mitterrand 2008 il revient, 2008

La présidentielle, Hollande y pense en nous rasant.

Guillaume Bachelay
prix d'encouragement du jury du prix Press Club,
Humour et Politique 2009

[À propos de l'élection présidentielle de 2012.]
Si c'est l'heure des caractères, vous avez besoin de moi. Si ce n'est pas l'heure, surtout passez-vous de moi parce que c'est mieux d'avoir des gens plus tranquilles [...], des François Hollande et tous les autres fromages lyophilisés que vous pouvez trouver.

Jean-Luc Mélenchon
Causeur.fr, 6 décembre 2010

À présent, à gauche, pourquoi choisir, pour entrer dans la saison des tempêtes, un capitaine de pédalo comme Hollande ?

Jean-Luc Mélenchon
Journal du dimanche, 13 novembre 2011

Il me rappelle les petits notaires de province. Il finirait par me faire regretter Ségolène.

André Santini
VSD, 22 décembre 2011

Il incarne la couardise en politique.

Jean-François Copé
Point presse de l'UMP, 3 janvier 2012

N'est pas le Général qui veut, et surtout, il y a dans ce catastrophisme rustique quelque chose de terriblement déprimant pour les Français et finalement de bien peu exigeant sur le plan intellectuel. À écouter M. Hollande, tout n'est qu'échec, iniquité, désolation. Bref, notre pays est dans le gouffre. Je combats cette maladie, cette sorte de « scorpionite », cette autolyse qui consiste à nous envenimer pour mieux croire au mythe du phénix qui renaît de ses cendres.

François Fillon
vœux à la presse, 9 janvier 2012

Hollande a retrouvé une femme, Valérie Rottweiller. [...] Et c'est pas sympa pour le chien, ça. [...] Le candidat édredon : vous pouvez toujours taper dessus, il répondra toujours noir ou blanc.

Lionnel Luca
réunion publique
Saint-Laurent-du-Var, 24 avril 2012

Vous êtes un petit calomniateur... Votre « normalité » n'est pas à la hauteur des enjeux.

Nicolas Sarkozy
débat télévisé, 2 mai 2012

HORTEFEUX (Brice)
(Né en 1958) Ministre délégué aux Collectivités territoriales dans le gouvernement Dominique de Villepin, ministre de l'Immigration (2007-2009), du Travail (2009) puis de l'Intérieur (2009-2011) des trois gouvernements François Fillon.

Hortefeux victime de son succès, qui l'aurait cru ? Depuis deux ans, il inquiète, il fout la trouille.

HUE (Robert)
(Né en 1946) Député communiste du Val-d'Oise de 1997 à 2002, candidat à l'élection présidentielle de 2002.

Ce nain de jardin…

Jean-Marie Le Pen, propos

HUGO (Victor)
(1802-1885) Pair de France de 1845 à 1848, représentant du peuple de 1848 à 1851 puis en 1871, sénateur de 1875 à 1885.

[Après son discours sur le pape Pie IX à la Chambre des pairs.]
Si monsieur Victor Hugo a des amis intelligents, ils lui conseilleront sans doute de se renfermer dans les *Voix intérieures.* Le poète y gagnera et l'orateur n'a rien à perdre.

La Réforme, 20 mars 1846

[Après son discours sur les Ateliers nationaux.]
Le suffrage universel a fait du noble pair un représentant du peuple ; mais du creuset populaire il n'est sorti qu'un démocrate bâtard sous l'écorce duquel on aperçoit toujours le courtisan de toutes les dynasties qui ont régné sur la France.

Le National, 21 juin 1848

On trouve encore des gens qui, prenant monsieur Victor Hugo au sérieux, s'imaginent que, lorsqu'il monte à la tribune, la terre et les cieux font silence, que les vents retiennent leur haleine et que les fleuves suspendent leur course pour l'écouter. Il nous en coûte de détruire ces illusions, mais la vérité oblige.

Le Charivari, 22 septembre 1848

Il faut vous nommer cardinal !

Un membre au fond de la salle
Assemblée nationale législative, 19 octobre 1849

VICTOR HUGO. – On ne fait cas que de ces hommes positifs qui ne sont, après tout, que des hommes négatifs… *(Explosion de rires à droite.)*
UNE VOIX. – Quel pathos !
VICTOR HUGO. – Mais qu'une révolution survienne, les hommes d'affaires, les gens habiles ne sont plus que des nains… *(Sourires à droite.)*
BOISSIÉ. – Et les imbéciles sont des géants ! *(Hilarité bruyante et prolongée. – Très bien ! Très bien ! – Assentiment marqué à droite.)*

Assemblée nationale législative, 5 avril 1850

Portez cela à la Porte-Saint-Martin !

Voix à droite
Assemblée nationale législative, 5 avril 1850

C'est Jupiter faisant de la bouillie !

François-Joseph Ducoux
représentant de la Haute-Vienne
Assemblée nationale législative, 5 avril 1850

[Après son discours sur la loi de déportation.]
Un excellent argument en faveur de la loi a été assurément le long discours que monsieur Victor Hugo a prononcé contre elle. Monsieur Victor Hugo est en effet un de ces orateurs nés sous une étoile sinistre, qui servent puissamment les causes qu'ils ne défendent pas.

Le Constitutionnel, 6 avril 1850

Tous les comédiens ne sont pas au théâtre.

Jules-Antoine Taschereau
représentant de l'Indre-et-Loire
Assemblée nationale législative, 21 mai 1850

Bis !

À droite, ironiquement
Assemblée nationale législative, 21 mai 1850

Un républicain du surlendemain, réactionnaire du lendemain, pair de France de la veille, monsieur le vicomte Victor Hugo.

Assemblée nationale législative, 22 mai 1850

VICTOR HUGO. – Vous le voyez, monsieur le président, je suis sans cesse interrompu. Faites exécuter le règlement !
MONSIEUR LE PRÉSIDENT. – Le règlement ne peut pas me donner la force d'empêcher de rire.

André-Marie Dupin
Assemblée nationale législative, 23 mai 1850

Vous trouverez dans son langage toujours les mêmes formules, mais adressées toujours à des objets différents. C'est ainsi qu'il vous parlait avant-hier de sacrer l'ouvrier, de sacrer le simple citoyen ! C'est bien le poète qui chantait hier le sacré Charles X : il lui faut toujours quelque puissance à sacrer ou quelque idole à adorer. *(Applaudissements sur les bancs de la majorité.)*
Eh bien, voici ce que je lui prédis : si jamais il s'élève, comme je le redoute, dans ce pays-ci, sur les ruines de la liberté déshonorée et dégradée par le parti auquel s'est rallié monsieur Hugo, si jamais il s'élève un despotisme quelconque, il sera le premier à le flatter, il essayera de faire respirer à ce despotisme futur cet encens qu'il offre aujourd'hui à l'ouvrier et qu'il a déjà fait respirer à deux dynasties. *(Très bien ! très bien ! – Des applaudissements éclatent à trois reprises sur les bancs de la majorité.)*

Jules-Louis-Pierre, marquis de Montalembert
Assemblée nationale législative, 23 mai 1850

Envoyez-le à Bicêtre !

Une voix à droite
Assemblée nationale législative, 9 juillet 1850

Et dire que tout cela coûtera vingt-cinq francs à la France !

Un membre à droite
Assemblée nationale législative, 9 juillet 1850
[Les représentants du peuple perçoivent alors une indemnité journalière de vingt-cinq francs.]

Laissez ! laissez-le jouer sa pièce !

Monsieur Georges-Charles d'Anthès,
baron de Heeckeren
représentant du Haut-Rhin
Assemblée nationale législative, 17 juillet 1851

René-Alphonse Esnault de la Devansaye. – La popularité a ses mendiants aussi.
Charles de Morny. – Et ce sont les plus misérables. [...]
Monsieur le président. – Laissez donc finir, pour l'amour de Dieu ! *(On rit.)*
Pierre-Louis Belin. – Pour l'amour du dîner.

Assemblée nationale législative, 17 juillet 1851

Lorsque monsieur Victor Hugo parlait de la Restauration, comment comprimer le souvenir présent à tout le monde, présent pour sa gloire, s'il eût su la garder, qu'il avait été le plus pindarique des royalistes ? *(Rires à droite. – Exclamations à gauche.)*

Comte de Falloux, représentant du Maine-et-Loire
Assemblée nationale législative, 17 juillet 1851

[Après son discours sur la révision de la Constitution.]
Ne fallait-il pas bien que dans cette arène sur laquelle la France entière a les yeux, cet histrion dressât ses tréteaux ?

L'Ami de la religion, 19 juillet 1851

La maladie intellectuelle dont il est atteint depuis le 2 décembre n'a pas d'autre cause que le renversement de ses folles espérances.

Hippolyte Castille
Portraits politiques au XIXe *siècle – Victor Hugo*, 1857

Dans une société sage, il y aurait sinon une loi, du moins une coutume, qui interdirait toute fonction civique à tout homme convaincu d'avoir fait des vers passé l'âge de trente ans. Le poète ne pourrait être relevé de cette incapacité qu'après l'examen d'un jury de prêtres, d'artisans, de magistrats et de médecins, qui déciderait si la qualité morale de ses strophes et de son intelligence peut le faire absoudre du cas de métromanie.
Un peuple qui donne la parole aux poètes sur les affaires de l'État est un peuple abêti.

Louis Veuillot, 1859

L'Assemblée refuse la parole à monsieur Victor Hugo, parce qu'il ne parle pas français ! *(Oh ! oh ! – Rumeurs confuses.)*

Hippolyte, vicomte de Lorgeril
représentant des Côtes-du-Nord
Assemblée nationale, 8 mars 1871

[À propos de son discours au Sénat sur l'amnistie des communards.]
Il y avait là pour les élèves du Conservatoire qui suivent les cours de déclamation l'occasion unique d'entendre un grand artiste.

Le Moniteur universel, 24 mai 1876

Conséquent, en secret, dans son inconséquence apparente, il adorait le Pouvoir invariable dans ses variables incarnations.

Courtat
Discours de Nemo (Ignotus), 1876

On a déjà traduit devant les tribunaux des gens qui tenaient un pareil langage.

Jérôme-Dominique Galloni d'Istria
sénateur de la Corse
Sénat, 21 juin 1877

[À propos de son discours sur la crise du 16 mai 1877.] C'était une de ces élucubrations solennelles mais creuses où le sublime et le grotesque se côtoient, et que le pontife va déclamer d'une voix de traître de mélodrame.

Le Figaro, 22 juin 1877

Victor Hugo est mort à une heure trente-cinq minutes.
Il fut le plus grand poète de notre siècle.
Il était fou depuis plus de trente ans.
Que sa folie lui serve d'excuse devant Dieu.

La Croix, 23 mai 1885

Certaines illusions se dissipent. On croyait qu'un si grand poète avait pensé davantage. Il faut bien reconnaître qu'il a remué plus de mots que d'idées. C'est une souffrance que de découvrir qu'il donna pour la plus haute philosophie un amas de rêveries banales et incohérentes.

Anatole France
La Vie littéraire, « Sur le Quai Malaquais », 1888

Sa conduite est celle de tout commerçant sachant son métier : une maison ne prospère que si son maître sacrifie ses préférences politiques et accepte le fait accompli.

Paul Lafargue
La Légende de Victor Hugo, 1902

Toujours, sans se laisser détourner par les événements et les renversements de gouvernement, il poursuivit un seul objet, son intérêt personnel, toujours il resta hugoïste, ce qui est pire qu'égoïste…

Paul Lafargue
La Légende de Victor Hugo, 1902

Je considère Hugo et Michelet comme deux pervertisseurs d'intelligences, d'une nocivité presque égale à celle de Rousseau.

Léon Daudet
Le Stupide XIXe *Siècle*, 1922

Il marche devant, avantageux, bombant le torse, vrai tambour-major de la démocratie, avec son accompagnement de grosse caisse…

Georges Batault
Le Pontife de la démocratie, 1934

HULOT (Nicolas)
(Né en 1955) Candidat écologiste à l'élection présidentielle de 2012.

Pendant des années il a sillonné la planète en avion, il a participé au Paris-Dakar, […] récemment encore on l'a vu sur TF1 faire de l'avion de chasse pour son émission « Ushuaïa » et maintenant il dit : « Stop ! on arrête de polluer. » Faut pas déconner ! On dirait un ancien fumeur qui fait chier à la moindre odeur de clope, un repenti de la mafia qui veut interdire les armes à feu, ou une vieille pute qui voudrait entrer dans les ordres et qui du coup voudrait que plus personne ne baise.

Stéphane Guillon
France Inter, 8 juin 2010

I

ISORNI (Jacques)
(1911-1995) Avocat de Brasillach et du maréchal Pétain, député d'extrême droite de la Seine de 1951 à 1958.

Défenseur de Pétain ! Vous avez choisi la trahison.

Rose Guérin
député communiste de la Seine
Assemblée nationale, 11 avril 1952

Vous êtes là pour saboter le régime !

Raymond Gernez
député socialiste du Nord
Assemblée nationale, 14 février 1956

J

JACOB (Christian)
(Né en 1959) Député de Seine-et-Marne, ancien membre du gouvernement, président du groupe UMP à l'Assemblée nationale.

Christian Jacob est le Rantanplan de la majorité. J'ai rarement vu plus bête en politique. Il sera le boulet de Copé.

François Fillon
Le Canard enchaîné, 12 janvier 2011
propos démenti par le Premier ministre

JAURÈS (Jean)
(1859-1914) Dit « Croquebourgeois », député républicain du Tarn de 1885 à 1889, député socialiste du même département de 1893 à 1898 et de 1902 à 1914, fondateur de *L'Humanité* en 1904 et de la SFIO en 1905, assassiné le 31 juillet 1914.

Numa Roumestan du socialisme, il ne pense que quand il parle. [...] En 1885 on vit arriver à la Chambre un petit homme, une épaule plus courte que l'autre, mal nettoyé, la chevelure et la barbe d'un jaune aussi peu défini que le pelage du cheval de d'Artagnan, clopinant, inquiet, furetant partout, fouinant dans tous les groupes, l'œil quêteur, se fermant devant tout regard direct par un tic convulsif : on sut qu'il s'appelait Jaurès.

Yves Guyot
La Comédie socialiste, 1897
[*Numa Roumestan* est un roman d'Alphonse Daudet.]

[Pendant l'interpellation relative aux « mesures à prendre contre les manœuvres du syndicat Dreyfus ».]
HENRI, COMTE DE BERNIS. – Parlez-nous de votre article antifrançais de ce matin !
JEAN JAURÈS. – Je suis à la tribune pour dire ma pensée, toute ma pensée. [...]
HENRI, COMTE DE BERNIS. – Vous êtes du syndicat ? *(Vives interruptions à l'extrême gauche.)*
JEAN JAURÈS. – Que dites-vous, monsieur de Bernis ?
HENRI, COMTE DE BERNIS. – Je dis que vous devez être du syndicat, que vous êtes probablement l'avocat du syndicat !
JEAN JAURÈS. – Monsieur de Bernis, vous êtes un misérable et un lâche ! *(Vifs applaudissements à l'extrême gauche. – Exclamations prolongées au centre, à gauche et à droite. – Vive agitation.)*
(Alfred Gérault-Richard traverse l'hémicycle, s'élance sur le comte de Bernis et le frappe. – Tumulte prolongé.)
(Monsieur le président lève la séance.)

Henri, comte de Bernis
député démocrate du Gard
Chambre des députés, 22 janvier 1898

[Alfred Gérault-Richard, ami de Jaurès, est député socialiste de la Seine et directeur de *La Petite République*. Le compte rendu n'indique pas que le comte de Bernis est monté à la tribune pour frapper Jaurès dans le dos.]

Tous ceux qui veulent bien prendre la peine de raisonner ont déjà compris que monsieur Jaurès, qui a, par menaces sous conditions, extorqué délibérément aux ouvriers syndiqués du Tarn les fonds dont il avait besoin pour sa campagne électorale, n'a pas hésité à traiter avec un autre syndicat pour le succès d'une autre campagne – la campagne Dreyfus.

Henri Rochefort
L'Intransigeant, 3 janvier 1899

De tous les caractères du génie féminin, je n'en vois pas un seul qui fasse défaut à monsieur Jean Jaurès. On l'a vu assez versatile, on l'a vu assez entêté pour rappeler successivement les aspects divers de l'Ève éternelle. [...] Mademoiselle Jean Jaurès était une fille très mûre quand elle changea de parti. Elle avait, à défaut de raison, de l'expérience et, si elle ignorait le monde, elle se connaissait. Elle savait à quoi pouvait être appliqué son magnifique capital.

Charles Maurras
Le Figaro, 19 octobre 1901

Monsieur Jaurès était le charlatan le plus verbeux, le plus inconsistant, le plus effronté que le Midi eût depuis longtemps lâché sur la capitale. Couard, ondoyant et menteur comme une fille, il inondait les assemblées et les meetings de son intarissable éloquence. Il s'était montré capable de parler trois jours de suite sur les questions agricoles, sans savoir distinguer le seigle de la betterave. Il trouvait des métaphores étonnantes ; il déclamait six heures ou noircissait quatre colonnes de journal sans qu'un homme au monde pût démêler ses conclusions. Il était le grand ténor du socialisme français, qu'il se figurait avoir inventé, vers 1897. Toujours enflammé dans l'action oratoire, toujours cauteleux et poltron dans l'action sans épithète, il unissait des appétits vulgaires à l'orgueil le plus démesuré.

Urbain Gohier
Histoire d'une trahison (1899-1903), 1903

Des socialistes farouches
Vont me critiquer, c'est certain
Et bourdonner comme des mouches
Autour de ma cloche d'airain.
Pour que ces hommes en colère
Ne reconnaissent plus leur frère,
J'ai, comme le Roi Dagobert,
Mis ma carmagnole à l'envers.

Lucien Roland,
extrait de « Le roi Jaurès »,
chanson parue dans *Le Socialiste*, 1er février 1903
[La cloche d'airain fait allusion à l'élection de Jaurès
à la vice-présidence de la Chambre des députés,
qui semble marquer son entrée
dans les cadres institutionnels.]

Il y a du *m'as-tu vu* chez Jean Jaurès ; mais il y a aussi de l'intrigante : à son talent mystique correspond un certain génie pratique de manœuvrier. Tout cela, de ton très vulgaire, en sorte que ses auditeurs se trouvent très exactement au-dessous du niveau de ses raisons.

Charles Maurras
La Gazette de France, 10 avril 1903

Laissez-moi employer ma logomachie ordinaire ! Laissez-moi m'affubler de mes grands mots, le peuple est simple et gobeur ; il a confiance en moi ; je l'endors pour qu'il vous laisse en paix. Si vous brisez en ma main ma lyre sonore, il deviendrait la proie des révolutionnaires qui aujourd'hui me font les plus sanglants reproches. Avec moi, vous vivrez encore longtemps dans votre béatitude.

Marcel Cachin
Le Socialiste, 25 octobre 1903

On guillotinera Jaurès…

Georges Darien
L'Ennemi du peuple, 1er-15 décembre 1903

Oui, monsieur Jaurès, vous êtes un tyran jacobin, et même un tyran réactionnaire pour les membres avancés de votre parti. *(Exclamations et rires à gauche.)*

Ernest Borgnet, député modéré de la Seine-Inférieure
Chambre des députés, 4 mars 1904

L'Humanité, feuille de chou décolorée que grignotent, des trois dents qui leur restent, les vieux lapins du Socialisme pacifique, c'est l'exacte synthèse de toutes les meurtrières sottises humanitaires semées par les coquins qui vivent de l'imbécillité publique. [...]
Tu recevras du bronze aujourd'hui, Jaurès.
Et demain, du plomb.

Georges Darien
L'Ennemi du peuple, 1er-15 mai 1904

Je tiens Jeanne d'Arc pour la plus sublime héroïne de notre héroïque histoire ; François Coppée et ses jeunes protestataires pour des patriotes d'autant plus nécessaires à la patrie que vos disciples et vous lui êtes plus funestes et je vous tiens vous, monsieur Jaurès, pour le plus odieux pervertisseur de consciences qui ait jamais fait, en France, le jeu de l'étranger, sans avoir su, même par là, vous concilier l'estime ni la sympathie de ces frères allemands en faveur desquels vous vous évertuez à nous faire renier nos frères de l'Alsace et de la Lorraine.

Paul Déroulède
Le Gaulois, 30 septembre 1904
[Jean Jaurès avait terminé d'un narquois : « En attendant l'inévitable télégramme de Paul Déroulède », son compte rendu dans *L'Humanité* d'une manifestation de jeunes patriotes organisée par le poète François Coppée au pied de la statue de la Pucelle.]

[Meeting contre les insulteurs de Jeanne d'Arc, le 5 décembre 1904.]

Le véritable ennemi de la France, signalé par Drumont le prophète, c'est le Juif, le grand Juif, celui du ghetto d'or. […] Si nous voulons que l'offensive réussisse, il faut qu'elle porte contre les vrais responsables. André n'est rien. Thalamas, Chaumié, Jaurès ne sont rien que des esclaves obéissants, qu'une misérable et méprisable chiourme.

Léon Daudet
repris dans *L'Action française*,
15 décembre 1904

GEORGES CLEMENCEAU. – Vous n'êtes pas le socialisme à vous tout seul.
JEAN JAURÈS. – Ne jouez pas sur les mots. Il y a ici un parti socialiste.
GEORGES CLEMENCEAU. – Il y a des socialistes en dehors de ce parti. Vous n'êtes pas le bon Dieu. *(On rit.)*
JEAN JAURÈS. – Vous, monsieur le ministre, vous n'êtes même pas le diable. *(Rires.)*
GEORGES CLEMENCEAU. – Vous n'en savez rien.

Georges Clemenceau
Chambre des députés, 19 juin 1906

[Pendant un discours de Jaurès.]
C'est saint Jean à Pathos.

Aristide Briand à Georges Clemenceau
Chambre des députés, 10 mai 1907
[Ce calembour dit au banc du gouvernement
fut entendu dans l'hémicycle.
Maurice Barrès le consigne
dans *Mes Cahiers*, 1896-1929.]

Une philosophie parfois digne de monsieur Pantalon et une politique de pourvoyeur de la guillotine.

Georges Sorel
Réflexions sur la violence, 1908

Nous clouerons la charogne de Jaurès vivante contre une porte.

Pierre Biétry
Le Jaune, 25 septembre 1909

Votre lumière est comme celle des phares à éclipse : elle est intermittente ! *(Bruit.)*

Albert Gauthier de Clagny
député nationaliste de Seine-et-Oise
Chambre des députés, 11 mars 1910

La France parle ; Monsieur Jaurès, taisez-vous !… Et comme cet avis a son importance, et pour être sûr de me faire comprendre de vous et de vos amis, je traduis à leur intention et à la vôtre : – *Frankreich spricht. Still, Herr Jaurès !*

Franc-Nohain, nom de plume de
Maurice Étienne Legrand
L'Écho de Paris, 10 mars 1913

J'ai horreur de l'éloquence toujours, et de la métaphore. Quand je dis qu'il y a un parti allemand et que Jaurès est un pangermaniste, ce n'est point une invective. […] Pour Jaurès, l'explication est extrêmement simple. Il est pangermaniste. (Il faudrait l'en féliciter, s'il était né sujet allemand.) Il est un agent du parti allemand. Il travaille pour la plus grande Allemagne. [...] Jaurès est un malhonnête homme.

Charles Péguy
L'Argent suite,
Cahiers de la Quinzaine, XIV, IX, 27 avril 1913

Celui-ci est le *vomitor* de la parole. Comme l'eau au *vomitor* de pierre de la fontaine bruxelloise, la parole, qui ne lui coûte aucun effort, semble arrachée de lui par une convulsion. Il parle avec sa tête, ses épaules, son coffre, ses poings, son dos d'ancien coltineur. [...] Sa voix roule comme un char cahoté, et rencontre tout sur son chemin : le cliché, la bourde, le racontar, même l'heureuse période, équilibrée, sonore, solide, qu'il bouscule pour courir plus loin et trouver mieux ou pis.

Colette
Le Matin, 9 mars 1914

Bouddha en cuivre rouge [qui transpire] comme une motte de beurre sur la casserole.

Maurice de Waleffe
Paris-Midi, 13 juin 1914

Si j'ai commis cet acte, c'est parce que monsieur Jaurès a trahi son pays, en menant sa campagne contre la loi de trois ans. J'estime qu'on doit punir les traîtres et qu'on peut donner sa vie pour une cause semblable.

Je ressens un profond sentiment du devoir accompli…

Raoul Villain, assassin de Jaurès
à l'agent de police Marty, 31 juillet 1914

L'esprit de la Germanie, vraie patrie de son cœur, l'animait et le soulevait.

Charles Maurras
L'Action française, 23 novembre 1924

Jaurès avait un énorme talent. Mais c'était un homme dans lequel il y avait quelque chose de méchant. Des dons extraordinaires, contre quoi j'étais forcé moi-même de me défendre – mais sans grandeur, sans générosité… sans humanité… Oui, – sans humanité. C'est d'ailleurs probablement pour cette raison qu'il a appelé son journal comme ça. Derrière l'humanité et l'humanitarisme de Jaurès, il y avait toujours quelque chose d'hostile et de menaçant. Derrière ses tableaux idylliques on sentait flotter une fumée de guerre civile. Il n'avait rien de ce que confère l'amour vrai de l'humanité : ni le sourire, ni l'indulgence, ni cette espèce de doute, de scepticisme, – rien. L'humanité était, pour Jaurès, le nombre, la foule, la force. Il se battait pour le parti qui serait fatalement vainqueur. […]
Oui, – méchant. Méchant et dangereux. Si nous l'avions eu pendant la guerre, nous étions perdus.

Georges Clemenceau
propos rapporté par Jean Martet,
M. Clemenceau peint par lui-même, 1929

Dans mon cas, tenez, je ne songe jamais sans un frisson à la première, toute première cause de la victoire… Elle porte un nom dramatique !… Le meurtre de Jaurès ! Si Jaurès n'avait pas été tué, je serais peut-être arrivé au pouvoir ; mais ce dont je suis sûr, c'est que je n'y serais pas resté ! J'étais debout et je criais aux Français : « Je fais la guerre ! » Lui se serait traîné à genoux, sanglotant : « Faisons la paix ! » Le monstre ! En une séance, il m'aurait renversé ! Voilà de quoi, mes amis, dépend le sort d'une nation : d'un assassin…

Georges Clemenceau
propos rapporté par René Benjamin,
Clemenceau dans la retraite, 1930

JOFFRIN (Jules)
(1846-1890) Député socialiste de la Seine de 1889 à 1890, défiguré par un cancer qui lui rongeait la lèvre.

[Invective lancée en marge d'un incident de séance et ne figurant pas dans le compte rendu officiel.]
Désinfectez la tribune !

Paul Déroulède
20 janvier 1890

JOLY (Eva)
(Née en 1943) Dite « Eva dans le mur », députée européenne, candidate écologiste à l'élection présidentielle de 2012.

On ne se présente pas à la présidence de la République d'un pays avec lequel on n'a pas de lien direct, même pas celui de la naissance.

Jean-Marie le Pen
La Voix du Nord, août 2010

Je trouve profondément indécent que quelqu'un qui est devenu français à 20 ans [...], qui a la double nationalité, puisse poser sa candidature.

Marine Le Pen
30 janvier 2011

[En réponse à la déclaration d'Eva Joly tendant à remplacer la parade militaire du 14 juillet par un « défilé citoyen ».]
Je pense que cette dame n'a pas une culture très ancienne des traditions françaises, des valeurs françaises, de l'histoire française.

François Fillon
Abidjan, 15 juillet 2011

Ce serait bien qu'elle apprenne l'histoire de France, je pense que cela lui serait utile. [...] Je ne sais pas ce qu'elle aurait fait en 1944 ou 45.

Lionnel Luca
au nom du collectif La Droite populaire,
15 juillet 2011

Eva Joly propose la suppression du défilé militaire du 14 juillet... Il est temps pour elle de retourner en Norvège !

Lionel Tardy
15 juillet 2011

JOSPIN (Lionel)

(Né en 1937) Dit « Yoyo », député socialiste de Paris de 1981 à 1986, député de la Haute-Garonne de 1986 à 1988, de nouveau élu en 1997, ministre de l'Éducation nationale de 1988 à 1992, Premier ministre de 1997 à 2002. Éliminé à l'issue du premier tour de l'élection présidentielle de 2002, il annonce qu'il se retire de la vie publique.

Au bout de dix minutes, ses discours durent des heures. Il ne convainc pas, il use.

Jean-Pierre Amette
Le Point, 17 février 1986

Regardez ce Jospin, c'était un obscur enseignant. Son destin inéluctable consistait à ânonner les mêmes matières sa vie durant à des étudiants qui n'en avaient cure. Son physique et sa personne ne le prédisposaient pas, c'est le moins que l'on puisse dire, à la communication. Il était triste. Il l'est encore plus. Chez lui, ce qui compte ce n'est pas qu'il soit laïc, non, c'est qu'il reste dogmatique. Durant les guerres de Religion, il n'aurait certes pas torturé, il est trop intellectuel pour cela. En revanche, c'est certain, il aurait revendiqué la place prépondérante dans le jury qui vous déclarait hérétique aussi vite que l'on attrapait la petite vérole dans les faubourgs nauséabonds et mal famés du Paris du Moyen Âge.

Nicolas Sarkozy sous le pseudonyme de Mazarin
« Lettre apocryphe de François Mitterrand
à Jacques Toubon, garde des Sceaux »
Les Échos, 7 août 1995

Jospin n'a décidément rien dans le ventre !

Martine Aubry
pendant la Convention nationale du PS,
L'Haÿ-les-Roses, 31 mars 1996
Le Canard enchaîné, 3 avril 1996

Jospin a assez de gens pour lui cirer les pompes, il n'a pas besoin de moi.

Jacques Chirac
Le Canard enchaîné, 7 janvier 1998

[Après la victoire de l'équipe de France de football en Coupe du Monde et avant le départ du Tour de France.]
Comment ne serais-je pas satisfait d'avoir un Premier ministre si satisfait de lui et pourtant si modeste ? Dites partout que la France a bien de la chance d'avoir trouvé un héros à sa mesure, un homme, qui, tout seul, a réussi à recréer la croissance internationale et à rendre les Français heureux… Il se prend pour Jacquet-Zidane, c'est une question de date, dans quinze jours il se situera entre Jalabert et Jeannie Longo.

Jacques Chirac
Le Canard enchaîné, 8 juillet 1998

Lorsqu'il s'agit de jouer du clairon, Chirac est très bon. Jospin, lui, son truc, c'est le violon ou le pipeau.

Bernard Pons
Le Canard enchaîné, 7 avril 1999

À partir du moment où un homme politique se met à penser qu'il peut être président, il devient marteau.

Daniel Cohn-Bendit
Le Canard enchaîné, 28 juillet 1999

[Le Premier ministre ayant comparé la droite aux anciens esclavagistes.]
Zéro ! Minus ! Vous n'êtes plus digne d'être Premier ministre ! Démission, démission !

Plusieurs députés RPR et UDF
Assemblée nationale, 14 janvier 1998

[Commentant le même incident.]
Il lui manque une case, la case de l'oncle Tom.

André Santini
Libération, 15 janvier 1998

[Lionel Jospin ayant voulu la veille réhabiliter les mutins de 1917.]
JACQUES GODFRAIN. – Un jour on honore ceux qui ont trahi ; un autre jour, on en arrivera à justifier ceux qui ont dénoncé Jean Moulin et Pierre Brossolette ! *(Vives protestations sur les bancs du groupe Socialiste.)*
DIDIER BOULAUD. – C'est scandaleux !
GUY-MICHEL CHAUVEAU. – Votre dernière parole est scandaleuse !
JEAN-CLAUDE VIOLLET. – Honte à vous, monsieur Godfrain !
JACQUES GODFRAIN. – Monsieur le président, je demande solennellement que, ce soir, monsieur le Premier ministre vienne s'expliquer devant la repré-

sentation nationale sur les paroles qu'il a prononcées et qui ont souillé l'esprit de ce pays ! *(Applaudissements sur les bancs du groupe du Rassemblement pour la République, du groupe de l'Union pour la démocratie française-Alliance et du groupe Démocratie libérale et indépendants. – Protestations sur les bancs du groupe Socialiste.)*

Jacques Godfrain
Assemblée nationale, 6 novembre 1998

[À propos de la venue de Lionel Jospin à l'université d'été du PS de La Rochelle, août 2005.]
Cela fait toujours plaisir de revoir ses grands-parents.

Malek Boutih
phrase nominée au prix Press Club,
Humour et Politique 2005

[À propos du retour de Lionel Jospin au PS.]
C'est la première fois qu'un déserteur passe ses troupes en revue.

Pascal Terrasse
phrase nominée au prix Press Club,
Humour et Politique 2006

Jospin, c'est le film *Good Bye Lenin !*... Il est totalement décalé.

Pierre Mauroy
Le Canard enchaîné, 13 septembre 2006

La campagne de Ségolène Royal va devenir beaucoup moins sexy après l'arrivée de Lionel Jospin dans l'équipe de la campagne.

Marine Le Pen
LCI, 21 février 2007

Lionel Jospin n'en finira jamais de reprocher aux autres de lui avoir dérobé une place qu'il a lui-même abandonnée. Il ne se départira jamais de cette raideur qui l'a empêché d'aller aussi haut qu'il l'aurait pu s'il l'avait vraiment voulu. Faute de se l'avouer, il en est réduit à chercher depuis cinq ans ailleurs qu'en lui-même les responsabilités de son drame de 2002. Depuis ce soir du 21 avril, il ne s'écoule pas une journée, pas une minute, pas une seconde sans que soit ressassée jusqu'à la nausée l'erreur qu'il a commise d'annoncer son retrait de la vie politique par trop précipitamment.

Bruno Roger-Petit
François Mitterrand 2008 il revient, 2008

JOXE (Pierre)
(Né en 1934) Député socialiste de Saône-et-Loire de 1973 à 1984 et de 1986 à 1988, ministre de l'Industrie en 1981, ministre de l'Intérieur de 1984 à 1986, ministre de l'Intérieur de 1988 à 1991, ministre de la Défense de 1991 à 1994, membre du Conseil constitutionnel de 2001 à 2004.

Je n'ai pas de leçon à recevoir de ce paltoquet, qui n'est qu'un petit valet de François Mitterrand.

Georges Marchais
TF1, 18 janvier 1980

Demander à 10 heures à Joxe : « Quelle heure est-il ? » est peine perdue, il vous répondra que le temps change tout le temps. Que sa compressibilité et son extensibilité s'estiment en fonction de l'action menée dans le laps de temps considéré ; ou bien il s'orientera vers une explication scientifique de la rotation de la Terre, la divisera en minutes et en secondes. Mais, en aucun cas, vous ne saurez qu'il est 10 heures.

Françoise Morasso
Les Sourires politiques de l'Oreille en coin, 1989

JUPPÉ (Alain)
(Né en 1945) Député RPR puis UMP de la Gironde, plusieurs fois membre du gouvernement, Premier ministre de 1995 à 1997.

Il est intelligent celui-là, mais sa rigidité dogmatique m'a souvent frappé. Il se cabre pour le principe. « Je me cabre donc j'existe », semble-t-il penser à longueur de journée. [...] Pour l'instant il est ivre de pouvoir et de puissance. Il pense (le naïf) que tout est possible, que rien ne lui résistera : Premier ministre, Bordeaux, demain le RPR... Je vous le dis, c'est Fabius en pire. Ce dernier avait un soupçon de sensibilité, l'autre je ne le pense pas.

Nicolas Sarkozy sous le pseudonyme de Mazarin
« Lettre apocryphe de François Mitterrand
à Jacques Chirac pour son élection »
Les Échos, 24 juillet 1995

Avant, le gouvernement allait dans le mur, maintenant, il klaxonne.

André Santini, propos

Le Premier ministre souhaite un gouvernement ramassé ; il a parfaitement réussi.

André Santini, propos

Finalement, heureusement que Balladur n'a pas été élu ! On aurait pu avoir Juppé comme Premier ministre !

Charles Pasqua, propos

[À propos du bref passage d'Alain Juppé au ministère de l'Écologie.]
Ça fait longtemps qu'il pratique le tri sélectif : il y a lui et les cons ! C'est-à-dire nous.

Didier Porte
France Inter, 21 mai 2007

Arrogant, pète-sec, cassant, à l'époque on vous aurait mis en compétition avec la porte d'entrée de Fleury-Mérogis, j'aurais eu du mal à vous départager. Une vraie teigne ! Et la fois où vous avez viré la totalité des femmes du gouvernement, les fameuses juppettes : cinq ou six d'un seul coup : « Allez, ouste les gonzesses ! Dehors ! Au tricot les greluches ! » Gros succès dans l'électorat féminin…

Didier Porte
France Inter, 27 mars 2009

K

KIEJMAN (Georges)
(Né en 1932) Ministre délégué auprès du ministre de la Justice de 1990 à 1991, ministre délégué auprès du ministre de la Culture de 1991 à 1992, ministre délégué auprès du ministre des Affaires étrangères de 1992 à 1993.

Le remplaçant de Dalida dans l'escalade de la roche de Solutré a astiqué les pataugas ou les souliers de golf présidentiels pendant pratiquement tout le décennat avant d'obtenir, à défaut d'une présidence de chaîne, la moitié des sceaux à garder. Ce n'est que justice.

Le Canard enchaîné, 15 mai 1991

KIR (Félix)
(1876-1968) Chanoine, maire de Dijon, député indépendant de 1945 à 1967.

Ce n'est pas un homme d'Église, c'est un homme de cirque.

Charles de Gaulle, propos

KLARSFELD (Arno)
(Né en 1965) Investi comme candidat UMP aux élections législatives dans la 8e circonscription de Paris (XIIe arrondissement).

Si Arno Klarsfeld arrive à se faire élire dans le XIIe arrondissement en faisant une campagne aussi calamiteuse, cela voudra dire que les entrepôts de Bercy n'ont pas été complètement vidés de leur stock de pinard, et que la population en abuse !… Je comprends que le président de la République veuille le récompenser pour son engagement dans la campagne, mais dans ce cas il serait préférable de lui confier un poste à la mesure de ses compétences. Je ne sais pas, secrétaire d'État au Patinage à roulettes par exemple. Parce que dans le XIIe arrondissement, il est déjà gratifié d'un surnom qui ne laisse rien présager de bon quant à sa confrontation avec le suffrage universel : « Bobo et con à la fois », on l'appelle.

Didier Porte
France Inter, 1er juin 2007

KLOTZ (Lucien-Louis)
(1868-1930) Député de la Somme de 1898 à 1925, sénateur de 1925 à 1928, ministre de l'Intérieur en 1913 et trois fois ministre des Finances, en particulier sous Clemenceau qui déplora avoir nommé « le seul juif qui n'entende rien aux questions d'argent ». Il démissionne de son mandat de sénateur en 1928 à la suite d'une affaire de chèques sans provisions.

On pense bien que je ne tiens pas du tout à envoyer Messieurs Klotz et Dumont à l'île du Diable, où monsieur Klotz, qui est d'Israël, et qui a tant fait pour maintenir *l'autre* dans cette villégiature, en serait quitte pour fonder là-bas une banque, dont il ne donnerait pas la direction à son collègue. À quoi bon séparer dans le malheur des gens qui vivent en si bon accord à nos dépens ?

Georges Clemenceau
Dans les champs du pouvoir, 1913

J'ai toujours pensé qu'il avait le cerveau un peu fêlé. Clemenceau disait de lui, plus rudement : « Qui ne voit qu'un Klotz n'entend qu'un son. »

Léon Daudet
Député de Paris, 1933

KOUCHNER (Bernard)
(Né en 1939) Fondateur de Médecins sans frontières, plusieurs fois ministre.

Un tiers-mondiste, deux tiers mondain.

Attribué à Xavier Emmanuelli

[À propos de la défaite de Bernard Kouchner à l'élection législative partielle de Gardanne (Bouches-du-Rhône).]
Franchement, c'est bien fait pour sa gueule !

Bernard Tapie
Le Canard enchaîné, 16 octobre 1996

L

LA RÉVEILLÈRE-LÉPEAUX (Louis-Marie de)
(1753-1824) Député de l'Anjou aux états généraux et à la Constituante, député du Maine-et-Loire à la Convention, membre du Conseil des Cinq-Cents, fondateur de la théophilanthropie, religion civile de la République.

Je n'ai qu'une chose à vous dire : Jésus, pour fonder le christianisme, a été crucifié. Commencez par le commencement !

Talleyrand, propos

LACORE (Suzanne)
(1875-1975) Militante socialiste, l'une des trois femmes nommées par Léon Blum dans le gouvernement du Front populaire, comme sous-secrétaire d'État à la Protection de l'Enfance.

La très-sensible ministresse d'Ajat a péroré déjà en Dordogne. On a mobilisé, pour lui rendre les honneurs, tous les membres de l'enseignement. [...] De longtemps, les instituteurs avaient pu savourer l'éloquence abondante de leur amie, éloquence, toutefois, qui n'allait pas au-dessus de leur talent et de leur expé-

rience pédagogique. [...] Son Excellence de Thenon part de ce principe, que l'enfant naît bon.
Ce sont les parents, les maîtres, la société, enfin, qui le rendent mauvais; et, malgré tout, il ne le devient jamais complètement. Pauvre petit chou ! [...] J.-J. Rousseau, dans un autre style, avait exposé, il y a deux siècles, ces dangereuses théories. [...] Le reste n'est que sentimentalisme féminin, mièvrerie et confitures.

La Croix du Périgord, 26 juillet 1936

Madame ou plutôt mademoiselle Suzanne Lacore, en élégant costume périgourdin d'avant la guerre de 1870, bien entendu [...] tout le monde se prend la tête entre les mains pour essayer de comprendre par quel miracle cette ex-institutrice plus que médiocre, d'un tout petit village de la Dordogne, a été appelée au ministère. [...] Au vrai, Mlle Lacore est une brave vieille fille, sincère je le crois, mais à qui la fréquentation marxiste a tourneboulé la cervelle; c'est une illuminée, une hallucinée sans originalité comme sans valeur.

Noël, nom de plume du sénateur Léon Sireyjol
Le Nontronnais, 13 septembre-4 octobre 1936

Pour flatter le féminisme, Léon Blum avait pris dans son cabinet des femmes : une grosse Juive autoritaire, madame Brunschvicg, une petite institutrice maigre et chafouine.

Robert Brasillach
Notre avant-guerre, 1941
[L'auteur oublie volontairement Irène Joliot-Curie, prix Nobel de physique en 1935 et sous-secrétaire d'État à la Recherche scientifique.]

LAFAYETTE (Gilbert du Motier, marquis de)
(1757-1834) Dit « le Héros des Deux-Mondes », député aux états généraux, commandant de la Garde nationale.

Je vois bien que monsieur de Lafayette veut nous sauver, mais qui nous sauvera de monsieur de Lafayette ?

Marie-Antoinette, propos

LAGUILLER (Arlette)
(Née en 1940) Porte-parole de Lutte ouvrière, première femme candidate à l'élection présidentielle en 1974, également candidate en 1981, 1988, 1995 et 2002, députée européenne de 1999 à 2004 et conseillère régionale d'Ile-de-France de 1998 à 2004.

[Quand elle se déclara candidate à la présidentielle de 1974.]
Il faudrait la marier à un parachutiste.

Marcel Bigeard
propos rapporté par Alexandra Da Rocha
Salope ! Insultes et autres perfidies sur les femmes politiques, 2007
[Arlette Laguiller répliqua en le traitant de « pithécanthrope galonné ».]

C'est la fille cachée que Trotski a eue avec Nounours.

Gérard Miller
propos rapporté par Alexandra Da Rocha
Salope ! Insultes et autres perfidies sur les femmes politiques, 2007

[À propos de l'alliance entre la LCR d'Olivier Besancenot et Lutte ouvrière représentée par Arlette Laguiller.]
C'est l'union d'un postier et d'une timbrée.

Dominique Strauss-Kahn
phrase nominée au prix Press Club,
Humour et Politique 2004

LALONDE (Brice)
(Né en 1946) Leader de Génération Écologie, député européen.

[En voyage officiel, à l'aéroport de Dacca, le 22 février 1990.]
Tu es un irresponsable. Tu viens de foutre en l'air un an de travail avec la FNSEA. J'allais faire modifier la loi et maintenant, c'est en l'air. Tu es un petit con.

Henri Nallet
Le Canard enchaîné, 28 février 1990

Arrêtons de critiquer Lalonde. Après tout, il fait son boulot, car dire des conneries, c'est le fonds de commerce des Verts.

Alain Richard
Le Canard enchaîné, 2 mai 1990

LANG (Jack)
(Né en 1939) Député socialiste, ministre de la Culture de 1981 à 1986, ministre de l'Éducation nationale de 2000 à 2002.

[Le ministre de la Culture arborant un costume à col Mao.] Kadhafi ! Kadhafi ! La cravate ! La cravate ! Cette tenue est vraiment ridicule. *(Plusieurs députés RPR et UDF.)* On dirait Kadhafi ! Le carnaval est fini ! Habillez-vous comme tous les Français ! *(Gabriel Kaspereit.)* En costume marin ! *(Une voix à droite.)* C'est une tenue de Chinois ! Quelle tristesse ! *(Roger Corrèze.)*

Assemblée nationale,
17 avril 1985

La Cicciolina de la culture et de la communication…

Le Figaro, 19 juin 1991

Si l'éclipse du 11 août 1999 avait été de gauche, cela se saurait : Jack Lang aurait déjà claironné qu'il était à l'origine de ce spectacle populaire et gratuit.

André Santini
Libération.fr, 12 août 1999

Jack Lang devrait aussi lifter ses idées, au lieu de dire tout le temps « de mon temps, de mon temps ».

Xavier Darcos
Club de la presse d'Europe 1,
18 mai 2008

Je ne supporte pas les manipulateurs et les geignards… Le summum, c'est Jack Lang qui a instauré le harcèlement en stratégie de conquête. Dix, vingt, trente coups de fil, matin, midi et soir. On finit toujours par céder. Très efficace mais totalement insupportable. Il gagne toujours par K.-O.

Ségolène Royal
Femme debout,
entretiens avec Françoise Degois, 2009

LANIEL (Joseph)
(1889-1975) Député modéré du Calvados de 1932 à 1940 et de 1945 à 1958, plusieurs fois membre du gouvernement, président du Conseil de 1953 à 1954.

Il faut rendre justice à monsieur Joseph Laniel : en voilà un qui ne trompe pas son monde ! Ce président massif, on discerne du premier coup d'œil ce qu'il incarne : il y a du lingot dans cet homme-là. Sans doute ignore-t-il « le grand secret de ceux qui entrent dans les emplois » que nous livre le cardinal de Retz, et qui est « de saisir d'abord l'imagination des hommes ». On ne saurait moins parler à l'imagination que monsieur Joseph Laniel. Ce président-là nous ferait découvrir de la fantaisie chez monsieur Doumergue, et chez monsieur Lebrun, de la verve.

François Mauriac
Bloc-notes, 14 novembre 1953
[Douze ans plus tard, dans son *Bloc-notes*,
le 29 janvier 1966, il regrettera l'emploi
du mot « lingot ».]

Je ne pense pas que la France ait jamais connu une semblable agonie.

Édouard Herriot
Quand Laniel devint président du Conseil, 1953

Un homme considérable a dit que la France était à l'agonie. Je n'en crois rien. La France est en train d'expirer.

Charles de Gaulle
propos rapporté par François Mauriac,
Le Figaro littéraire, 20 janvier 1969

Quel bovin vous amène ?

Le Canard enchaîné
lors de sa nomination à la présidence
du Conseil (1953)

[Après la chute du cabinet Laniel et l'investiture de Pierre Mendès France.]
Plus de tête de Turc… Plus de tête de bœuf !

François Mauriac
Bloc-notes, 20 juin 1954

On voudrait bien, ne serait-ce que par souci de ne pas être banal, comparer Joseph Laniel à autre chose qu'un bœuf. Mais cela est d'autant plus impossible qu'il semble cultiver comme à plaisir la ressemblance.
Ce n'est pas assez qu'il soit massif, pesant, de membres brefs et lourds, que sa tête engoncée dans ses épaules soit presque aussi large que son poitrail, que ses gros yeux aux bords rouges aient l'air d'attendre les mouches, et que, de son museau qui mastique à l'horizontale (c'est la seule façon qu'a Laniel de ruminer), on s'étonne de ne pas voir découler un scintillant filet de bave. Il a encore fallu que Joseph Laniel se fît coiffer en brosse, de façon que son mufle apparût à plein,

carré. De sorte qu'on rêve de l'apercevoir à l'abandon dans une pâture, et se nourrissant, par grosses bouchées, de sa litière.

André Figueras
Zoologie du Palais-Bourbon, 1956

LAPORTE (Bernard)
(Né en 1964) Secrétaire d'État chargé des Sports auprès de la ministre de la Santé, de la Jeunesse et des Sports dans le second gouvernement Fillon (2007-2009).

Johnny Hallyday qui annonce son intention de rester français et Bernard Laporte qui entre au gouvernement, c'est une période faste pour l'intelligence française.

François Goulard
phrase nominée au prix Press Club,
Humour et Politique 2007

Laporte a tout du clown : la bille ronde, le crâne chauve et l'air perpétuellement réjoui. Il porte des lunettes assorties à la forme de son crâne qui lui donnent l'air moins intelligent. Une prouesse pour une paire de lunettes. Bernard c'est l'art de la gaffe, le bon mot quand il faut pas. Une de ses meilleures blagues, il la fit à l'enterrement d'Aimé Césaire. À propos d'un proche du poète âgé de cent un ans, il déclara : « Celui-là, il ne jouera pas le prochain tournoi des six nations ! » Il est comme ça Bernard, nature !

Stéphane Guillon
France Inter, 28 octobre 2008

LAVAL (Pierre)
(1883-1945) Député socialiste puis modéré, président du Conseil de 1931 à 1932 et de 1935 à 1936, ministre d'État et vice-président du Conseil en 1940, inspirateur de la politique de collaboration, fusillé à la Libération.

Briand s'en va. Laval lui succède. Bien. Briand nous dégoûtait par son abjection, mais sa faiblesse d'esprit nous épouvantait. Laval vaudrait mieux ? [...] Ce n'est pas sûr. L'état primaire ou secondaire auquel se ramènent les principes de Pierre Laval donne à penser que le malheureux ou le misérable n'est pas beaucoup plus avancé que son prédécesseur dans la voie des connaissances nécessaires.

Charles Maurras
L'Action française, 17 janvier 1932

Si le diable avait une âme, il l'appellerait Laval.

George Orwell
BBC, 18 avril 1942

Napoléon disait de Talleyrand, son ministre des Affaires étrangères : « C'est de la merde dans un bas de soie. » Nous n'avons plus de bas de soie.

Manchette de *Je suis partout*, 28 juillet 1944

Bicot, avec sa mèche d'ébène, il lui manquait que le fez crasseux.

Louis-Ferdinand Céline
D'un château l'autre, 1957

LE PEN (Jean-Marie)
(Né en 1928) Député d'extrême droite de la Seine de 1956 à 1960, fondateur du Front national, député de 1986 à 1988, député européen, candidat aux élections présidentielles de 1974, 1988, 1995, 2002 et 2007.

Jean-Marie Le Pen est l'intellectuel du groupe poujadiste, le penseur des épiciers. Il est l'inventeur de la formule qui eut du succès : « Sortez les sortants ! » Nul doute, en ce cas, que les 2 500 000 électeurs, qui s'étaient imaginé – un peu naïvement – que Poujade changerait quelque chose à quelque chose, doivent avoir envie à présent de fredonner : *C'était pas Le Pen, c'était pas Le Pen / C'était pas Le Pen assurément / De changer de représentants.* Car l'entrée au Palais-Bourbon des fils de madame Angot n'a pas été marquée par une amélioration sensible du niveau de la maison. Tout au plus pourrait-on dire que les harengers s'y sont trouvés tout de suite chez eux.

André Figueras
Zoologie du Palais-Bourbon, 1956

Élève Le Pen, zéro !

Une voix à gauche
Assemblée nationale, 3 février 1956

Entre un fasciste et vous, il n'y a pas de différence. Voilà la vérité !

Jean Pronteau, député communiste de la Charente
Assemblée nationale, 3 février 1956

Êtes-vous commerçant ou camelot ?

Charles Hernu
Assemblée nationale, 3 février 1956

[À propos de la Révolution.]
Les « aristos » comme vous, on les raccourcissait en ce temps-là !

Jean Pronteau
Assemblée nationale, 3 février 1956

Vous êtes les hommes du 6 février.

Raymond Gernez, député socialiste du Nord
Assemblée nationale, 7 février 1956

Vous êtes des assassins de patriotes dans votre parti. […] Ce sont les agents de Doriot qui siègent à l'extrême droite !

Fernand Grenier, député communiste de la Seine
Assemblée nationale, 7 février 1956

Guignol !

Rémy Boutavant, député communiste
de Saône-et-Loire
Assemblée nationale, 7 février 1956

Étudiant en retraite !

Robert Coutant, député socialiste du Nord
Assemblée nationale, 12 novembre 1957

Allez jouer au cerceau.

Une voix au centre
Assemblée nationale, 12 novembre 1957

[À propos de Lagaillarde à Alger.]
Monsieur Lagaillarde est un assassin ! Il a du sang sur les mains. *(Vives interruptions à droite. – Bruit.)* Vous vous faites le complice d'un assassin. *(Protestations à droite.)*

René Ribière, député gaulliste de Seine-et-Oise
Assemblée nationale, 1er juin 1960

Laissez l'Alsace de côté et la Bretagne aussi. *(Applaudissements au centre et à gauche. – Bruit.)* Ou l'Alsace vous dira le mot de Cambronne.

Edmond Borocco, député gaulliste du Haut-Rhin
Assemblée nationale, 20 mars 1962

On est en République ici et non pas dans le pays d'Hitler !

Raymond Schmittlein
député gaulliste du Territoire-de-Belfort
Assemblée nationale, 20 mars 1962

Monsieur Le Pen n'est pas le chef d'une fraction de Français apeurés qui comptent sur lui pour ne plus payer d'impôt. Il est leur émanation, quelque chose comme leur mauvaise odeur, exaltée par les temps difficiles où nous sommes. Quand elle parfume l'écran, ils jubilent. Quand on se bouche le nez, ils ricanent.

Non mais ! Ils sont chez eux ! Ils ne vont tout de même pas se gêner ! Ah ! malheur à ceux qui remuent le fond d'une nation…

Françoise Giroud
Le Nouvel Observateur, 26 octobre 1985

JEAN-MARIE LE PEN. – Quand, au contraire, la sanction est proportionnée au crime, quand l'efficacité de la police et de la justice réduit presque à néant la différence qu'il y a entre le chiffre des crimes commis et celui des criminels arrêtés et condamnés, à ce moment-là, vous avez une vraie dissuasion. Quand le fossé s'élargit entre le nombre de crimes commis et le nombre de criminels purgeant efficacement et d'une manière incompressible leur peine, il y a alors pléthore de criminels et d'assassins.
GUY DUCOLONÉ. – Et de trafiquants d'armes !
JEAN-MARIE LE PEN. – Or, pour que l'échelle des peines soit efficace, il faut qu'elle soit aussi large que l'échelle des délits.
GUY DUCOLONÉ. – La détention d'un revolver par exemple !
JEAN-MARIE LE PEN. – Ça m'a servi de leçon, monsieur Ducoloné. Ça m'a appris qu'aux États-Unis en tout cas, la police de l'immigration était bien faite !
GUY DUCOLONÉ. – Mal faite !
JEAN-MARIE LE PEN. – Dois-je vous dire que je préfère avoir été interpellé à New York plutôt qu'à Moscou ou à Budapest ? *(Applaudissements sur les bancs du groupe Front national [RN] et sur quelques bancs des groupes du RPR et de l'UDF.)*
GUY DUCOLONÉ. – Vous aviez un revolver !

JEAN-MARIE LE PEN. – J'ai un revolver pour me défendre contre les terroristes qui sont vos amis !
GUY DUCOLONÉ. – Il n'y a que les tueurs qui ont des revolvers !
MONSIEUR LE PRÉSIDENT. – Monsieur Ducoloné, laissez parler l'orateur !
JEAN-MARIE LE PEN. – Vous en savez quelque chose, monsieur Ducoloné, vous qui appartenez à un parti qui fait régner la terreur sur les trois quarts du monde ! *(Applaudissements sur les bancs du groupe Front national [RN]. – Protestations sur les bancs des communistes.)*
GUY DUCOLONÉ. – Et ceux qui torturent ? On les connaît !
MONSIEUR LE PRÉSIDENT. – Monsieur Ducoloné, il fait déjà assez chaud ! Laissez parler Jean-Marie Le Pen : vous aurez l'occasion de vous exprimer tout à l'heure !
GILBERT BONNEMAISON. – Ce n'est pas Monsieur Ducoloné qui était armé tout de même !

Assemblée nationale, 1er juillet 1986

Vous êtes plus inquiétant que le terrorisme !

François Loncle, député socialiste de l'Eure
Assemblée nationale, 9 juillet 1986

Le Pen-Charles Martel !

Jean-Marie Bockel, député socialiste du Haut-Rhin
Assemblée nationale, 16 juillet 1986

Il est bronzé.

Charles Ehrmann, député UDF des Alpes-Maritimes
Assemblée nationale, 19 novembre 1986

Démagogue !

Bruno Bourg-Broc, député gaulliste de la Marne
Assemblée nationale, 19 novembre 1986

Fayot !

François Loncle
Assemblée nationale, 19 novembre 1986

JEAN-MARIE LE PEN. – Je tiens à dire que je suis partisan du syndicalisme…
JEAN-PIERRE MICHEL. – Celui de Vichy !

Assemblée nationale, 7 avril 1987

[À propos de « l'Anschluss réalisé par la gauche sur les moyens de communication d'État ».]
Cela vous va bien de parler d'*Anschluss !*

François Loncle
Assemblée nationale, 22 avril 1987

Bateleur vulgaire, vieux cheval de retour de la politique, que tout son passé devrait discréditer.

André Chambraud
L'Événement du jeudi, 10 mai 1990

[Lors d'un meeting pour les élections européennes.] Le Pen c'est quelqu'un qui est la honte de la France. […]
Nous pouvons laver la France et notre République de la honte qu'il représente, il suffit de mobiliser massivement les électeurs pour l'expurger du Parlement européen.

Vincent Peillon
28 mars 2009

LE PEN (Marine)
(Née en 1968) Députée européenne.

Une gourgandine sans foi ni loi, sans doctrine, sans idéal.

Jérôme Bourdon
directeur du journal *Rivarol*
propos rapporté par *Libération*, 19 novembre 2010

Une semi-démente, qui propose des solutions auxquelles personne ne peut croire…

Jean-Luc Mélenchon
18 janvier 2012

C'est une réactionnaire confite et une bigote mal éveillée.

Jean-Luc Mélenchon
Libération, 23 février 2012

LEBRET (Georges)
(1853-1927) Député républicain progressiste du Calvados de 1893 à 1902, garde des Sceaux de 1898 à 1899, en pleine affaire Dreyfus.

Avec monsieur Lebret, garde des Sceaux de rencontre, qui veut une place à part dans la mascarade des paillasses de gouvernement, le spectacle devient plus répugnant encore. Celui-là pousse le grotesque jusqu'à expliquer qu'il tient la sentence du conseil de guerre [contre Dreyfus] pour bonne, comme citoyen, tandis que comme ministre, il protège la révision [du procès]. Une si plate bêtise paraît avoir déconcerté la Chambre elle-même, qui pourtant s'y connaît.

Georges Clemenceau
L'Aurore, 14 janvier 1899

LEBRUN (Albert)
(1871-1950) Dit « le Sot pleureur », député républicain de gauche de Meurthe-et-Moselle de 1900 à 1920, sénateur de 1920 à 1932, plusieurs fois ministre, élu président de la République de 1932 et réélu en 1939, de sorte qu'il osa demander à de Gaulle de lui restituer la présidence de la République après la Libération…

C'est en pochard de Marianne que ce calme Lorrain se présente au pays.

Charles Maurras
L'Action française, 8 juin 1932

Au fond, comme chef de l'État, deux choses lui avaient manqué : qu'il fût un chef, qu'il y eût un État.

Charles de Gaulle,
Mémoires de guerre, 1954-1959

LEBRUN (Charles-François, duc de Plaisance)
(1739-1824) Député du bailliage de Dourdan aux états généraux et à la Constituante, député de la Seine-et-Oise à la Convention, membre du Conseil des Anciens, troisième Consul de la République, pair de France.

Hic, hæc, hoc.

Talleyrand
[Décrivant les trois consuls dans l'ordre,
à travers les trois formes latines du démonstratif :
celui-ci (Bonaparte), *celle-là* (Cambacérès,
notoirement homosexuel) et *ça* (Lebrun).]

LECANUET (Jean)
(1920-1993) Dit « Dents blanches », député démocrate-chrétien de la Seine-Inférieure (actuelle Seine-Maritime) de 1951 à 1955, secrétaire d'État de 1955 à 1956, candidat à l'élection présidentielle de 1965 qui mit de Gaulle en ballottage.

Lecanuet, c'est l'enfant de chœur qui a bu le vin des burettes et qui s'en est enivré.

Charles de Gaulle
propos du 24 novembre 1965, rapporté par

Alain Peyrefitte dans *C'était de Gaulle*, tome II, 1997
[Une phrase analogue, dans les entretiens avec
Michel Droit qui ont précédé le second tour
de l'élection présidentielle,
a été coupée pour ne pas froisser
l'électorat démocrate-chrétien.]

Son sourire et ses dents relèvent pour moi du cauchemar.

François Mauriac
Bloc-notes, 1er avril 1966

Ce politicien avantageux nous paraît moins jeune qu'il n'imagine. Un spectre n'est jamais jeune : quoi qu'il fasse, il sera toujours un revenant, c'est-à-dire chargé d'un amas d'années – et de quelles années !

François Mauriac
Bloc-notes, 21 septembre 1966

Lecanuet, c'est une tombe que l'on va fleurir à la Toussaint.

Hector Rolland
Souvenirs dérangeants d'un godillot indiscipliné,
1990

LÉOTARD (François)
(Né en 1942) Maire de Fréjus de 1977 à 1997, député UDF du Var de 1978 à 1986, de 1988 à 1992, en 1993 et de 1995 à 2001, ministre de la Culture de 1986 à 1988, ministre d'État, ministre de la Défense de 1993 à 1995.

Léotard est un boy-scout, un moinillon agité et irréfléchi.

Hector Rolland
Souvenirs dérangeants d'un godillot indiscipliné,
1990

LEYGUES (Georges)
(1857-1933) Député républicain du Lot-et-Garonne de 1885 à 1933, plusieurs fois ministre, président du Conseil de 1920 à 1921.

De toutes les hétaïres à la mode dont le Tout-Paris des gogos et des badauds s'occupe le plus volontiers, cette catin désuète tient la première place.

Flax, nom de plume de Victor Méric
Les Hommes du jour, 19 juin 1909

LIENEMANN (Marie-Noëlle)
(Née en 1951) Membre du Parti socialiste, elle fut députée européenne, ministre déléguée au Logement et au Cadre de vie, secrétaire d'État au Logement, députée de la septième circonscription de l'Essonne, conseillère régionale de la région Nord-Pas-de-Calais, conseillère générale du canton de Massy, maire d'Athis-Mons, maire-adjointe d'Hénin-Beaumont et de Massy.

Après la bombe atomique, il restera les cafards et… Marie-Noëlle Lienemann !

Jean-Luc Mélenchon
Public Sénat, 1er février 2011

LLANTE (Jean)
(1914-1985) Député communiste de l'Aude de 1947 à 1951, député de la Haute-Garonne de 1956 à 1958, membre du Comité central du PCF.

Silence, Béria !

Jean-Marie Le Pen
Assemblée nationale, 15 février 1956

LONGUET (Gérard)
(Né en 1946) Député UDF de la Meuse de 1978 à 1981, en 1986 et de 1988 à 1993, sénateur de 2001 à 2011, plusieurs fois membre du gouvernement, ministre de la Défense et des Anciens Combattants depuis 2011.

À force de fréquenter les tribunaux pour des affaires de toutes sortes, il devrait changer de métier ; il a toujours eu une tête de greffier.

Bruno Roger-Petit
François Mitterrand 2008 il revient, 2008

LOUBET (Émile)
(1838-1929) Dit « Loubet-la-Honte », « Panama Ier », « le Nougateux », député républicain de la Drôme de 1876 à 1885, sénateur de 1885 à 1899, plusieurs fois ministre, président du Conseil en 1892, président de la République de 1899 à 1906.

Élu des juifs !

Le baron de Cristiani
qui défonça son chapeau à coups de canne
au grand steeple-chase d'Auteuil, 4 juin 1899

LOUCHEUR (Louis)
(1872-1931) Dit « Tout-en-or », député du Nord de 1919 à 1931, plusieurs fois ministre.

Imaginez un O majuscule, presque privé de nez, et qui ressemblerait à un dogue.

Léon Daudet
La Chambre nationale du 16-Novembre, 1923

LOUIS XVI
(1754-1793) Roi de France de 1774 à 1791, roi des Français de 1791 à 1792.

[Voyant le roi coiffer le bonnet rouge.]
Che coglione [quel con !] ; comment a-t-il pu laisser entrer cette canaille ? Il fallait en balayer quatre ou cinq cents avec du canon, et le reste courrait encore.

Napoléon Bonaparte
20 juin 1792
propos rapporté dans les
Mémoires de Bourrienne, 1829

Ô roi ! qui, sans doute, avez cru avec le tyran Lysandre, que la vérité ne valait pas mieux que le mensonge, et qu'il fallait amuser les hommes par des serments, ainsi qu'on amuse les enfants avec des osselets, qui n'avez feint d'aimer les lois que pour parvenir à la puissance qui vous servirait à les braver. [...] Vous n'êtes plus rien pour cette Constitution que vous avez si indignement violée, pour ce peuple que vous avez si lâchement trahi.

Pierre-Victurnien Vergniaud
Assemblée législative, 3 juillet 1792

La Révolution commence quand le tyran finit.

Saint-Just
Convention, 27 décembre 1792

Une tête abattue ne nous sera pas d'une grande utilité pour le peuple ; car la tête d'un roi, coupée, est souvent de la nature de l'hydre ; car à la place de cette tête il en renaît souvent d'autres plus altières et plus cruelles que celle abattue, et de ce tronc il pourrait s'élever des branches qui pourraient encore couvrir, ombrager notre liberté, et l'étouffer dans son berceau ; non que je craigne que cela arrive, mais aussi ce qui ne serait pas impossible. Nos ennemis attendent avec impatience la mort du tyran, tenant bien moins à lui qu'à son trône renversé ; attendons-nous, soit qu'il meure, soit qu'il vive, à une explosion terrible : mais le plus sage parti que la Convention puisse prendre, c'est de faire bâtir une prison au milieu de Paris, ou dans une place quelconque où étaient ces effroyables colosses élevés en l'honneur de la royauté, pour tenir en captivité, dans le sein même de la liberté, celui qui fut, avec sa famille, libre au milieu de notre esclavage, et qu'après l'avoir privé de la lumière naturelle, il soit chargé de fers et jeté dans cette prison forte et obscure, en réparation des maux faits à la nation entière, et qu'il expie, par une mort continuelle, la peine due à ses forfaits.
Je demanderai que sur le portique de cette prison il fût écrit et gravé, sur la pierre ou sur le marbre, cette inscription, pour servir à la postérité : *En France le trône fut brisé et renversé... ici expire* [sic] *les restes de la royauté...* et qu'après sa mort on changeât

la voyelle *e* au mot expire, pour y substituer un *a* *expira.*

Opinion du citoyen Roy [*sic*]
Convention nationale, janvier 1793

[En guise d'oraison funèbre après la décollation.] Capet est enfin mort, foutre. Je ne dirai pas comme certains badauds, « n'en parlons plus ». Parlons-en au contraire, pour nous rappeler tous ses crimes et inspirer à tous les hommes l'horreur qu'ils doivent avoir pour les rois.

Jacques-René Hébert
Le Père Duchesne, 21 janvier 1793

LOUIS XVIII
(1755-1824) Roi de France de 1815 à 1824.

C'est le plus fieffé menteur que la terre ait jamais porté.

Talleyrand, propos

C'est un grand malheur pour une nation qu'un bon homme, dans une place qui exige un grand homme.

Talleyrand, propos

Je n'aime pas ce faible roi dont le premier travail, en montant sur le trône, fut avec son maître serrurier, sa première ordonnance, une ordonnance sur la chasse aux lapins.

Rivarol, propos

LOUIS-PHILIPPE Ier
(1773-1850) Roi des Français de 1830 à 1848.

Depuis quelques années déjà, on surveillait la conduite d'un voleur émérite, du nom de Louis-Philippe, qui, depuis nombre d'années, n'a reculé devant aucun méfait ; cet homme qui déjà sous la Restauration, rôdait habituellement autour des Tuileries, vient enfin d'être surpris en flagrant délit de vol. […] Cette fois c'est un parapluie que cet adroit filou a dérobé.

Le Charivari, décembre 1832

M

MAC-MAHON (Edme Patrice, comte de, duc de Magenta)

(1808-1883) Maréchal, président de la République de 1873 à 1879.

Tant de fois vaincu
Es-tu donc avide de gloire
Au point de jouer dans l'histoire
Le rôle que Monk eut ?

Victor Hugo

MADELIN (Alain)

(Né en 1946) Député d'Ille-et-Vilaine de 1978 à 1986, de 1988 à 1993 et de 1995 à 1999, député européen, plusieurs fois ministre, candidat à l'élection présidentielle de 2002.

Alain Madelin, ancien militant du groupe fasciste Occident, reconverti dans la droite molle pour raison de santé, est un fin moraliste. Il s'insurge : « Notre démocratie est malade de l'argent, de la corruption, de la non-sanction de la corruption… » Il a trouvé la solution : « Recul du pouvoir de l'État sur l'économie, mettre fin à des réglementations arbitraires ou à des contrôles inutiles... » [...] Si on supprime les lois qui interdisent les saloperies, les saloperies deviennent légales. Malin le Madelin. Si ce n'était déjà fait, il aurait inventé le libéralisme.

La Grosse Bertha, 18 avril 1991

Il a tout lu, tout retenu, mais hélas à l'envers. C'est une vraie migraine à lui tout seul.

Nicolas Sarkozy sous le pseudonyme de Mazarin
« Lettre apocryphe à François Mitterrand »
Les Échos, 25 juillet 1995

MALRAUX (André)
(1901-1976) Écrivain, ministre de l'Information de 1945 à 1946, ministre des Affaires culturelles de 1959 à 1969.

Il ne comprend rien aux événements, il confond l'opportunisme et la fatalité historique. De plus en plus il se ronge les ongles, s'endort au Conseil des ministres, terrifie les femmes enceintes par les tics qui ravagent son visage comme un séisme, glapit des oraisons funèbres d'une voix mélodramatique qui fait pouffer le militant de base.

Édouard Marotte
Les Casse-pieds, mars 1968

[Critiquant l'indécision du gouvernement devant la révolte des jeunes.]

Il n'est pas jusqu'à monsieur Malraux, qui cherche en tâtonnant sa route de la Cinémathèque au festival de Cannes en passant par le théâtre de l'Odéon.

François Mitterrand
Assemblée nationale,
22 mai 1968

Quand j'entends le mot « culture », je sors mes CRS.

Graffiti à Nanterre, Mai 68

Je me demande si Malraux n'appartient pas à cette lignée d'écrivains dont le génie s'exprime tout entier dans la conversation et se dissipe dans l'écriture.

François Mitterrand
La Paille et le Grain, 1975

MALVY (Louis)
(1875-1949) Maire de Souillac, député radical du Lot de 1906 à 1919 et de 1924 à 1940, plusieurs fois membre du gouvernement.

LOUIS MALVY. – Vous m'avez reproché de ne pas vous apporter assez de têtes : je vous apporte des résultats, et c'est sur ces résultats que je demande à la Haute Assemblée de me juger.
GEORGES CLEMENCEAU. – Je vous reproche d'avoir trahi l'intérêt de la France.

Georges Clemenceau
Sénat, 22 juillet 1917

MAMÈRE (Noël)
(Né en 1948) Maire de Bègles, député écologiste de la Gironde depuis 1997.

Noël Mamère ne comprend jamais rien ! Il a un ego tellement enflé qu'il croit le 49-3 juste pour lui.

Jean-Marc Ayrault
Le Canard enchaîné, 3 décembre 1997

[À propos du mariage homosexuel de Bègles.]
Cela pourrait faire un film dont le titre serait *Mamère Noël est une ordure.*

Michel Charasse
prix spécial du jury du prix Press club,
Humour et Politique 2004

MANDEL (Louis Rothschild dit Georges)
(1885-1944) Collaborateur de Clemenceau puis député de la Gironde de 1919 à 1924 et de 1928 à 1940, ministre des Postes de 1934 à 1936, ministre des Colonies de 1938 à 1940, assassiné par la Milice.

Mandel vient sans que je l'invite – moyennant quoi j'oublie de le retenir à déjeuner. Mais ne dites pas de mal de ce phénomène. Mandel n'a pas d'idées mais il les défendrait jusqu'à la mort.

Georges Clemenceau
propos rapporté par Jean Martet,
M. Clemenceau peint par lui-même, 1929

MARAT (Jean-Paul)
(1743-1793) Journaliste et conventionnel.

Le Caligula des carrefours…

François-René de Chateaubriand, propos

[Après son assassinat par Charlotte Corday.]
Je plains Marat. Il n'a pas eu de chance… pour une fois qu'il prenait un bain !…

Rivarol, propos

MARCHAIS (Georges)
(1920-1997) Secrétaire général du PCF de 1972 à 1994, député communiste du Val-de-Marne de 1973 à 1997, député européen, candidat à l'élection présidentielle de 1981.

Georges Marchais, cet homme que vous hésiteriez à prendre en auto-stop…

Alain Peyrefitte
Dijon, 5 décembre 1972

Il me fait tordre de rire. Si on voulait lui trouver un rôle dans un spectacle, ce serait extraordinaire.

Michèle Morgan
Marie Claire, juillet 1986

Monsieur Marchais me fait penser à du pop-corn boursouflé, mais finalement léger et pas très nourrissant.

Pierre Joxe
France Inter, 22 janvier 1980

Georges Marchais pratique l'union de la gauche comme l'Union soviétique pratique la détente : à coups de canon.

François Mitterrand
Valeurs actuelles, 25 février 1980

Je méprise profondément Georges Marchais. On ne se dit pas bonjour lorsque l'on se croise et je crois que je ne pourrais pas lui serrer la main.

Jeannette Thorez-Vermeersch
France-Soir, août 1990
[Julie Marie Vermeersch a été la compagne (1932-1947) puis l'épouse (1947-1964) de Maurice Thorez, secrétaire général du Parti communiste français.]

MARCILHACY (Pierre)
(1910-1987) Sénateur indépendant de la Charente de 1948 à 1980, candidat à l'élection présidentielle de 1965.

Marcilhacy, c'est le notable, sûr de lui parce qu'il est notable et qu'il regarde de haut les Français, comme si les pouvoirs de la République lui étaient dus par voie d'hérédité.

Charles de Gaulle
propos du 24 novembre 1965
rapporté par Alain Peyrefitte,
C'était de Gaulle, tome II, 1997

MARTINAUD-DEPLAT (Léon)
(1899-1969) Député de la Seine de 1932 à 1936, député des Bouches-du-Rhône de 1951 à 1955, garde des Sceaux, ministre de la Justice de 1952 à 1953, ministre de l'Intérieur de 1953 à 1954.

[À propos de la demande de levée de l'immunité parlementaire de Jacques Duclos.]
Martinaud-Deplat. Ministre de la « Justice » qu'il dit ! Pétain a failli en faire un ministre de Vichy. Quant à lui, a fait d'un traître, Périer de Férol, baron de Schwarz, secrétaire général de la Préfecture de la Seine sous Pétain, son chef de cabinet. Se signale par une défense acharnée en tant qu'avocat de tout ce qui est collabo.

L'Humanité, 22 octobre 1952

MARTINON (David)
(Né en 1971) Conseiller de Nicolas Sarkozy et candidat UMP à Neuilly-sur-Seine.

Quel petit con, ce Martinon !

François Fillon
Le Canard enchaîné, 4 juillet 2007

MAUPAS (Charlemagne Émile de)
(1818-1888) Préfet de police au moment du coup d'État du 2 décembre 1851.

Le 2 décembre, ce héros qui faisait arrêter les honnêtes gens par ses argousins, tremblait comme un écureuil pour l'intéressante peau qui recouvre son cœur magnanime.

Henri Rochefort
La Lanterne, 5 février 1869

Louis Bonaparte avait la prétention, justifiée, de se connaître en hommes. Il s'en piquait, et, à un certain point de vue, il avait raison. [...] Il ne s'était, certes, point trompé sur Maupas. Pour crocheter la loi, il avait besoin d'une fausse clef. Il prit Maupas. Aucun engin d'effraction ne se serait mieux comporté que Maupas dans la serrure de la Constitution.

Victor Hugo
Histoire d'un crime, 1883

MAUROY (Pierre)
(Né en 1928) Dit « Gros Quinquin », maire de Lille de 1973 à 2001, député socialiste du Nord de 1973 à 1981 et de 1986 à 1992, Premier ministre de 1981 à 1984, sénateur de 1992 à 2011.

[Pendant la déclaration de politique générale du Premier ministre.]
Quelle démagogie !

Jacques Toubon
Assemblée nationale, 9 juillet 1981

Voilà Mauroy, Zeppelin débonnaire, sorti de son hangar de Lille.

François Léotard
Pendant la crise le spectacle continue, 1989

Dans un de ses discours ampoulés, Mauroy s'était fendu d'une de ces envolées lyriques pour brasserie flamande dont il a le secret…

Hector Rolland
Souvenirs dérangeants d'un godillot indiscipliné, 1990

Il a presque tout pratiqué, en matière d'incongruité politique, de perversion économique. Il était sûr de lui, le gros homme affublé d'un pittoresque surnom : le « rougeaud-de-Lille »; il ne pouvait pas douter puisque le socialisme l'habitait.

Pierre Pélissier
Tous nuls, 1990

Que dit Mauroy ?
Un tissu d'âneries, sur un ton pontifiant. Une logorrhée prétentieuse, ahurissante, sur le mode : « L'économie ne compte pas, nous autres socialistes ne devons penser qu'au social, il ne faut pas s'attacher aux chiffres, on trouvera toujours des techniciens pour les adapter… » C'est grotesque. La grande gloire de Mauroy, il surfe dessus depuis cinq ans, c'est d'avoir dit une fois à Lionel Jospin, pendant la campagne de 2002 : « Il y a un problème. Tu ne cites pas le mot ouvrier. » À partir de cette phrase, la légende a fait de Mauroy le prophète de la défaite, un sage du vrai socialisme. Et il se sert de cette aura pour nous asséner une leçon de pure irresponsabilité.

Éric Besson
Qui connaît Madame Royal ?, 2007

MBIDA (André)
(1917-1980) Député du Cameroun de 1956 à 1958.

À mon compatriote, mon très peu digne collègue Mbida, valet du gouvernement, je dirai tout simplement : Mbida, le roi Mbida, a des oreilles d'âne…

Alexandre Douala Manga Bell
député du Cameroun
Assemblée nationale, 4 avril 1957

MÉLENCHON (Jean-Luc)
(Né en 1951) Sénateur de l'Essonne de 1986 à 2000 et de 2004 à 2010, ministre délégué chargé de l'Enseignement professionnel de 2000 à 2002, député européen depuis 2010, co-président du Parti de gauche, candidat à l'élection présidentielle de 2012.

Mélenchon, ce qui est terrible, c'est qu'il a été socialiste toute sa vie et que toute sa vie ça va le suivre.

François Hollande
phrase nominée au prix Press Club,
Humour et Politique 2011

Vous êtes un peu la Yvette Horner de la politique, tous les combats que vous menez ont trente ans de retard.

Marine Le Pen
débat sur BFM TV, 13 février 2011

MENDÈS FRANCE (Pierre)
(1907-1982) Député radical de l'Eure de 1932 à 1940 puis de 1946 à 1958, député de l'Isère de 1967 à 1968,

sous-secrétaire d'État en 1938, président du Conseil en 1953 et de 1954 à 1955, ministre d'État en 1956.

[À l'occasion des élections législatives, 7 mai 1932.] J'ai toujours voté pour les candidats de gauche. Jusqu'ici, c'était facile. Ils s'appelaient Boudeha, Delamare, Ernest Thorel. Dimanche dernier, j'ai voté blanc. La raison est simple. L'Éliacin du Parti radical est juif.

Lettre d'un commerçant de Louviers
au journal *L'Industriel*
propos rapporté par Éric Roussel
Pierre Mendès France, 2007

[Sur l'affiche consacrée à Pierre Mendès France.] Français ? Non !! Juif !

Exposition « Le Juif et la France »
palais Berlitz à Paris, 5 septembre 1941

[À propos de la Communauté européenne de défense.] Mais, vous, monsieur le président du Conseil, je vous plains surtout. Vous êtes parti pour Bruxelles portant dans vos bras les enfants des autres, les enfants de plusieurs lits. *(Sourires.)*

Édouard Herriot
Assemblée nationale, 31 août 1954

Monsieur le président du Conseil… En vérité, je vous le confesse, je ne sais pas où vous allez. Et je ne puis croire qu'une politique de mouvement ne puisse trouver de terme moyen entre l'immobilisme et l'aventure.

René Mayer
Assemblée nationale, 3 février 1955

Si vous aviez une goutte de sang gaulois dans les veines, vous n'auriez jamais osé, vous représentant de notre France, producteur mondial de vins de champagne, vous faire servir un verre de lait dans une réception internationale ! C'est une gifle, monsieur Mendès, que tout Français a reçue ce jour-là, même s'il n'est pas un ivrogne.

Pierre Poujade
J'ai choisi le combat, 1955

Son visage est celui d'un hibou épuisé ; son sourire a l'air d'avoir servi depuis dix mille ans, tant il est flétri, pâle, mince ; ses yeux sont ternes, flous et usés ; sa voix elle-même tombe en ruine. Quant à son corps, il est rabougri et frileux. Ses mains ont l'air de vieilles serres mises à la réforme. Bref, c'est l'oiseau de nuit vétuste et morose, au vol bas, lourd, hostile.

André Figueras
Zoologie du Palais-Bourbon, 1956

Mendès, c'est un marchand de tapis qui n'a même pas de tapis.

Charles de Gaulle
propos rapporté par André Figueras,
Zoologie du Palais-Bourbon, 1956

Vous savez bien, monsieur Mendès France, quel est votre réel pouvoir sur le pays. Vous n'ignorez pas que vous cristallisez sur votre personne un certain nombre de répulsions patriotiques et presque physiques.

Jean-Marie Le Pen
Assemblée nationale, février 1958

Les voyous aux blousons noirs sont, en quelque sorte, des disciples de monsieur Mendès France : ils pratiquent, eux aussi, le système de l'abandon des principes et du reniement des règles. Comme ils ne peuvent pas aller à Genève ou à Tunis pour gaspiller des territoires, ils se contentent de saccager des automobiles et de molester des passants. Mais, au fond, tout cela procède du même esprit négateur et anarchiste.

André Figueras
La Liberté du Morbihan, 15 août 1958

Mendès ! Il suffit de donner le nom sans qu'il soit besoin de donner l'adresse.

Jean-Louis Tixier-Vignancour
propos tenu pendant la campagne électorale de 1965

Mendès ! Il accepte d'être béatifié de son vivant. On lui prête des miracles, s'il revenait au pouvoir ! Mais il cède à la démagogie comme les autres.

Charles de Gaulle
propos du 5 décembre 1966 rapporté par
Alain Peyrefitte, *C'était de Gaulle*, tome III, 2000

Je l'ai connu aviateur. D'ailleurs, très courageux. Mais, tout à fait entre nous, sa spécialité, c'est le rase-mottes…

Charles de Gaulle, propos

MILLERAND (Alexandre)
(1859-1943) Député de la Seine de 1885 à 1920, sénateur de la Seine de 1925 à 1927, sénateur de l'Orne de 1927 à 1940, plusieurs fois ministre, président du Conseil en 1920, président de la République de 1920 à 1924. D'abord socialiste, il évolua de plus en plus vers la droite.

Quoique Millerand n'ait pas dans l'histoire de la France une importance très considérable, je n'ai jamais rien vu de plus ahurissant que Millerand ministre de la Guerre. On lui disait : « Mais sapristi ! Faites donc des canons ! » Il répondait : « Oh ! croyez-vous que ce soit bien nécessaire ? »

Georges Clemenceau
propos du 15 mai 1928 rapporté par
Jean Martet, *Le Silence de M. Clemenceau*, 1929

Millerand ? Bravo ! C'est un cœur d'acier ! N'oubliez jamais son histoire. Il est président de la Chose publique. Il ouvre son journal, lit dedans qu'il faut partir : il part !

Georges Clemenceau
propos rapporté par René Benjamin,
Clemenceau dans la retraite, 1930

Où achète-t-il ces sourcils-là ?

Léon Daudet
Député de Paris, 1933

Le sanglier de carton…

Léon Daudet
Député de Paris, 1933

MILLON (Charles)
(Né en 1945) Maire de Belley puis conseiller municipal de Lyon, député UDF de l'Ain de 1978 à 1995, ministre de la Défense de 1995 à 1997, président du conseil régional de Rhône-Alpes de 1988 à 1999, fondateur de « La Droite » en 1999.

CHARLES MILLON. – Si monsieur le ministre d'État […] demandait une suspension de séance pour que nous puissions déterminer les attributions de chacune des collectivités territoriales, vous auriez un tout autre monsieur Millon en face de vous.
GASTON DEFFERRE. – Celui-là me suffit ! *(Sourires.)*

Assemblée nationale, le 10 septembre 1981

MIRABEAU (Honoré Gabriel Riquetti, marquis de)
(1749-1791) Noble établi marchand de drap pour se faire élire député du tiers aux états généraux, député à la Constituante, âme de la Révolution.

Mirabeau est capable de tout pour de l'argent, même d'une bonne action.

Rivarol, propos

L'argent ne lui coûte que des crimes, et les crimes ne lui coûtent rien.

Rivarol, propos

Monsieur de Mirabeau est l'homme du monde qui ressemble le plus à sa réputation : il est affreux.

Rivarol, propos

La tête de Mirabeau n'est qu'une grosse éponge toujours gonflée des idées d'autrui.
Du reste, c'est un barbare effroyable en fait de style ; c'est l'Attila de l'éloquence, et s'il y a dans ses gros livres quelques phrases bien faites, elles sont de Chamfort, de Cerutti ou de moi.

Rivarol, propos

Un tel vicieux déshonorera n'importe quel ministère et il ne faut pas se fier à un homme aussi dépourvu de principes.

Gouverneur Morris, propos

Ne m'embrassez pas, vous allez m'enfermer dans un cercle vicieux !

Talleyrand, propos

Mirabeau ! Moins de talent, plus de vertu, ou demain gare à la lanterne !

Fréron, dans son journal

Ce grand homme a senti de bonne heure que la moindre vertu pouvait l'arrêter sur le chemin de la gloire, et jusqu'à ce jour il ne s'en est permis aucune. Il n'a regardé l'honneur et la probité que comme deux tyrans qui pouvaient mettre un frein à son génie, et il s'est rendu sourd à leur voix. Il a renoncé à toute espèce de courage pour ne pas rendre sa destinée trop incertaine ; enfin il a profité de son manque d'âme pour se faire des principes à l'épreuve des remords. Des milliers de Français se sont dévoués pour la patrie ; lui s'est vendu pour la patrie, et cela est bien plus sûr : le génie est si flottant dans sa marche qu'une grande république ne peut compter sur lui qu'en le payant fort cher. D'ailleurs, quand il s'agit de la liberté, il ne faut rien épargner, et la fidélité du comte de Mirabeau prouve la magnificence du parti qu'il défend. Il n'a parlé quelquefois en faveur de l'autorité royale que pour prouver que son jargon aurait trouvé partout à se placer, et que son éloquence gagnait cent pour cent à être dirigée contre sa conscience. La nation lui a donc laissé le plaisir de combattre quelquefois contre elle, et la misère du roi l'a toujours rassurée. Le comte de Mirabeau n'en passe pas moins pour un des meilleurs ouvriers de la Révolution, et il ne s'est pas commis un grand crime dont il ne se soit avisé le premier.

Rivarol
Petit dictionnaire des grands hommes
de la Révolution, 1790

Il n'est point de jury qui ne déclare unanimement que Mirabeau s'était vendu à la Cour.

Marie-Joseph Chénier
Convention, 25 novembre 1793

MITTERRAND (Danielle)
(Née en 1924) Dite « Tatie Danielle », épouse de François Mitterrand, présidente de France-Liberté.

Tatie est devenue un mélange de Marie-Antoinette et d'Harlem Désir qui visite, écoute, entend les déshérités, noble mission, pendant que d'un autre côté on traite sérieusement les affaires. Elle peut aller voir le Dalaï-Lama en Mercedes, regarder les fleurs de lotus avec lui, pleurer les yeux rougis sur la tragédie des Tibétains pendant que Roland Dumas va en Chine, avec des hommes d'affaires, passant l'éponge sur tous les Tien An Men.

Sylvie Caster
Le Canard enchaîné, 15 mai 1991

MITTERRAND (François)
(1916-1996) Député UDSR de la Nièvre de 1946 à 1958, plusieurs fois membre du gouvernement sous la IVe République, sénateur de 1959 à 1962, député socialiste de la Nièvre de 1962 à 1981, président de la République de 1981 à 1995.

[À propos de la présence française au Vietnam.]
C'est scandaleux ! Vous êtes un défaitiste, monsieur Mitterrand.

André-François Mercier
député démocrate-chrétien des Deux-Sèvres
Assemblée nationale, 4 juin 1953

Il ressemble à une gazelle qui aurait des coutumes ecclésiastiques ; on dirait qu'il y a du prélat chez ce sauteur.

André Figueras
Zoologie du Palais-Bourbon, 1956

Aucun trait de François Mitterrand ne rappelle Alphonse de Lamartine : on ne saurait être moins lamartinien que ce personnage de la *Comédie humaine*.

François Mauriac
Bloc-notes, 19 septembre 1963

La vérité, monsieur Mitterrand, c'est que vous vous opposez, non pas aux usages, au comportement du chef de l'État ou de celui du Gouvernement mais aux fondements mêmes de la Ve République… Mais, il n'est pire sourd que celui qui ne veut pas entendre. Sur les rives paisibles de l'opposition, comme les émigrés de l'Ancien Régime sur les rivages d'Angleterre, vous attendez impatiemment l'heure de rentrer dans l'État, n'ayant rien appris, ni rien oublié. Eh bien ! je vous le dis, l'avenir n'est pas à vous. L'avenir n'est pas aux fantômes.

Georges Pompidou
Assemblée nationale, 24 avril 1964

Il n'a jamais été sérieux. Le « coup de l'Observatoire », c'est tout ce qu'il sait faire.

Louis Salle, député gaulliste du Loiret
Assemblée nationale, 2 décembre 1964

Charles de Gaulle. – Le Rastignac de la Nièvre ? Léon Noël, qui était mon délégué pour le RPF dans ce département, m'a raconté que Mitterrand, lors de sa première campagne, en 46, se mettait au premier rang de la cathédrale de Nevers, à genoux sur un prie-Dieu, la tête dans les mains. L'évêque disait à Léon

Noël, en joignant ses doigts avec extase : « Comme il est bien, ce Mitterrand, c'est tout à fait ce qu'il nous faut. » *(Rires.)*

ALAIN PEYREFITTE. – Vous l'avez rencontré vous-même ?

CHARLES DE GAULLE. – Il est venu me voir à Alger dans l'hiver 43-44. Il a mis du temps à me parvenir. Il avait travaillé pour Vichy avec tant de zèle que ça lui a valu la Francisque. Il était entré dans ce corps d'élite. Voyant que ça allait tourner mal, il a voulu se dédouaner en entrant dans un réseau. Il est arrivé à Londres. Il est allé trouver d'abord les Anglais et les Américains, qui n'ont pas été très chauds pour l'accueillir, puisqu'ils voyaient qu'il mangeait à tous les râteliers. À la fin des fins, Passy l'a vu, l'a cuisiné, l'a expédié sur Alger, me l'a fait recevoir avec une fiche le présentant comme un personnage douteux. Mitterrand m'a demandé de lui confier la direction d'un réseau Charrette, qui marchait très bien sans lui. Je n'avais pas envie de risquer de mettre un agent double dans un mouvement de résistance. Je lui ai donc proposé de se battre, soit dans le corps expéditionnaire en Italie, soit comme parachutiste dans le corps qui serait le premier à prendre pied en France. Il a refusé les deux propositions. Je l'ai congédié : « Nous n'avons plus rien à nous dire. »

Eh bien si, nous avions encore à nous dire ! Il s'était arrangé pour prendre la tête d'un « mouvement national des prisonniers » et pour se faire nommer secrétaire général du ministère des Anciens Combattants et Prisonniers.

ALAIN PEYREFITTE. – Il dit qu'il a été ministre dans le gouvernement de la Libération.

CHARLES DE GAULLE. – C'est faux ! Un mensonge de plus ! C'est un imposteur ! Il a été nommé secrétaire général à titre intérimaire. Le ministre, c'était Henri Frénay. Mitterrand a essayé de le faire sauter en lançant son mouvement contre lui. Vous imaginez ! Le plus haut gradé du ministère prenant la tête d'une rébellion contre son propre ministre ! Il a organisé des manifestations, qui se massaient devant le ministère en hurlant : « Frénay au poteau ! » *(Rire. Le Général avale sa salive avec un petit sifflement.)* Je l'ai convoqué au ministère de la Guerre. Il est arrivé avec deux acolytes. Il m'a prétendu que les prisonniers avaient bien raison d'être en colère. Je lui ai dit : « De deux choses l'une. Ou bien, vous ne pouvez rien pour empêcher ces désordres bien que votre mouvement les ait provoqués, et vous me remettez votre démission. Ou bien, vous êtes le chef et vous me signez l'engagement de faire cesser tout ça aujourd'hui même. Sinon, je vous fais mettre en état d'arrestation à la sortie de ce bureau. » Il a demandé à se concerter avec ses deux acolytes dans l'encoignure de la fenêtre. Je lui ai donné trois minutes pour se décider. Je lui ai dicté la formule. Il a obtempéré.
ALAIN PEYREFITTE. – Si vous avez gardé ce document dans vos archives, vous devriez le publier !
CHARLES DE GAULLE. – J'y avais pensé dans le temps, mais ce n'était pas possible de le publier, il y avait deux fautes d'orthographe. *(Gros rire. Il met quelques secondes avant de se reprendre.)*

Charles de Gaulle
propos du 8 septembre 1965 rapporté par
Alain Peyrefitte, *C'était de Gaulle*, tome II, 1997

Mitterrand, c'est le type du *politichien*. Il n'a absolument rien pour lui que de l'ambition, le désir de prendre la place le jour où il le pourrait.

Charles de Gaulle
propos du 22 septembre 1965 rapporté par
Alain Peyrefitte, *C'était de Gaulle*, tome II, 1997

Mitterrand et Bousquet, ce sont les fantômes qui reviennent : le fantôme de l'anti-gaullisme issu du plus profond de la collaboration. Que Mitterrand soit un arriviste et un impudent, je ne vous ai pas attendu pour le penser. Mitterrand est une arsouille.

Charles de Gaulle
propos du 24 novembre 1965 rapporté par
Alain Peyrefitte, *C'était de Gaulle*, tome II, 1997

Mitterrand est le plus roublard, le plus dangereux, prêt à soutenir toutes les thèses, à renier tout le monde et à se renier lui-même pour s'emparer du pouvoir.

Charles de Gaulle
propos du 24 novembre 1965 rapporté par
Alain Peyrefitte, *C'était de Gaulle*, tome II, 1997

Les voix de Mitterrand étaient en majorité d'essence totalitaire, communiste et fasciste.

Charles de Gaulle
propos du 22 décembre 1965 rapporté par
Alain Peyrefitte, *C'était de Gaulle*, tome II, 1997

Mitterrand n'est pas socialiste, il a appris à le parler.

Guy Mollet, propos de 1971

François Mitterrand sera le plus bel exemple de fascination du lapin socialiste par le cobra communiste que je connaisse. Le leader socialiste frétille comme un poisson, mais il est ferré. Bientôt, il frétillera dans la poêle.

Alain Peyrefitte
Le Nouvel Observateur,
18 novembre 1972

[Lors du face-à-face télévisé avant le second tour de l'élection présidentielle de 1974]
Vous n'avez pas le monopole du cœur.

Valéry Giscard d'Estaing, 10 mai 1974

Je ne sais pas si les électeurs communistes prendraient encore Mitterrand en auto-stop.

Georges Marchais
VSD, 21 juin 1979

Je pense à ces temps, pas si lointains, où Mitterrand, ministre, aimait la liberté de la presse comme d'autres aiment le bifteck : saisie.

Charles Fiterman
L'Humanité, 10 novembre 1979

Les travailleurs qui ont élu François Mitterrand l'ont fait beaucoup plus par dégoût envers l'équipe dirigeante au pouvoir depuis vingt-trois ans que par un excès d'illusions envers Mitterrand.

Arlette Laguiller
Le Monde, 12 mai 1981

ROGER CORRÈZE. – Qui parle de la Francisque ?
ROBERT AUMONT. – Je ne l'ai pas eue.
ROGER CORRÈZE. – On sait qui la porte.
ROBERT AUMONT. – Regardez derrière vous.
ROGER CORRÈZE. – Et vous, regardez au-dessus de vous !

Assemblée nationale, 15 septembre 1981

FRANÇOIS D'AUBERT. – Alors, on comprend mieux que monsieur le Premier ministre a, hier, appelé le pape à la rescousse. Vous me permettrez de faire de même avec ce grand pape du socialisme qu'est monsieur François Mitterrand.
PHILIPPE SÉGUIN. – C'est un pape converti.

Assemblée nationale, 14 octobre 1981

Monsieur Mitterrand garde l'État comme d'autres gardent la chambre.

Charles Pasqua
Le Figaro Magazine, 26 mars 1988

Je m'exprime en tant que médecin. François Mitterrand est Florentin dans ses neurones et dans sa moelle épinière.

Bernard Pons
Le Nouvel Observateur, 3 janvier 1986

François Mitterrand est le spécialiste du piège à consensus.

Alain Juppé
prix de l'Humour politique 1988

Il faut quand même savoir que, durant toutes ces années, l'unique intérêt de Mitterrand fut de me martyriser. On m'a ainsi demandé de m'occuper des agriculteurs alors que j'ai toujours détesté la campagne. J'ai été ministre du Plan le jour où les socialistes ont décidé d'y renoncer. On m'a mis à la porte de Matignon alors que cela commençait à marcher. J'ai dû subir la honte d'avoir Édith Cresson pour me succéder. On m'a envoyé Tapie dans les pattes pour être sûr de mon échec aux européennes de 1994. Et, pour que la boucle soit bouclée, on m'a mis à la porte de la rue de Solférino.

Nicolas Sarkozy sous le pseudonyme de Mazarin
« Lettre apocryphe de Michel Rocard
à Jacques Chirac »
Les Échos, 23 août 1995

Mitterrand était un truand immoral qui a conduit la France au déshonneur et à la faillite.

Michel Rocard
Le Canard enchaîné, 25 novembre 1998

François Mitterrand, vous savez, je l'ai toujours servi loyalement mais je n'ai jamais été mitterrandiste. C'était un homme qui venait de l'extrême droite et qui a toujours été à l'extrême droite.

Georges Frêche, propos, 2009

MOCH (Jules)
(1893-1985) Député socialiste de la Drôme de 1928 à 1936, député de l'Hérault de 1937 à 1940, de 1945 à 1958 et de 1962 à 1967, plusieurs fois ministre et tout particulièrement ministre de l'Intérieur pendant les grèves insurrectionnelles de 1947.

Monsieur le ministre de l'Intérieur, Jules Moch, devait certainement avoir des qualités particulières pour remplir la fonction qui lui a été confiée, car chacun sait bien, selon le proverbe populaire, qu'il n'est pas de meilleur garde-chasse qu'un ancien braconnier.

Raoul Calas, député communiste de l'Hérault
Assemblée nationale, 1er décembre 1947

Nous sommes d'une classe qui sait qu'elle a l'avenir devant elle. Vous, vous êtes d'une classe pourrissante et condamnée par l'histoire. *(Applaudissements prolongés à l'extrême gauche.)*

Fernand Grenier, député communiste de la Seine
Assemblée nationale, 3 décembre 1947

MAURICE THOREZ. – Provocateur ! Vous êtes bien le premier flic de France ! *(Applaudissements à l'extrême gauche. – Applaudissements à gauche, au centre et à droite.)*
À L'EXTRÊME GAUCHE. – Roi des flics !

Maurice Thorez
Assemblée nationale, 3 décembre 1947

Maréchal, nous voilà !

André Marty
Assemblée nationale, 3 décembre 1947

MOLLET (Guy)
(1906-1975) Dit « Guy mollesté », député socialiste du Pas-de-Calais de 1945 à 1958, plusieurs fois ministre, président du Conseil de 1956 à 1957.

Quand on est maire d'Arras, il ne s'agit pas de caler.

Un manifestant à Alger, 6 février 1956

Hélas ! Monsieur Guy Mollet n'a pas pris la foudre. Il a pris des tomates pourries, mais sur le nez. Et si ce n'était que sur le sien, nous nous serions fait une raison. Mais c'est l'État qui a reçu cet outrage.

François Mauriac
Bloc-notes, 11 février 1956

Il a la consistance froide, la couleur indéfinissablement blême, la pauvreté mentale, la rétractilité politique de la méduse. Toujours entre deux eaux, poussé par les courants, remué par ce qui passe, c'est un invertébré typique.

André Figueras
Zoologie du Palais-Bourbon, 1956

Monsieur le président du Conseil parle fréquemment des élections. Il y tient. Voilà la preuve qu'il n'est pas arabe. *(Rires au centre, à droite et à l'extrême droite.)*

Georges Bidault
Assemblée nationale, 20 mars 1957

On sait qu'il reste le maître du Parti socialiste, ses amis, dans la nouvelle équipe, occupent les premiers postes. Il demeurera ouvertement l'âme toute-puissante de ce corps débile.
Mais il est vrai que la ruse de monsieur Guy Mollet a toujours été à ciel ouvert. Il a de gros sabots et on l'entend tout le temps venir. Au fond, est-il aussi malin qu'il en a l'air ?

François Mauriac
Bloc-notes, 14 juin 1957

Monsieur le président de la République doit savoir comme nous, qu'en politique étrangère monsieur Guy Mollet n'y voit pas plus loin que son nez, qui est court.

François Mauriac
Bloc-notes, 10 octobre 1957

Je vous répondrai tout à l'heure. Je ne suis pas impressionné par les Robespierre en carton-pâte.

Pierre Montel, député libéral du Rhône
Assemblée nationale, 28 octobre 1957

Monsieur Guy Mollet battit un record de durée déjà vieux en demeurant à l'hôtel Matignon plus d'une année et demie. Aux Jeux olympiques de sa catégorie notre champion ne serait pas allé loin !

François Mitterrand
Le Coup d'État permanent, 1964

MONNERVILLE (Gaston)
(1897-1991) Député radical de la Guyane de 1932 à 1940 et en 1945, sénateur de 1946 à 1948, sénateur du Lot de 1948 à 1974, président du Sénat opposé à de Gaulle qu'il accusa de forfaiture en 1962.

Le caïman édenté du Sénat…

André Figueras
Zoologie du Palais-Bourbon, 1956

Monnerville se fait garder avec soin, parce qu'il est convaincu qu'il va être assassiné. Sans doute à la manière de Mitterrand à l'Observatoire. […] Ceux-là, ils sont irrécupérables, ce sont les princes des *politichiens.*

Charles de Gaulle
propos du 1er octobre 1963 rapporté par
Alain Peyrefitte, *C'était de Gaulle*, tome II, 1997

MONNET (Jean)
(1888-1979) « Père de l'Europe », président de la CECA de 1952 à 1955.

Il fait un très bon cognac. Malheureusement, cette occupation ne lui suffit pas.

Charles de Gaulle parlant à Eisenhower
propos du 8 août 1962 rapporté par
Alain Peyrefitte, *C'était de Gaulle*, tome I, 1994

Les Américains ne pourront jamais s'empêcher de favoriser au maximum la carrière d'un Jean Monnet, car ils reconnaissent en lui *leur* homme, et de s'opposer à de Gaulle, car ils sentent en lui un homme qui leur résiste. Pourtant, ils devraient comprendre que le meilleur allié des États-Unis, ce n'est pas celui qui s'aplatit devant eux, c'est celui qui sait leur dire non.

Charles de Gaulle
propos du 16 janvier 1963 rapporté par
Alain Peyrefitte, *C'était de Gaulle*, tome I, 1994

L'Europe intégrée, ça ne pouvait pas convenir à la France, ni aux Français… Sauf à quelques malades comme Jean Monnet, qui sont avant tout soucieux de servir les États-Unis.

Charles de Gaulle
propos du 4 décembre 1963 rapporté par
Alain Peyrefitte, *C'était de Gaulle*, tome II, 1997

MONTALEMBERT (Charles Forbes, comte de)
(1810-1870) Chef de file des catholiques libéraux, député de 1848 à 1857.

À cette tribune, la guillotine a eu son orateur, Marat, et l'inquisition, le sien, Montalembert. Terrorisme au nom du salut public, terrorisme au nom de Rome ; fiel dans les deux bouches, angoisse dans l'auditoire ; quand l'un parlait, on croyait voir glisser le couteau ;

quand l'autre parlait, on croyait entendre pétiller le bûcher.

Victor Hugo
Napoléon-le-Petit, 1852

MORANO (Nadine)
(Née en 1963) Députée UMP de Meurthe-et-Moselle de 2002 à 2008, secrétaire d'État chargée de la Famille.

J'ai tendance à croire que Nadine Morano c'est la Castafiore.

Fadela Amara
phrase nominée au prix Press Club,
Humour et Politique 2008

Hou, la menteuse !

Une mère de famille
convoquée en juin 2009 au commissariat de Dax
suite à son commentaire publié
sur le site de partage de vidéos Dailymotion

Morano, c'est la poissarde de service.

Rama Yade
Le Canard enchaîné, 4 novembre 2009

MORIN (Hervé)
(Né en 1961) Député UDF puis Modem de l'Eure de 2002 à 2007, abandonne François Bayrou après l'élection présidentielle de 2007 pour rejoindre Sarkozy et l'UMP, ministre de la Défense de 2007 à 2010.

Il ne vous aura pas échappé que les initiales d'Hervé Morin ça fait « H et M », comme la marque de prêt-à-porter. Pour un type qui vient de retourner sa veste, c'est parfait.

Didier Porte
France Inter, 27 mai 2007

Hervé Morin est promis à la carrière qu'il mérite. [...] Il faut saluer ce parcours quasiment sans faute. Un attachement électoral à sa terre normande natale, une première élection au conseil général, une mairie, une députation, une présidence de groupe parlementaire, une proximité réelle avec son chef de parti et, pour finir, une trahison au moment où il le faut. Rien à dire, c'est exemplaire.

Bruno Roger-Petit
François Mitterrand 2008 il revient, 2008

Il a l'influence d'une punaise et le charisme d'une praire.

Nicolas Sarkozy
Le Canard enchaîné, 24 novembre 2010

MORNY (Charles, duc de)
(1811-1865) Demi-frère de Napoléon III, député du Cantal, un des auteurs du coup d'État du 2 décembre 1851, ministre de l'Intérieur, président du Corps législatif.

Morny et Walewsky avaient dans la quasi-famille régnante la position, l'un de bâtard royal, l'autre de bâtard impérial. Qu'était-ce que Morny ? Disons-le. Un important gai, un intrigant, mais point austère, ami de Romieu et souteneur de Guizot, ayant les manières du monde et les mœurs de la roulette, content de lui, spirituel, combinant une certaine libéralité d'idées avec l'acceptation des crimes utiles, trouvant moyen de faire un gracieux sourire avec de vilaines dents, menant la vie de plaisir, dissipé mais concentré, laid, de bonne humeur, féroce, bien mis, intrépide, laissant volontiers sous les verrous un frère prisonnier, et prêt à risquer sa tête pour un frère empereur, ayant la même mère que Louis Bonaparte et, comme Louis Bonaparte, un père quelconque, pouvant s'appeler Beauharnais, pouvant s'appeler Flahaut, et s'appelant Morny, poussant la littérature jusqu'au vaudeville et la politique jusqu'à la tragédie, viveur tueur, ayant toute la frivolité conciliable avec l'assassinat, pouvant être esquissé par Marivaux, à la condition d'être ressaisi par Tacite, aucune conscience, une élégance irréprochable, infâme et aimable, au besoin parfaitement duc ; tel était ce malfaiteur.

Victor Hugo
Histoire d'un crime, 1883

Monsieur de Morny était courageux. Brigandage oblige.

Victor Hugo
Histoire d'un crime, 1883

MORO-GIAFFERRI (Vincent Giafferri, dit de) (1878-1956) Avocat de Landru, député radical de la Corse de 1919 à 1928, sous-secrétaire d'État à l'Enseignement technique de 1924 à 1925, député de la Seine de 1945 à 1956.

L'éléphant de mer a des chairs flasques qui se débordent aisément elles-mêmes ; des chairs qui ne savent pas très bien où elles vont. Son mufle est court et gras, ses membres replets et comme repliés. [...]
Qu'il continue donc, Giafferri, à tremper sa vieille peau gluante dans les eaux mendésistes, qui n'ont pas tardé à croupir. Qu'il continue d'y nageoter, l'épine dorsale pénible et le souffle court. Personne ne prend plus garde à ce gros paquet visqueux de tripes et de graisse, et Shylock lui-même renoncerait à s'y tailler une livre de chair.

André Figueras
Zoologie du Palais-Bourbon, 1956

Dans les dernières années de sa vie, quoique de petite taille, il était devenu énorme. Il arrivait dans l'hémicycle, épanoui, comme une boule qui trottine et il avait toutes les peines du monde à passer son ventre entre les bancs pour gagner son siège.
[...] On l'aimait bien, malgré ses susceptibilités de femme, ses confidences mystérieuses et intarissables, sa perpétuelle anxiété de ce qu'on pensait de lui. Mais ses collègues ne l'ont pas connu tel qu'il était, comme l'ont connu ses confrères. Pauvre de Moro-Giafferri ! Sa grande ambition qu'il avouait à peine : devenir garde des Sceaux. Ah ! les discours qu'il eût alors prononcés, s'il avait occupé le fauteuil de d'Aguesseau ! Mais toute sa vie politique, il a couru impatiemment

après ce grand rêve, que si souvent il croyait saisir, mais qui s'est enfui sans cesse et sans pitié devant lui, et que jamais il n'a pu rattraper.

Jacques Isorni
Le silence est d'or ou la parole au Palais-Bourbon, 1957

MUN (Albert, comte de)
(1841-1914) Député catholique du Morbihan de 1876 à 1878 et de 1881 à 1893, député du Finistère de 1894 à 1914.

Monsieur de Mun, le cuirassier épileptiforme, est à Vannes, où il fait des avanies au gouvernement de la République. Pauvre diable ! faut-il qu'il ait du temps à perdre.

L'Assommoir, 13 mars 1881

[À propos de la souscription Henry.]
Avec deux ou trois démolisseurs repentis de la colonne Vendôme, les plus notables catholiques viennent publiquement témoigner en faveur d'un faux, et le donnent en exemple, par raison de patriotisme, à leur patrie. Pourquoi ? C'est qu'il s'agissait de prouver la culpabilité d'un juif et que monsieur de Mun par exemple, puisque j'ai cité celui-là, a pour les juifs la même horreur que pour les trente mille chrétiens dissidents qu'il concourut jadis à passer chrétiennement par les armes [A. de Mun prit part à la répression de la Commune en 1871]. Celui-là est logique, c'est un

tueur. Qu'on l'empêche de tuer si l'on peut. Mais il n'y a rien à lui dire.

Georges Clemenceau
L'Aurore, 20 décembre 1898

MUSELIER (Renaud)
(Né en 1959) Député RPR des Bouches-du-Rhône de 1993 à 2002 et depuis 2007, secrétaire d'État aux Affaires étrangères de 2002 à 2005.

Pédé, enculé, fils de pute, balance…

Alexandre Guérini
Le Canard enchaîné, 7 avril 2010

N

NAPOLÉON Ier (Napoléon Bonaparte, dit)
(1769-1821) Empereur.

[Napoléon venant de le comparer à « de la merde dans un bas de soie ».]
Quel dommage qu'un si grand homme soit aussi mal élevé.

Talleyrand, propos du 28 janvier 1808

La fortune de Bonaparte est extraordinaire vu le personnage ; elle ne l'est pas vu les circonstances : il est ambitieux, il ira loin.

Rivarol, propos

Il fallut donc songer à établir un chef suprême qui fût l'enfant de la Révolution, un chef en qui la loi corrompue dans sa source, protégeât la corruption, et fît alliance avec elle. Des magistrats intègres, fermes et courageux, des capitaines renommés par leur probité autant que pour leurs talents s'étaient formés au milieu de nos discordes ; mais on ne leur offrit point un pouvoir que leurs principes leur auraient défendu d'accepter. On désespéra de trouver parmi les Français un front qui osât porter la couronne de Louis XVI. Un étranger se présenta : il fut choisi.

François-René de Chateaubriand
De Buonaparte et des Bourbons, 1814

[À propos de l'exécution du duc d'Enghien.]
On se demanda de quel droit un Corse venait de verser le plus beau comme le plus pur sang de la France. Croyait-il pouvoir remplacer par sa famille demi-africaine la famille française qu'il venait d'éteindre ?

François-René de Chateaubriand
De Buonaparte et des Bourbons, 1814
[Les mots « demi-africaine » et « française » seront supprimés dans la deuxième édition, en 1816.]

Enfin, on l'a vu s'emparer de l'administration des funérailles ; il était digne du destructeur des Français de lever un impôt sur leurs cadavres.

François-René de Chateaubriand
De Buonaparte et des Bourbons, 1814

Absurde en administration, criminel en politique, qu'avait-il donc pour séduire les Français, cet étranger ?

François-René de Chateaubriand
De Buonaparte et des Bourbons, 1814

Enfant de notre révolution, il a des ressemblances frappantes avec sa mère ; intempérance de langage, goût de la basse littérature, passion d'écrire dans les journaux. Sous le masque de César et de l'Alexandre, on aperçoit l'homme de peu, et l'enfant de petite famille. Il méprise souverainement les hommes, parce qu'il les juge d'après lui.

François-René de Chateaubriand
De Buonaparte et des Bourbons, 1814

Son grand plaisir était de déshonorer la vertu, de souiller les réputations : il ne vous touchait que pour vous flétrir.

François-René de Chateaubriand
De Buonaparte et des Bourbons, 1814

Enfin Buonaparte n'était que l'homme de la prospérité ; aussitôt que l'adversité qui fait éclater les vertus a touché le faux grand homme, le prodige s'est évanoui : dans le monarque on n'a plus aperçu qu'un aventurier, et dans le héros qu'un parvenu à la gloire.

François-René de Chateaubriand
De Buonaparte et des Bourbons, 1814

Par quel honteux caprice avons-nous donné au fils d'un huissier d'Ajaccio l'héritage de Robert-le-Fort ?

François-René de Chateaubriand
De Buonaparte et des Bourbons, 1814

NAPOLÉON II (François Charles Joseph Bonaparte, duc de Reichstadt, dit)
(1811-1832) Reconnu empereur par les chambres en 1815.

Je le connais, mais je ne le reconnais plus.

Talleyrand, propos

Moi qui vous parle, quand je suis allé au ministère de l'Intérieur m'informer du sort probable de ma demande en autorisation de *La Lanterne*, j'ai été accusé par l'employé supérieur qui m'a reçu, d'être un ennemi déclaré de l'état de choses actuel et un soutien de ces fameux anciens partis.
Cette insinuation était d'ailleurs d'autant moins fondée, que (je n'ai pas à m'en cacher ici) je suis profondément bonapartiste. On me permettra bien cependant de choisir mon héros dans la dynastie. Parmi les légitimistes, les uns préfèrent Louis XVIII, d'autres Louis XVI, d'autres enfin placent toutes leurs sympathies sur la tête de Charles X. Comme bonapartiste, je préfère Napoléon II ; c'est mon droit.
J'ajouterai même qu'il représente pour moi l'idéal du souverain. Personne ne niera qu'il ait occupé le trône, puisque son successeur s'appelle Napoléon III. Quel règne ! mes amis, quel règne ! Pas une contribution, pas de guerres inutiles avec les décimes qui s'ensuivent ; pas de ces expéditions lointaines dans lesquelles on dépense six cents millions pour aller réclamer quinze francs, pas de listes civiles dévorantes, pas de ministres cumulant chacun cinq ou six fonctions à cent mille francs pièce ; voilà bien le monarque tel que je le comprends. Oh ! oui, Napoléon II, je t'aime et je t'admire sans réserve… ! Qui donc osera prétendre maintenant que je ne suis pas un sincère bonapartiste ?

Henri Rochefort
premier numéro de *La Lanterne*, 1er mai 1868
[Même si Napoléon a abdiqué en juin 1815
en faveur de son fils, le roi de Rome,
celui-ci n'a pas été reconnu et n'a jamais régné.]

NAPOLÉON III
(Charles Louis Napoléon Bonaparte, dit)
(1808-1873) Dit « Badinguet », dit « Vélocipède », député dans plusieurs départements, président de la République de 1848 à 1852, empereur de 1852 à 1870.

[Expliquant le choix de ce candidat pour l'élection présidentielle.]
C'est un crétin que l'on mènera.

Phrase attribuée à Adolphe Thiers
10 décembre 1848

Quoi ! Après Auguste, Augustule ! Quoi ! Parce que nous avons eu Napoléon le Grand, il faut que nous ayons Napoléon le Petit !

Victor Hugo
Assemblée nationale législative, 17 juillet 1851

Machiavel a fait des petits. Louis Bonaparte en est un.

Victor Hugo
Napoléon-le-Petit, 1852

Ajoutons que, comme [...] Bonaparte, celui-ci veut être empereur. Mais ce qui calme un peu les comparaisons, c'est qu'il y a peut-être quelque différence entre conquérir l'empire et le filouter.

Victor Hugo
Napoléon-le-Petit, 1852

Depuis le boutiquier jusqu'au banquier, depuis le petit marchand jusqu'à l'agent de change, bon nombre d'hommes de commerce et d'industrie en France [...] ont voté, après le 2 décembre, pour monsieur

Bonaparte. Le vote consommé, vous auriez accosté un de ces hommes du négoce, le premier venu, au hasard, et voici le dialogue que vous auriez pu échanger avec lui :

— Vous avez nommé Louis Bonaparte président de la République ?

— Oui.

— Le prendriez-vous pour garçon de caisse ?

— Non, certes !

Victor Hugo
Napoléon-le-Petit, 1852

Te voilà nain immonde accroupi sur ce nom ! […] Sur le chapeau d'Essling tu plantes ton plumet […] Tu t'es soudé, chargé d'un vil butin, toi, l'homme du hasard, à l'homme du destin !

Victor Hugo
Les Châtiments, 1853

La statue équestre où Napoléon III est représenté en César (rions-en, pendant que nous y sommes) et dont j'ai parlé dans mon dernier numéro, est l'œuvre de monsieur Barye. On sait que monsieur Barye est le plus célèbre de nos sculpteurs d'animaux.

Henri Rochefort
La Lanterne, 10 octobre 1868

L'immense succès du dernier volume de la *Vie de César*, le dernier ouvrage de l'Empereur Napoléon III, s'affirme tous les jours. Deux exemplaires de ce bel ouvrage viennent d'être demandés par les élèves de l'école des jeunes aveugles.

Henri Rochefort
La Lanterne, 27 novembre 1868

Vautour déplumé…

Henri Rochefort
La Lanterne, 14 mai 1869

En comparant les déclarations écrites du prince Louis Bonaparte avec les actes de celui qui règne aujourd'hui, sous le nom de Napoléon III, je me suis demandé souvent s'il est réellement possible qu'un homme se démente lui-même avec cet aplomb.
J'ai voulu avoir le cœur net de cette incroyable inconséquence. Je suis allé aux sources, j'ai pris des informations, rassemblé des documents, interrogé des témoins, et de l'enquête approfondie à laquelle je me suis livré, il est résulté pour moi une certitude que l'Europe stupéfaite ne peut cependant tarder à partager.
Celui qui occupe actuellement le trône de France est un faux Napoléon qui a usurpé le nom et les titres de l'ancien prisonnier de Ham, de l'auteur de la tentative de Boulogne et des *Idées napoléoniennes*.
Personne n'ignore que Louis Napoléon s'évada autrefois du Fort de Ham sous les vêtements d'un maçon nommé, dit-on, Badinguet. La légende ajoute que le futur empereur portait sur l'épaule droite une planche destinée à lui cacher la tête que le concierge de la maison aurait peut-être reconnue. Eh bien, si mes renseignements sont exacts, ce récit est entièrement controuvé. À peine le prince Louis eut-il franchi le

seuil de la forteresse que le maçon, se ravisant, fondit sur lui, lui reprit la blouse et la planche, lui tordit le cou, puis passa en Angleterre, revint en France pour se faire, sous le nom de Louis Bonaparte, nommer président de la République, trempa, au 2 décembre 1851, ses mains dans le sang français, fit le mariage que vous savez, et, heureux d'avoir ainsi échangé sa truelle contre le sceptre, s'amusa à cabrioler sur la corde raide de la politique sans se douter qu'un jour viendrait où, son identité étant reconnue, il serait condamné aux peines les plus infamantes pour substitution de personne et faux en écritures publiques.

Telle est l'histoire authentique du héros de Ham. Et, en effet, du moment où c'est le maçon qui règne, tout s'explique : ces bâtisses continuelles, ces expropriations inutiles, ce palais des Tuileries qu'on abat pour le reconstruire et qu'on reconstruit pour l'abattre de nouveau, cette intolérable manie de tout gâcher, ce plâtre dont l'Impératrice se recrépit tous les matins la figure, et par-dessus tout, cet édifice dont ils nous promettent sans cesse le couronnement indiquent assez que les destinées de la France sont dans les mains d'un maçon.

Celui que je plains le plus, après nous bien entendu, c'est le jeune et intéressant Louis Bonaparte, dont ce faussaire non seulement a pris la vie, mais dont il s'étudie à déshonorer le nom en lui faisant faire tout le contraire de ce qu'il avait promis dans ses différents manifestes.

Henri Rochefort
La Lanterne, 18 novembre 1869

[Raillé par un membre du gouvernement au Corps législatif en janvier 1870.]
Si ridicule que je puisse être, je ne me suis jamais promené sur une plage avec un aigle sur l'épaule et un morceau de lard dans mon chapeau !

Henri Rochefort
propos raporté par Anatole Claveau,
Souvenirs politiques et parlementaires d'un témoin (1865-1870), 1913

NOIR (Michel)
(Né en 1944) Député RPR du Rhône de 1978 à 1986 et de 1988 à 1995, ministre du Commerce extérieur de 1986 à 1988, maire de Lyon de 1989 à 1995.

Michel Noir s'est surtout signalé au gouvernement par ses gaffes politiques et la médiocrité de sa prestation ministérielle. À l'école, il serait sur les bancs des redoublants, grand dadais un peu niais tout près du radiateur.

Hector Rolland
Souvenirs dérangeants d'un godillot indiscipliné, 1990

Parce qu'il dépasse tout le monde politique d'une tête, il s'imagine vivre au-dessus du lot.

Pierre Pélissier
Tous nuls, 1990

O

OLLIVIER (Émile)

(1825-1913) Député républicain de la Seine de 1857 à 1869, député du Var rallié au Second Empire et chef du gouvernement de 1869 à 1870.

[Alors qu'Ollivier, républicain comme lui, rapporte favorablement le projet de loi autorisant les coalitions.]
Il faut qu'on nous dise comment on a abandonné d'anciennes convictions en proposant aujourd'hui ce qui les contredit absolument.

Jules Favre
au Corps législatif, 2 mai 1864

Vous n'êtes qu'un pont entre la République de 1848 et la République à venir et nous passerons le pont.

Léon Gambetta
au Corps législatif, 10 janvier 1870

P

PAINLEVÉ (Paul)
(1863-1933) Député républicain de la Seine de 1910 à 1928, député de l'Ain de 1928 à 1933, plusieurs fois ministre, éphémère président du Conseil en 1917 et deux fois en 1925.

L'impondérable monsieur Painlevé se croit chef du gouvernement parce que monsieur Poincaré le lui a dit.

Georges Clemenceau
L'Homme enchaîné, 26 octobre 1917

Il était certain que Pain, à peine levé, serait tout aussitôt rassis, et même perdu.

Léon Daudet
Termites parlementaires, 1930

PAMS (Jules)
(1835-1930) Député radical des Pyrénées-Orientales de 1893 à 1905, sénateur de 1905 à 1930, deux fois ministre.

Pams, ce n'est pas un nom : c'est un bruit.

Georges Clemenceau, propos

PAPON (Maurice)
(1910-2007) Haut fonctionnaire et homme politique, condamné en 1998 pour complicité de crimes contre l'humanité pour des actes commis alors qu'il était secrétaire général de la préfecture de Gironde entre 1942 et 1944, sous l'Occupation.

Papon a assuré le transport des juifs « par souci d'humanité ». On finira par se demander si Hitler n'était pas un agent de Londres.

Guy Konopniki
Globe, avril 1990

PARISOT (Laurence)
(Née en 1959) Présidente du Medef depuis 2005.

[Le soir de sa victoire à la présidentielle de 2007, au Fouquet's, alors que Claude Guéant veut lui passer au téléphone la présidente du Medef.]
Pas cette conne ! Elle n'a même pas été capable de rassembler les patrons pour moi !

Nicolas Sarkozy
Dossier du Canard, n° 106, décembre 2007

PARLEMENTAIRES
(députés et sénateurs) Dits « parlementeurs », « quinze-mille » et « bouffe-galette ».

[À propos des membres du Tribunat.]
Je ne me laisserai pas gouverner par des putains.

Avec cinquante grenadiers, je ferai foutre le Tribunat à la rivière.

Napoléon Bonaparte, 1802
propos rapporté par Jacques
Charles Bailleul, 1822

Expédierait-on à l'Aquarium le meilleur des bougres qu'il n'y foutrait rien de chouette. Cette sacrée usine est agencée de façon que le mal s'y développe seul.

Émile Pouget
Le Père Peinard, 6 août 1893
[L'Aquarium n'est autre que l'hémicycle
du Palais-Bourbon, éclairé par une verrière.]

Rien au monde n'égale en irréalité ce livide troupeau des ombres qui compose la minorité d'une Chambre au regard d'un ministre qui sait parler un langage parlementaire.

Charles Maurras
L'Action française, 15 janvier 1909

Les parlementaires sont des femmelettes impressionnables au courant d'air.

Charles Maurras
L'Action française, 1er août 1913

La Chambre est-elle atteinte de cette pourriture des assemblées, de cette maladie qui se gagne par les poignées de main ?

Maurice Barrès
Chambre des députés, 3 avril 1914

Quelle lutte atroce ! Les uns et les autres finiront par mourir d'une maladie de cœur. C'est la destinée des hommes politiques. Mais pas tout de suite ! Ils dureront : ils ont de la défense. Leur cœur périssable palpite sous une épaisse cuirasse. Tout de même, dans ce moment, leur mère, la louve parlementaire, doit les regarder avec bien de la tristesse !
Elle-même, la pauvre bête, elle est bien malade. Il n'y a plus de partis dans cette Chambre, ni peut-être dans le pays. Rien qu'une masse amorphe et désabusée, avide d'être vigoureusement gouvernée, où quelques bêtes de proie se disputent, comme elles peuvent, une précaire royauté.

Maurice Barrès
Dans le cloaque, 1914

Un chien conçoit le monde comme un sensorium d'odeurs. Un politicien démocrate voit la planète Terre comme un amas de boules de vote aux couleurs de ses postulats juridiques et religieux. Le langage des parlementaires trahit cette conception.

Charles Maurras
L'Action française, 3 avril 1921

Les uns, type Blum, type Malvy, type Caillaux, sont de véritables ennemis publics, traîtres d'esprit ou traîtres de cœur. Gens à qui la défaite paraissait, de 1914 à 1918, une probabilité des plus désirables ; ils en ont gardé la secrète nostalgie.

Charles Maurras
L'Action française, 4 septembre 1932

Si le pays légal conserve encore, grâce au Ciel, des circonscriptions qui ne soient pas aux mains de repris de justice et de gibiers de bagne, ce pays légal, cette patrie des majorités républicaines baigne à peu près partout dans une atmosphère d'enfantillage historico-métaphysico-social qui ne peut que nous attirer la pitié méprisante de l'ennemi.

Charles Maurras
L'Action française, 26 septembre 1932

Les « représentants du peuple » ne représentent pas eux-mêmes, puisqu'on ne représente pas le néant.

André Figueras
Zoologie du Palais-Bourbon, 1956

Ces tristes joueurs d'une sombre comédie, ces danseurs d'un ballet d'ombres chinoises, ces neurasthéniques à vie, ces trotte-menu de la décadence, ces chevrotants à l'abandon, ces fuyards professionnels, ces aigrefins, ces débrouillards de la déchéance, ce chloroforme de l'euthanasie nationale, ces cloportes de marécage, ces coureurs de maroquins, ces voraces qui se mangent la laine sur le dos les uns des autres…

Charles de Gaulle
propos rapporté par Jean-Raymond Tournoux

PASQUA (Charles)
(Né en 1927) Cofondateur du SAC, député gaulliste des Hauts-de-Seine de 1968 à 1978, sénateur de 1978 à 1986, de 1988 à 1993, de 1995 à 1999 et de 2004 à 2011, ministre de l'Intérieur de 1986 à 1988, ministre

d'État, ministre de l'Intérieur de 1993 à 1995, député européen de 1999 à 2004.

Charles Pasqua. – Monsieur Mitterrand avait contracté vis-à-vis des gauchistes, notamment le 29 mai [1968], lorsqu'il s'est cru en position de prendre le pouvoir, des obligations qu'il paie en partie aujourd'hui. *(Applaudissements sur les bancs de l'Union des démocrates pour la République.)*
François Mitterrand. – Vous êtes un imbécile ! *(Protestations sur les bancs de l'Union des démocrates pour la République.)*
Robert Ballanger. – Ne protestez pas, messieurs de la majorité, vous en êtes tous persuadés !
Charles Pasqua. – Quoi qu'il en soit, le peuple français sait bien de quel côté sont les fascistes et les totalitaires. *(Exclamations sur les bancs du groupe communiste.)*

Assemblée nationale, 29 avril 1970

[Ministre de l'Intérieur, Charles Pasqua présente le projet de loi visant à rétablir le scrutin majoritaire, avec un nouveau découpage des circonscriptions.]
Charcutier !

Un député du groupe Communiste
Assemblée nationale, 20 mai 1986

[Le ministre de l'Intérieur ayant déclaré aux socialistes : « Je suis de ceux qui ont participé à l'histoire pendant que vos amis se couchaient devant l'occupant ! »]

C'est honteux ! Salopard ! Vous êtes un sale individu !

Roland Dumas
Assemblée nationale, 20 mai 1986

Matamore des salles de rédaction, Tartarin des Alpes-Maritimes… qui ne fait que brasser du vent pour impressionner les braves gens dont le réveil sera cruel.

Jean-Marie Le Pen, 24 mai 1986

Pasqua-la-Bavure !

Jean-Claude Cassaing
député socialiste de la Corrèze
Assemblée nationale, 19 novembre 1986

Pasqua ? C'est un Fernandel triste !

François Mitterrand, propos de 1987

Certains me disaient – si je te jure – que tu [Pasqua] avais le sens de l'État. Bigre ! je n'irais pas jusque-là, mais disons qu'il est exact que tu savais prendre tes responsabilités. […] Tu croyais que Balladur t'aurait nommé Premier ministre ? Naïf que tu es. Jamais il ne l'aurait fait. Tu n'es pas de son monde. Tu lui aurais fait honte avec tes manières de soudard. […] il aurait été capable de t'obliger à porter ses horribles costumes trois boutons qu'il fait fabriquer en Angleterre et qui lui vont si mal. Tu t'imagines cintré dans une veste trois boutons ? Je ris à l'avance de la tête que ferait le tailleur en contemplant ton ventre et tes épaules.

Nicolas Sarkozy sous le pseudonyme de Mazarin
« Lettre apocryphe de Jacques Chirac
à Charles Pasqua »
Les Échos, 31 juillet 1995

Pasqua, je le connais depuis si longtemps, je me suis habitué à ses trahisons. Avec lui je ne fais même plus la différence entre ses infidélités et ses traîtrises.

Nicolas Sarkozy sous le pseudonyme de Mazarin
« Lettre apocryphe de Jacques Chirac
à Nicolas Sarkozy »
Les Échos, 14 août 1995

PEILLON (Vincent)
(Né en 1960) Député socialiste de la Somme de 1997 à 2002, député européen depuis 2004.

Salope !

Des chasseurs accueillant le député PS
de la Somme, avril 2000

[Le député socialiste ayant refusé au dernier moment d'affronter Marine Le Pen sur France 2.]
Quel idiot ! Quel merdeux celui-là !

Martine Aubry
Le Canard enchaîné, 20 janvier 2010

Vincent Peillon, c'est une espèce de bouffonnerie permanente sur la morale. Vous savez comment Hollande, qui parfois peut être encore plus cruel qu'avec moi, le surnomme, et tout le monde le surnomme ? Le serpent.

Éric Besson
France 5, 9 mai 2011

PELLAT (Alexis, dit PELAT)
(1902-1962) Député d'extrême droite des Bouches-du-Rhône de 1956 à 1958.

Monsieur Pelat était tout seul de son groupe pour suivre le débat. Dans ces conditions il a eu beaucoup de mal à suivre et à comprendre. *(Rires au centre.)*

Pierre-Henri Teitgen
Assemblée nationale, 14 décembre 1957

PÉTAIN (Philippe)
(1856-1951) Maréchal, ministre de la Guerre en 1934, ambassadeur auprès de Franco, chef de l'État français de 1940 à 1944.

[Au moment de publier *La France et son armée.*]
Il faut rassurer le vieux Maréchal… et laisser pisser le mérinos…

Charles de Gaulle parlant à Daniel Rops
(directeur littéraire aux éditions Plon)

On vous a fait croire, monsieur le Maréchal, que cet armistice, demandé à des soldats par le grand soldat que vous êtes, serait honorable pour la France. Je pense maintenant que vous êtes fixé. Cet armistice est déshonorant. Deux tiers du territoire livrés à l'occupation de l'ennemi et de quel ennemi ! Notre armée tout entière démobilisée. Nos officiers et nos soldats prisonniers maintenus en captivité. Notre flotte, nos avions, nos chars, nos armes à livrer intacts, pour que l'adversaire puisse s'en servir contre nos propres alliés. La Patrie, le Gouvernement, vous-même, réduits à la servitude. Ah ! pour obtenir et pour accepter un pareil acte d'asservissement, on n'avait pas besoin de vous, monsieur le Maréchal, on n'avait pas besoin du Vainqueur de Verdun. N'importe qui aurait suffi.

Charles de Gaulle
Réponse au Maréchal Pétain, Londres, 26 juin 1940

Les vieillards qui se soignent à Vichy emploient leur temps et leur passion à faire condamner ceux qui sont coupables de continuer à combattre pour la France.

Charles de Gaulle
discours du 3 août 1940

Hitler dans *Mein Kampf* avait écrit qu'il affamerait la France. Pétain a dit qu'il avait tenu les promesses des autres. Je m'en aperçois.

Paul Lévy
Journal d'un exilé, 1949

La vieillesse est un naufrage. Pour que rien ne nous fût épargné, la vieillesse du maréchal Pétain allait s'identifier avec le naufrage de la France.

Charles de Gaulle
Mémoires de guerre, 1954

PEYREFITTE (Alain)
(1925-1999) Ministre de l'Information de 1962 à 1965, de la Recherche de 1966 à 1967, de l'Éducation nationale de 1967 à 1968, des Réformes et du Plan de 1973 à 1974 et des Affaires culturelles en 1974. Après son élection à l'Académie française en 1977, il est nommé garde des Sceaux, ministre de la Justice, poste qu'il occupe jusqu'en mai 1981. Il est aussi l'auteur du best-seller *Quand la Chine s'éveillera… le monde tremblera* (1973).

Le front est large, intelligent… Mais le visage est comme rompu en son milieu. Pénétration et faiblesse. Rapidité, mais non caractère. Et le corps confirme dans sa fausse aisance, trop grand, trop mou, sans liens, flottant… Et cet air de damoiseau vieilli, flétri d'un coup, blessé depuis Mai 68, par la peur, la lâcheté, la honte d'avoir craqué. Quel gâchis ! avec cela, l'impression d'avoir agi, alors qu'il n'a que parlé.

Henri Modiano
Lettre ouverte aux gaullistes trahis, 1972

J'ai vu Peyrefitte en short, j'ai compris ce que c'était que le tiers-monde. Les mauvaises langues disent que c'est le squelette de Raymond Barre. Il est certain que lorsque la Chine s'éveillera et qu'elle verra la tête de Peyrefitte ça lui fera un choc.

Jacques Mailhot
La Politique d'en rire, 1986

PFLIMLIN (Pierre)
(1907-2000) Maire de Strasbourg de 1959 à 1983, député démocrate-chrétien du Bas-Rhin de 1945 à 1967, dernier président du Conseil de la IVe République avant de Gaulle, ministre démissionnaire en 1962, après les déclarations du général de Gaulle contre l'Europe intégrée. Il sera président du Parlement européen de 1984 à 1987.

Son nom est à peu près aussi imprononçable que celui de l'échidné auquel il ressemble, et qui est, nous disent les manuels, « un animal épineux, fouisseur, dont le museau est prolongé en une sorte de bec arqué ». L'œil, ajouterons-nous, n'est pas tout à fait pétillant; les membres sont raides; l'allure générale maladroite et molle. C'est Bourvil au Palais-Bourbon.

André Figueras
Zoologie du Palais-Bourbon, 1956

Vous vouliez être président du Gouvernement, vous l'êtes. Permettez-moi de vous dire : dans quel état !

Jean Dides
Assemblée nationale, 20 mai 1958

Les élucubrations des prophètes de Strasbourg, des Pflimlin et des Spaak, me laissent froid. Des siècles d'histoire ne s'effacent pas d'un coup.

Charles de Gaulle
propos du 24 avril 1963 rapporté par Alain Peyrefitte,
C'était de Gaulle, tome I, 1994

PINAY (Antoine)
(1891-1994) Dit « le Sage de Saint-Chamond », maire de cette localité de 1929 à 1977, député modéré de la Loire de 1936 à 1938, sénateur de 1938 à 1940, député indépendant de 1945 à 1958, président du Conseil en 1952, ministre des Finances de 1958 à 1960, médiateur de la République de 1973 à 1974.

[À propos de la demande de levée de l'immunité parlementaire de Jacques Duclos.]
Pinay. Patron du cuir, actuel président du Conseil du complot. Vote les pleins pouvoirs à Pétain en 1940. Conseiller national de Vichy et titulaire de la Francisque. À la Libération : déclaré inéligible et condamné pour profits illicites. Relevé de son inéligibilité et « blanchi », fait aujourd'hui dans la nouvelle collaboration. […]
À l'Assemblée, le vichyste Pinay ne s'associe pas à l'hommage rendu au résistant déporté Heuillard.

L'Humanité, 22 octobre 1952

La politique financière d'Antoine Pinay était réellement la sienne. C'est ce qui fit sa faiblesse.

Edgar Faure, propos

Colas au Quai d'Orsay. D'autres se chargent de penser à sa place. […] Il y a un mot de Chateaubriand sur Polignac (je cite de mémoire) : « Ces muets qui étranglent les empires… » À partir du moment où la suffisance et l'insuffisance de Colas risquent de devenir mortelles pour la France, il n'y a plus de charité qui tienne et je sens que la mienne va céder.

de moins, je tiendrais un compte sérieux de cette possibilité.

Charles Maurras
L'Action française, 18 février 1913

[À l'occasion de la visite du président Poincaré à Saint-Pétersbourg.]
Notre président de vaudeville harangue les poissons de la Baltique.

Gustave Hervé
La Guerre sociale, 28 juillet 1914

Monsieur Poincaré invente des costumes, des couvre-chefs, et dit des choses convenues à un signe donné. Il imite à la perfection le vivant.

Georges Clemenceau
L'Homme enchaîné, 6 août 1917

Raymond Poincaré est en effet de gauche, mais d'une gauche qui n'a plus cours qu'au Sénat.

Léon Daudet
La Chambre nationale, 16-Novembre, 1923

Cet homme-là était fait pour fabriquer des dictionnaires. Il a le lyrisme du *Larousse.* Promettez-moi qu'il n'y aura pas sur ma tombe un discours de Poincaré ; ce serait vraiment mourir deux fois.

Georges Clemenceau
propos du 5 avril 1929 rapporté par Jean Martet,
Le Tigre, 1930

Les Herriot, les Briand, toute une tourbe siège ou a siégé à côté de monsieur Raymond Poincaré. Elle le tient donc par la main, elle le tient donc par les pieds, par les yeux qu'elle bouche, par l'esprit qu'elle paralyse, par la conscience du devoir républicain qui annule et éteint le sens du devoir national. Entre les menaces d'un Panama, dont étaient menacés tous ces précieux collaborateurs, et soixante-trois ans de servitude à la France, monsieur Raymond Poincaré ne peut hésiter. Il veut ratifier ; et plus la cuisine ratificatrice du *Temps* répandra d'odeurs méphitiques, plus il dilatera tristement les narines en criant à la rose, à l'œillet et même au lys !

Charles Maurras
L'Action française, 4 juillet 1929

Poincaré, qui peut lire, pendant cinq heures d'horloge, un papier composé de chiffres et de paragraphes numérotés, dégage, lui aussi, une fatigue extrême. Il est encore plus gauche que « de gauche », le pauvre type !

Léon Daudet
Termites parlementaires, 1930

Les Mémoires de Poincaré sont écrits, dans une prose livide, avec le pied, sur un papier grisâtre de tabellion.

Léon Daudet
Député de Paris, 1933

POMPIDOU (Georges)
(1911-1974) Dit « Bougnatparte », « Pompi-Duce », « Œil touffu », directeur de cabinet du général de Gaulle, Premier ministre de 1962 à 1968, député du Cantal de 1968 à 1969, président de la République de 1969 à 1974.

Un Debré au-dessous de zéro.

Mot qui circula dans la classe politique lorsque Georges Pompidou, alors parfait inconnu, fut nommé Premier ministre, le 14 avril 1962, succédant à Michel Debré

Notre Raminagrobis de Premier ministre, tout fourré, tout bénin, toutes griffes rentrées…

François Mauriac
Bloc-notes, 12 septembre 1963

Il y a en France des ministres. On murmure même qu'il y a encore un Premier ministre. Mais il n'y a plus de gouvernement.

François Mitterrand
Le Coup d'État permanent, 1964

Depuis que le général de Gaulle est président de la République, nous avons connu deux Premiers ministres. Le premier avait, ne vous en déplaise, la confiance de la majorité de l'Assemblée. On l'a renvoyé. Le second a perdu la confiance de l'Assemblée. On l'a gardé.

François Mitterrand
Assemblée nationale, 14 avril 1966

Qu'avez-vous fait de l'État au cours de ces dernières heures ? Vous étiez absent [...]. Vous voici de retour, monsieur le Premier ministre, vous ne serez pas le miraculé de Kaboul.

François Mitterrand
Assemblée nationale, 14 mai 1968
[Georges Pompidou était en voyage officiel en Afghanistan quand les événements de Mai 68 débutèrent à Paris.]

Dans la bouche du président de la République le mot « propriété » prend un coup de vieux d'un bon siècle. Devant mon poste de télévision je vois le chef de l'État détacher ces quatre syllabes comme un banquier ses coupons.

François Mitterrand
La Paille et le Grain, 1975

Ceux qui l'ont aimé se souviennent qu'il savait rire, sentir, donner, imaginer. Mais on ne rachète pas par des vertus privées le passif d'une vie publique.

François Mitterrand
La Paille et le Grain, 1975

Je ne puis me défaire d'une certaine pitié pour ce mort oublié avant d'être enseveli.

François Mitterrand
La Paille et le Grain, 1975

POUJADE (Pierre)
(1920-2003) Dit « Pierrot », « la tarasque de Saint-Céré », « Poujadolf », papetier, fondateur de l'Union de défense des commerçants et artisans (UDCA), qui obtint plus de cinquante députés « poujadistes » aux élections législatives de 1956.

C'est la grande gueule des lycées du Midi.

Valéry Giscard d'Estaing
propos rapporté par Edgar Faure,
Mémoires, tome II, 1984

Un certain nombre de Français qui se sentaient éloignés du « courant » mendésien (soit par hostilité à la gauche, soit parce que son imprégnation intellectuelle les désorientait) étaient cependant impressionnés par l'aspect chaleureux de ce phénomène, ils se sentaient en disponibilité d'enthousiasme, en quête d'un héros de substitution. Poujade répondit à cette attente et répondit à cette frustration. Il s'imposait, non point par la vertu du contraste mais par un effet de contrepoint. Ce n'était pas un anti-Mendès : c'était leur Mendès à eux. Non pas le rénovateur des comptes de la nation mais le redresseur des comptes de la boutique. Non pas le grave continuateur de Keynes, mais l'émule irrévérencieux du La Brige de Courteline. Non pas le prophète inspiré des structures de l'avenir, mais l'espiègle farfadet de la rouspétance quotidienne.

Edgar Faure
Mémoires, tome II, 1984

PROUDHON (Pierre-Joseph)
(1809-1865) Théoricien de l'anarchisme, député de la Seine à l'Assemblée nationale constituante de 1848.

[À la fin de son discours contre la propriété.]
Envoyez l'orateur à Bicêtre !

Assemblée nationale constituante, 31 juillet 1848

PUGLIESI-CONTI (Paul)
(1861-1933) Député nationaliste de la Seine de 1902 à 1919.

Il n'appartient pas à monsieur Pugliesi-Conti et à sa fureur impuissante de m'outrager, de me mépriser. Ne méprise pas qui veut, monsieur !

Jean Jaurès
Chambre des députés, 4 novembre 1904

Q

QUEUILLE (Henri)

(1884-1970) Député radical de la Corrèze de 1914 à 1935, sénateur de 1935 à 1940, de nouveau député de 1946 à 1958, plusieurs fois ministre, président du Conseil de 1948 à 1949, en 1950 et en 1951.

Ce cloporte béquillard, plat et blasé, était l'éternel ministre de l'Agriculture de la IIIe République. Dans le ministère, comme dans tout village, il est bon qu'il y ait un « idiot » pour faire la joie des autres, qui se croient plus malins que lui. Henri Queuille joua ce rôle dix-sept fois.
La IVe République, dont on n'observera jamais trop qu'elle a été faite principalement avec les déchets de la IIIe, transforma Queuille en président du Conseil.
Il inventa alors une trente-troisième position, celle qui seyait le mieux à son tempérament, l'immobilité. Tout le temps qu'il resta au pouvoir, il s'amusa tout seul, mais il n'engendra pas le plus petit projet, la plus petite innovation. Il fut aussi stérile qu'Onan.

André Figueras
Zoologie du Palais-Bourbon, 1956

[À sa nomination à la présidence du Conseil.]
L'immobilisme est en marche, rien ne pourra l'arrêter.

Edgar Faure, propos

[Pendant la guerre de Corée.]
Taisez-vous, Corrézien du Nord !

Jacques Duclos
Assemblée nationale
Le Crapouillot, mai-juin 1970

R

RADICAUX

(valoisiens comme de gauche) Dits « rad-socs », dits « radicaille », dits « radigaleux ».

Grattez un radical et vous découvrirez un coquin.

La Semaine religieuse du diocèse de Périgueux, 1873

Les radicaux, c'est comme les radis : rouges à l'extérieur, blancs à l'intérieur, et toujours proches de l'assiette au beurre.

Adage ancien

Les radicaux ? Les radicaux sont les conservateurs… Pas les conservateurs des traditions : les conservateurs des abus…

Charles de Gaulle, propos

Radicaux : places ! Places !

Charles de Gaulle, propos de 1960

[Durant le déjeuner des Assises du Parti radical de gauche du 8 mars 1997.]
Tous des cons, des notables. D'ailleurs, la politique n'est pas une profession pour moi. C'est un métier assez sot !

Bernard Kouchner
Le Canard enchaîné, 12 mars 1997

RAFFARIN (Jean-Pierre)
(Né en 1948) Député européen de 1979 à 1995, ministre des PME, du Commerce et de l'Artisanat de 1995 à 1997, sénateur de la Vienne de 1997 à 2002 et depuis 2005, Premier ministre de 2002 à 2005.

[Téléphonant à l'intéressé, alors Premier ministre.]
Tu es un sale petit trou du cul !

Jean-Louis Borloo
Le Canard enchaîné, 1er décembre 2004

RAMADIER (Paul)
(1888-1961) Député socialiste de l'Aveyron de 1928 à 1940 et de 1945 à 1951, plusieurs fois membre du gouvernement, l'un des quatre-vingts parlementaires à refuser les pleins pouvoirs à Pétain le 10 juillet 1940, président du Conseil en 1947.

Cette chenue bique, un moment flanquée au rancart dans son étable crasseuse, s'est remise à crotter sur nos grands-routes. On ramasse ses incongruités à la pelle, et c'est si sec, si puant, si pauvre, qu'il n'y a même pas moyen de se servir de ce fumier pour faire pousser des éclats de rire.

Car jamais Ramadier ne lève la queue pour lâcher autre chose que des pauvretés, des euphémismes dérisoires, des cacas tout niais qui roulent comme des billes, et que personne ne ramasse.
La carrière de Paul Ramadier est toute jonchée de ces crottes de bique.

André Figueras
Zoologie du Palais-Bourbon, 1956

REILLE (René, baron)
(1835-1898) Dit « le roi de la Montagne », député conservateur du Tarn de 1869 à 1870, de 1876 à 1878 et de 1879 à 1898, président du conseil d'administration des mines de Carmaux.

Pendant que le baron Reille papillonne de conseil d'administration en conseil d'administration, et va, infatigable et souriant, de jeton de présence en jeton de présence, il y a, par son fait, des consciences généreuses et intrépides sous les verrous.

Jean Jaurès
La Dépêche, 29 août 1892

REINACH (Joseph)
(1856-1921) Dit « Boule de juif », député radical des Basses-Alpes de 1889 à 1898 et de 1906 à 1914, dreyfusard convaincu.

Monsieur Brisson, on ne l'a pas oublié, avait été le président de la commission d'enquête de Panama. S'il avait montré dans cette affaire le même désir de lumière dont il a fait preuve dans l'affaire Dreyfus, il

est probable que les escrocs de Panama auraient subi leur châtiment. *(Applaudissements à droite.)*
N'y avait-il pas eu à côté de monsieur Brisson un homme… Il paraît que le règlement m'empêche de le nommer ; je vais cependant essayer de le désigner. *(On rit.)* Cet homme néfaste, devant lequel tant de personnes tremblent, paraît-il, qui a ouvert toutes grandes les écluses de ce Pactole dont la source est dans les marais d'Israël *(Mouvements divers)* et qui roule dans ses flots les boues accumulées des hontes et des concussions passées et des trahisons présentes, cet homme est allé réveiller les oubliés des scandales passés, et quand ces oubliés, plus malheureux que coupables, je veux bien le croire, lui ont demandé : Est-ce pour le châtiment ? Il a répondu : « Non, ce n'est pas pour le châtiment, c'est pour de nouvelles infamies ! Vous m'avez aidé jadis à escroquer l'argent des travailleurs français, aidez-moi aujourd'hui à mettre à l'encan le drapeau ; marchez, ou je vous arrache les lambeaux d'honneur qu'il m'a plu de vous laisser. » *(Applaudissements à droite.)* Et cet homme, trouvant qu'il ne suffisait pas de faire trembler tant de monde, ne reculant devant rien pour assurer le triomphe de la plus abominable des causes, s'est servi de l'insulte, lui qui ne peut plus être insulté, de l'insulte la plus basse, la plus vile, la plus lâche, de celle qui s'adresse à une femme malheureuse et sans défense. Je crois l'avoir suffisamment désigné, et si le règlement l'avait permis j'aurais nommé monsieur Reinach. *(Mouvements divers.)*

Joseph Lasies, député nationaliste du Gers
Chambre des députés, 19 décembre 1898

Je ne veux pas, à minuit et demi, entrer dans des explications. Je me borne à dire que je ne puis pas voter un ordre du jour présenté par monsieur Reinach *(Mouvements divers)*, parce que monsieur Reinach est l'un des auteurs de l'anarchie dont la crise actuelle n'est qu'un des signes. *(Très bien ! très bien ! à droite.)*

Maurice Barrès
Chambre des députés, 19 mars 1909

RÉPUBLICAINS
(de toutes tendances) Dits « bleus », « marianneux » et « républicoquins ».

Les républicains ne sont pas tous voleurs, mais tous les voleurs sont républicains.

Adage en vogue dans les milieux conservateurs
propos rapporté par Flaubert dans
le *Dictionnaire des idées reçues*, 1913

[Pendant la discussion de la loi sur la liberté de l'enseignement supérieur.]
PAUL BERT. – On vous l'a dit à cette tribune, avec une éloquence incomparable. [...] « Le cléricalisme, voilà l'ennemi. »
ARMAND DE BAUDRY D'ASSON. – Alors moi, je dis que la majorité républicaine est la lèpre dévorante de la société.

Chambre des députés, 21 juin 1879

RÉPUBLIQUE
Dite « Marianne », dite « la Gueuse »

Mon âme à Dieu, mon cœur au Roi et mon cul à la République !

Comte de Bologne
dernières paroles avant d'être guillotiné

Que la République était belle sous l'Empire !

D'après une phrase de Louise Michel
exclamation en vogue dans les milieux
d'extrême gauche sous la IIIe République

ARMAND DE BAUDRY D'ASSON. – Messieurs, pendant la courte session où nous allons assister, je l'espère, à l'agonie de la République... *(Bruyantes exclamations et rires à gauche et au centre, et cris : À l'ordre !)*, je demande que la Chambre...
LÉON GAMBETTA, président de la Chambre des députés. – Monsieur de Baudry d'Asson, je vous préviens qu'il ne saurait convenir...
ARMAND DE BAUDRY D'ASSON. – C'est une espérance que j'exprime, et j'en ai bien le droit.
MONSIEUR LE PRÉSIDENT. – ... ni à la Chambre, ni au Gouvernement, qui est toujours présent ici, de tolérer un langage comme celui que vous vous permettez d'employer, sans que rien vous y provoque.
En conséquence, je vous avertis que si le reste de votre discours écrit *(Rires à gauche)* était dans ce style, je vous ferais l'application du règlement. *(Très bien ! à gauche.)*

Chambre des députés, 10 novembre 1880
[Baudry d'Asson traitera ensuite les ministres
de « crocheteurs » et se verra appliquer la censure.]

Quand l'empire croula, ce fut une sacrée jubilation : on allait vivre enfin, la Belle était en route !
Je t'en fous ! Elle s'est bien amenée – mais quelle garce. Au lieu de la Marianne de ses rêves, le populo a vu une affreuse pétasse réservant ses caresses à tous les charognards de la haute.
Banquiers, frocards, chats-fourrés et porte-rapière sont devenus ses clients les plus gobés et c'est avec bougrement de plaisir que cette goton les reçoit dans son plumard.

Émile Pouget
Le Père Peinard, 18 septembre 1898

En finira-t-on avec les relents de pourriture parfumée qu'exhale encore la vieille putain agonisante, la garce vérolée fleurant le patchouli et la perte blanche, la République toujours debout sur son trottoir. Elle est toujours là, la mal blanchie, la craquelée, la lézardée, sur le pas de sa porte, entourée de ses miches et de ses petits jeunots aussi acharnés que les vieux. Elle les a tant servis, elle leur a tant rapporté de billets dans ses jarretelles : comment auraient-ils le cœur de l'abandonner, malgré les blennorragies et les chancres ? Ils en sont pourris jusqu'à l'os.

Robert Brasillach
Je suis partout, 7 février 1942

REYNAUD (Paul)
(1878-1966) Député modéré des Basses-Alpes (actuelles Alpes-de-Haute-Provence) de 1919 à 1924, député de la Seine de 1928 à 1940, plusieurs fois ministre, président du Conseil en 1940, député indépendant du Nord de 1945 à 1967.

PAUL REYNAUD. – Nous sommes encore en régime parlementaire !
ÉTIENNE FAJON. – Ce n'est pas votre faute !

Assemblée nationale, 29 août 1954

On laisse parler ce fossoyeur !

André Pierrard, député communiste du Nord
Assemblée nationale, 30 août 1954

Postillon trop léger pour l'attelage national en furie, il eut le bonheur – et le coup d'œil – de sauter juste à temps au moment où la voiture allait verser.

André Frossard
Histoire paradoxale de la IVe République, 1954

Il a été un peu dans les prisons boches. Il faut croire qu'il n'y était pas très mal, puisqu'il est revenu de là « européen ».

André Figueras
Zoologie du Palais-Bourbon, 1956

RIBIÈRE (René)
(1922-1998) Député gaulliste du Val-d'Oise de 1958 à 1973, petit-fils d'un député radical qui s'était battu en duel sous la IIIe République.

Taisez-vous, abruti !

Gaston Defferre
lors de la rentrée parlementaire de 1967
[Cette injure, qui ne figure pas au compte rendu, a provoqué le dernier duel parlementaire à l'épée.]

RICHARD (Alain)
(Né en 1945) Maire de Saint-Ouen-L'Aumône, député socialiste du Val-d'Oise de 1978 à 1993, sénateur de 1995 à 1997, ministre de la Défense de 1997 à 2002.

La tête d'Alain Richard est comme une montgolfière !

Hubert Védrine
Le Canard enchaîné, 14 avril 1999

ROBESPIERRE (Maximilien de)
(1758-1794) Dit « la Chandelle d'Arras », dit « l'Incorruptible », député de l'Artois aux états généraux et à la Constituante, député du Pas-de-Calais à la Convention, âme de la Terreur au Comité de salut public.

Ce chat qui a bu du vinaigre…

Mirabeau, propos

Le grand homme le plus petit et le plus fougueux du Sénat français. La fragilité de son individu n'a fait qu'irriter son éloquence et qu'augmenter sa gloire.

Rivarol
Petit dictionnaire des grands hommes de la Révolution, 1790

Je t'accuse de t'être continuellement produit comme un objet d'idolâtrie, d'avoir souffert que devant toi, on te désignât comme le seul homme vertueux en France qui pût sauver le peuple et de l'avoir fait entendre toi-même, je t'accuse d'avoir tyrannisé par tous les moyens d'intrigue et d'effroi l'assemblée électorale du département de Paris, je t'accuse enfin d'avoir évidemment marché au suprême pouvoir, ce qui est démontré et par les faits que j'ai indiqués et par toute ta conduite qui, pour t'accuser parlera plus haut que toi.

Jean-Baptiste Louvet
Convention, 29 octobre 1792

[Allusion à l'absence de Robespierre lors de la journée du 10 août 1792, lorsque le peuple de Paris a pris les Tuileries.]
Nous, modérés ! Je ne l'étais pas le 10 août [...] Robespierre, lorsque tu étais caché dans ta cave !

Pierre-Victurnien Vergniaud
Convention, 10 avril 1793

[Quand la charrette qui le mène à la guillotine passe devant le logis de l'Incorruptible.]
Robespierre ! Tu me suis ! Ta maison sera rasée ! On y sèmera du sel !

Georges Danton, 5 avril 1794
[Robespierre sera guillotiné à son tour le 28 juillet.]

ROCARD (Michel)
(Né en 1930) Maire de Conflans-Sainte-Honorine de 1977 à 1994, député PSU des Yvelines de 1969 à 1973, député socialiste du même département de 1978 à 1981 et de 1986 à 1988, sénateur de 1995 à 1997, ministre d'État, ministre du Plan et de l'Aménagement du territoire de 1981 à 1983, ministre de

l'Agriculture de 1983 à 1985, Premier ministre de 1988 à 1991.

[Après le débat télévisé entre Edgar Faure et Michel Rocard dans l'émission « À armes égales ».]
J'imagine que le succès de Michel Rocard à la télévision est du même ordre que celui d'un chanteur de charme, qu'il est politiquement nul. Parce qu'il n'a aucune chance d'espérer atteindre au pouvoir par les moyens légaux, il a une raison très personnelle d'être révolutionnaire : lui qui ne peut rien espérer que de la violence…

François Mauriac
Le Figaro littéraire, 6 juillet 1970

Il a du talent, mais a-t-il des qualités ?

François Mitterrand
Mitterrand par Mitterrand, 1978

Rocard est un giscardien qui s'ignore. Giscard est un rocardien qui a réussi.

Lionel Jospin
VSD, 28 juin 1979

Vous imaginez un électeur d'Auvergne regardant Rocard à la télévision ? Il dira : celui-là, il cause trop vite.

Raymond Barre
Le Figaro Magazine, 2 février 1980

Michel Rocard, c'est une savonnette au fond d'une baignoire.

Alexandre Sanguinetti
déclaration radiophonique rapportée par
Pierre Douglas
Les Pensées de Marianne, 1980

Rocard vous brode et vous saoule d'interminables discours, incompréhensibles et bousculés, que vous vous jugerez incapable d'interrompre pour en demander le sens. Bizarre qu'un homme qui prétend parler vrai, et en tire gloire, le fasse en des termes si obscurs.

Philippe Alexandre
Paysages de campagne, 1988

Il parle comme Mendès France, il gouverne comme Henri Queuille et veut faire croire qu'il est le successeur de Pinay.

Le Point, 19 juin 1989

Il pourrait être Premier ministre de Giscard après 1982. Et encore ! Je ne suis pas sûr qu'il ait le cran d'accepter !

François Mitterrand
propos de septembre 1979 rapporté par
Michèle Cotta, *Cahiers secrets de la Ve République*, tome II, 2008

Rocard est comme du chatterton qui se colle au veston quand on l'a décollé du doigt.

François Mitterrand
propos rapporté par Jacques Attali, *Verbatim*, 1995

Rocard n'a ni la capacité ni le caractère pour cette fonction. Mais, puisque les Français le veulent, ils l'auront. En revanche, c'est moi qui ferai le gouvernement.

François Mitterrand
propos rapporté par Jacques Attali, *Verbatim*, 1995

ROUHER (Eugène)
(1814-1884) Député indépendant, plusieurs fois ministre et notamment ministre de la Justice puis des Finances sous le Second Empire.

Monsieur Rouher a un tort énorme, sans préjudice des autres : depuis quelques jours, il ne peut plus aborder la tribune sans parler de son honnêteté.
Le public et moi, nous avons fait une remarque, c'est que les honnêtes gens se gardent généralement de mettre ainsi leur honorabilité sur le tapis. Ils attendent que cette idée vienne aux autres. Il n'y a plus guère que les gens pris de vin qui rabâchent presque toujours en battant les murs : « Moi, je suis un honnête homme… un honnête homme… un honnête homme ! »

Henri Rochefort
La Lanterne, 18 juillet 1868

ROUSSET (David)
(1912-1997) Militant trotskiste.

À la manière du sinistre bandit hitlérien Goebbels, le trotskiste Rousset dans son rôle ignoble de calomniateur du pays des héros de Stalingrad…

Florimond Bonte
titre de la double page centrale de *France nouvelle*,
17 novembre 1949 [À cette date, Rousset
avait quitté le PCI trotskiste depuis deux ans.]

ROYAL (Ségolène)
(Née en 1953) Députée des Deux-Sèvres de 1988 à 1997 et de 2002 à 2007, plusieurs fois membre du gouvernement, présidente du conseil régional de Poitou-Charentes, candidate à l'élection présidentielle de 2007.

J'ai une mention particulière pour Ségolène Royal, la plus hystérique, absolument hors concours. C'est Édith Cresson en plus jeune. Je te laisse imaginer !

Nicolas Sarkozy sous le pseudonyme de Mazarin
« Lettre apocryphe de Michel Rocard
à Jacques Chirac »
Les Échos, 23 août 1995

Elle a un nom subliminal pour la droite poitevine, un physique à déguster des langues-de-chat dans les salons de thé de Charente.

Philippe de Villiers
Le Canard enchaîné, 26 mai 2004

Si elle s'appelait République, Ségolène ne séduirait pas nos électeurs.

Philippe de Villiers
phrase nominée au prix Press Club,
Humour et Politique 2004

Ségolène, elle séduit au loin et irrite au près.

Jean-Pierre Raffarin
phrase nominée au prix Press Club,
Humour et Politique 2006

Je préfère dire : « voici mon projet » que « mon projet c'est *Voici* ».

Laurent Fabius
phrase nominée au prix Press Club,
Humour et Politique 2006

Les seules idées, dans le vide sidéral du discours de madame Royal, ce sont celles qu'elle emprunte et qui prennent son électorat à rebrousse-poil.

Nicolas Sarkozy
Le Figaro, 1er septembre 2006

Le problème n'est pas de plaire ou de savoir si on a les bonnes mensurations mais de proposer un autre modèle aux Français.

Martine Aubry
www.segolenades.com, 2 septembre 2006

Il y a du mérovingien dans cette femme-là : Ségolène Royal, c'est une Frédégonde qui serait passée par la Star Ac.

Jean-Louis Bourlanges
propos rapporté par Alexandra Da Rocha
Salope ! Insultes et autres perfidies sur les femmes politiques, 2007

Ségolène a un point commun avec Brigitte Bardot, elle veut castrer son âne.

Blague de campagne électorale
rapportée par Alexandra Da Rocha
Salope ! Insultes et autres perfidies sur les femmes politiques, 2007

Qui va garder les enfants ?

Blague de campagne attribuée à Laurent Fabius
et plusieurs fois démentie par l'intéressé

Le pacte présidentiel de Ségolène Royal ressemble de plus en plus à *Jurassic pacte.*

Luc Chatel
conférence de presse du 27 février 2007
La Dépêche du Midi, 28 février 2007

Mais je pense, en conscience, que Ségolène Royal ne doit pas devenir présidente de la République. Je ne le souhaite pas pour mon pays. Je le redoute pour mes enfants. […]
Je le dis sans passion aucune, calmement mais fermement : ce que construit Ségolène Royal dans cette

campagne présidentielle est mensonger et dangereux, pour la gauche et pour la France. Elle prétend porter une rénovation démocratique ? En réalité, elle construit un pouvoir personnel. Elle attise la méfiance envers les élus et la démocratie représentative. Elle joue de sa victimisation, elle instrumentalise le féminisme, les souffrances des femmes, et celles des exclus, pour asseoir son pouvoir. Elle promeut une démocratie participative qui n'est que mascarade. Elle fait croire aux citoyens qu'ils seront les inventeurs de son programme, les vrais héros de son aventure ? Tout le monde sait que c'est faux. Elle use et abuse de démagogie. Elle prétend briser des tabous, mais elle ne fait qu'accompagner l'opinion dans ses pulsions majoritaires. Et quand elle rencontre une résistance, elle édulcore, se réfugie dans le flou, ne précise rien. Alors, tout est possible, tout peut arriver. Rien ne peut être débattu, discuté, argumenté, puisque rien n'est clair. À l'arrivée, c'est l'arbitraire, des décisions incompréhensibles, l'opinion flattée, distraite, amusée, et des catastrophes économiques programmées…

Éric Besson
Qui connaît Madame Royal ?, 2007

Cela se passe toujours – toujours ! – comme cela avec elle. Une fuite vers le n'importe quoi.

Éric Besson
Qui connaît Madame Royal ?, 2007

Devenir candidat à la Présidence de la République sans jamais avoir présenté sa vision du monde, de la France, de la politique économique, simplement en caressant les foules, et en alignant des platitudes morales, on ne l'avait jamais fait !

Éric Besson
Qui connaît Madame Royal ?, 2007

Je revendique le droit, ce n'est pas facile à faire, de distinguer les femmes de Ségolène Royal. Je ne vois pas pourquoi elle serait, par hypothèse, l'incarnation de la féminitude !

Éric Besson
Qui connaît Madame Royal ?, 2007

Ségolène Royal a l'humanité d'un bigorneau.

Christian Estrosi
Le Canard enchaîné, 9 juillet 2008

Je trouve triste de la voir en photo dans les magazines, elle fait mémère maintenant.

Daniel Cohn-Bendit
Le Canard enchaîné, 2 septembre 2009

Qu'on commette des erreurs en politique c'est possible ; qu'on les commette toutes, c'est fou !

Guillaume Bachelay
phrase nominée au prix
Press Club, Humour et Politique 2011

Elle et François Bayrou sont des gens très inquiétants, complètement illuminés, qui s'estiment investis d'une mission. Ségolène Royal a un comportement délirant.

Dominique Paillé
Causette, février 2011

S

SAINT-ARNAUD (Arnaud Jacques, dit Jacques Leroy de)
(1798-1854) Maréchal, ministre de la Guerre, l'un des organisateurs du coup d'État du 2 décembre 1851.

Saint-Arnaud était un général qui avait été figurant à l'Ambigu. Il avait débuté par être comique à la banlieue. Tragique, plus tard. Signalement : haute taille, sec, mince, anguleux, moustaches grises, cheveux plats, mine basse. C'était un coupe-jarret, mais mal élevé. Il prononçait *peuple souvérain*. Morny en riait. Il ne prononce pas mieux le mot qu'il ne comprend la chose, disait-il.

Victor Hugo
Histoire d'un crime, 1883

SALENGRO (Roger)
(1890-1936) Maire de Lille, député socialiste du Nord de 1928 à 1936, ministre de l'Intérieur du gouvernement de Front populaire. Injustement accusé d'avoir déserté pendant la Grande Guerre, il se suicide le 18 novembre 1936.

Roger-la-Honte.

Le Prolétaire, 17 septembre 1921
(journal communiste du Nord)

Sale en haut, sale en bas, sale en gros et en détail…

Le Prolétaire, 28 octobre 1922
(journal communiste du Nord)

Monsieur Salengro, agent de liaison, s'est retrouvé malencontreusement, au cours d'une mission, dans les lignes ennemies. Les circonstances de cet « accident » étaient assez troubles pour qu'un conseil de guerre le qualifiât de désertion, assez imprécises pour qu'un autre conseil de guerre passât l'éponge. Quoi qu'il en soit, monsieur Salengro peut maintenant […] s'écrier dans les réunions publiques, lorsqu'il parle devant des purs : – Parfaitement, je suis un déserteur ! Et je m'en vante ! Ça m'a évité de tuer mes frères allemands.

Pierre-Antoine Cousteau
Je suis partout, 24 novembre 1934

Appétissant, rond et pointu comme une poire…

Henri Béraud
Gringoire, 5 juin 1936

De la classe 10, il arrive à son corps le 1er août 1914 entre deux gendarmes. Roger Salengro est inscrit au carnet B comme révolutionnaire dangereux et il est enfermé dans les locaux disciplinaires du régiment jusqu'au moment où Malvy, ministre de l'Intérieur, décide de supprimer les dispositions du carnet B. Le soldat Salengro est

alors affecté au 233e RI […]. Le capitaine Bedel […] prit Salengro comme cycliste, ce qui, en une certaine mesure, était un « filon ». Mais, le 6 octobre 1915, en Champagne, après une journée dure […] Salengro demanda […] l'autorisation d'aller chercher le corps d'un copain à lui. Il l'obtint et le 7 octobre 1915, un peu avant 9 heures, on le vit partir dans les boyaux. Il ne revint plus.
On n'avait entendu aucune détonation, aucun cri, aucun bruit de combat. Salengro avait été fait prisonnier par les Allemands sans avoir reçu aucune blessure, ce qui était surprenant dans ce secteur.
Un conseil de guerre jugea par contumace le soldat Salengro. Il fut condamné à mort pour désertion à l'ennemi.
À la fin de la guerre, sur l'intervention de quelques membres de la Fédération socialiste, un pourvoi en révision fut introduit et l'affaire portée devant le 2e conseil de guerre de Paris. […] Grâce au zèle de son ami le capitaine M…, Salengro fut acquitté – à la minorité de faveur, dit-on. Acquitté même dans ces conditions, monsieur Salengro ne doit pas être regardé comme coupable. Il faut tout de même reconnaître que cette fâcheuse aventure doit mettre une certaine gêne entre le Soldat inconnu et lui. Il y a des choses qui n'arrivent pas à tout le monde !

L'Action française, 14 juillet 1936

Nul, boursouflé de suffisance et de graisse…

Lucien Rebatet
Je suis partout, 18 juillet 1936

Voilà dans quelles conditions a déserté ce misérable à un âge (vingt-cinq ans) où généralement les jeunes Français ne connaissent que bravoure et abnégation !

Lettre du colonel Arnould
Gringoire, 28 août 1936

Le 7 octobre 1915, le cyclo-déserteur Roger Salengro sautait le parapet ; le 7 octobre 1936, le rétro-pédaleur était ministre de l'Intérieur. Vive la République !

L'Action française, 8 octobre 1936

De deux choses l'une : ou monsieur Roger Salengro n'a jamais été condamné par un conseil de guerre, ou il l'a été. [...] Si monsieur Salengro a été condamné, il ne doit pas moins comprendre que sa place n'est plus au ministère de l'Intérieur ni au Palais-Bourbon ni à la mairie de Lille car il n'est pas un seul Français, quelle que soit son opinion, qui accepte d'être gouverné, voire représenté par un déserteur.

Gringoire, 9 octobre 1936

D'abord et avant tout un crétin, un pâle crétin, un circoncis de l'entendement...

L'Action française, 12 octobre 1936

Maurras, le grand Maurras, qui a tant fait pour faire briller la pensée française dans le monde, est sous les verrous. Salengro, accusé de désertion à l'ennemi, Salengro le mal blanchi, trône au ministère de l'Intérieur et rêve de faire, comme en Espagne, ouvrir les portes de nos geôles aux apaches, soldats de l'émeute à laquelle il a fait publiquement appel ! Justice « républicaine » !

L'Action française, 1er novembre 1936

On a blanchi Salengro. Le voilà Proprengro ! De cette aventure, il sort purifié, savonné, décrotté, épongé et rincé – en un mot : aussi flamboyant qu'un vélo neuf !

Henri Béraud
Gringoire, 6 novembre 1936

Une sorte de frère adultérin des trois petits cochons [avec] les mêmes joues rebondies, les mêmes petits yeux trop rapprochés, les mêmes petites menottes à fossettes au bout des petits bras trop courts.

Odette Pannetier
Candide, 12 novembre 1936

[Au lendemain du suicide de Salengro.]
Léon Blum porte une atroce responsabilité, on ne va pas chercher ses ministres sur les bancs du conseil de guerre.

Henri de Kerillis
L'Écho de Paris, 19 novembre 1936

SANGUINETTI (Alexandre)
(1913-1980) Député gaulliste de la Seine de 1962 à 1966, ministre des Anciens Combattants de 1966 à 1967, député de la Haute-Garonne de 1968 à 1973, secrétaire général de l'UDR de 1973 à 1974, grande gueule du gaullisme intransigeant.

Sanguinetti est formidable, mais il ne sert à rien.

Claude Estier
Le Journal du dimanche, 17 juin 1979

SARKOZY (Nicolas)
(Né en 1955) Maire de Neuilly, député RPR des Hauts-de-Seine, secrétaire d'État au Budget de 1993 à 1995, ministre de l'Intérieur, ministre des Finances et de nouveau ministre de l'Intérieur, président de la République de 2007 à mai 2012.

[Sarkozy ayant choisi de soutenir Edouard Balladur à l'élection présidentielle.]
J'aurais dû l'écraser en lui marchant dessus du pied gauche, ça m'aurait porté bonheur.

Jacques Chirac, 1995

Si Bush et Thatcher avaient eu un enfant ensemble, ils l'auraient appelé Sarkozy.

Robert Hue
phrase nominée au prix Press Club,
Humour et Politique 2005

[Après le soutien du rappeur au candidat Sarkozy.]
Docteur Sarko et Doc Gynéco, c'est la com' et la came !

Philippe de Villiers
phrase nominée au prix Press Club,
Humour et Politique 2006

Un néo-conservateur américain à passeport français…

Éric Besson
au début de la campagne présidentielle de 2007
[Récusant toute arrière-pensée xénophobe, l'auteur de ce propos a adressé une lettre d'explication à l'intéressé, avant de rejoindre son camp.]

Sarkozy, c'est le seul qui a été obligé de passer par l'Élysée pour devenir Premier ministre.

Jean-Louis Borloo
prix Press Club, Humour et Politique 2008

Sarkozy est passé de la présidence bling-bling à la présidence couac-couac.

François Hollande
phrase nominée au prix Press Club, Humour et Politique 2008

Si Sarkozy existe en tant que phénomène social et historique, malgré sa vacuité, sa violence et sa vulgarité, nous devons admettre que l'homme n'est pas parvenu à atteindre le sommet de l'État malgré ses déficiences intellectuelles et morales, mais grâce à elles. C'est sa négativité qui a séduit. Respect des forts, mépris des faibles, amour de l'argent, désir d'inégalité, besoin d'agression, désignation de boucs émissaires dans les banlieues, dans les pays musulmans ou en Afrique noire, vertige narcissique, mise en scène publique de la vie affective et, implicitement, sexuelle : toutes ces dérives travaillent l'ensemble de la société française ; elles ne représentent pas la totalité de la vie sociale mais sa face noire, elles manifestent son état de crise et d'angoisse. [...] Au fond, nous devrions être reconnaissants à Nicolas Sarkozy de son honnêteté et de son naturel, si bien adaptés à la vie politique de notre époque. Parce qu'il a réussi à se faire élire en incarnant et en flattant ce qu'il y a de pire autour de nous, en nous, il oblige à regarder la réalité en face. Notre société est en crise, menacée de tourner mal, dans le sens de l'appauvrissement, de l'inégalité, de la violence, d'une véritable régression culturelle.

Emmanuel Todd
Après la démocratie, 2008

Sous de Gaulle ? Il aurait fait un bon conseiller municipal de banlieue parisienne, assureur de profession. Sous Pompidou ? Maire d'une petite ville de province, élu parce que tenant le plus grand garage de la bourgade. Sous Giscard ? Conseiller général des Hauts-de-Seine, stipendié par le lobby de l'immobilier... Tout cela pour vous dire que si on y réfléchit bien [Sarkozy] est un Schuller qui a réussi, et, au train où vont les choses dans ce pays, monsieur Balkany se fera bientôt élire à l'Académie française.

Bruno Roger-Petit
François Mitterrand 2008 il revient, 2008

Quand il m'a reçue à l'Élysée, peu après la défaite, pour parler de l'Europe, je l'ai trouvé assez médiocre dans le comportement. Il n'y avait pas de hauteur, d'allure, d'élan, de fair-play. Il aurait pu dire : « Félicitations, nous avons bien combattu, vous portez dix-sept millions de voix. » Non, rien, il était là, les bras ballants, à m'offrir des chocolats, à essayer de me faire parler de ma séparation d'avec François Hollande, à dauber sur des journalistes, à exhiber sa montre et à me dire qu'il était là mais qu'il aurait pu être ailleurs « à faire du fric ». Pas méchant mais pas d'allure. En fait, il est bien plus fade qu'on ne le croit. Sa force vitale est impressionnante mais c'est vraiment un m'as-tu-vu. Fade, c'est le mot que j'emploierais. Un petit gamin heureux d'être au milieu de ses nouveaux jouets, vous savez, le môme qui a gagné le pompon sur le manège. Avec sa petite étoile de shérif et son pistolet en plastique, son déguisement de cow-boy. Il est monté sur le plus grand cheval et il a décroché le pompon. Bingo !

Ségolène Royal
Femme debout, entretiens avec
Françoise Degois, 2009

Si j'avais un livre à écrire sur cet homme, je l'intitulerais *L'Enfant barbare.* Il est enfant en ce qu'il se croit tout-puissant, qu'il imagine que le monde commence avec lui et qu'il est à sa main. Il est barbare en ce qu'il sous-estime, méprise ou, plus gravement encore, ignore ce que sont les piliers, les piliers culturels et moraux, de la maison.

François Bayrou
Abus de pouvoir, 2009

Mitterrand arrivait au genou de De Gaulle ; Sarkozy n'arrive qu'à la cheville de Mitterrand.

Georges Frêche
Trêve de balivernes, 2010

Aujourd'hui, tout devient division, comme si la politique était une sorte d'accordéon. On appuie sur des touches, burqa, sécurité, et hop ! on voit les sondages monter [...]. La République, ce n'est pas cela. Assez des jeux, assez des combinaisons, assez des calculs.

Dominique de Villepin
Publicsenat.fr, 25 mars 2010

Parler de social à Nicolas Sarkozy, c'est comme parler de cinéma à une caméra de surveillance.

Laurent Fabius
L'Express.fr, 2 décembre 2010

Un journaliste. – Pourquoi ne pas régler votre problème avec Nicolas Sarkozy de *mano a mano* ?
Dominique de Villepin. – Ma maman m'a toujours dit : On ne frappe pas des plus petits que soi.

Dominique de Villepin
répondant à un journaliste de Canal +
Europe1.fr, 17 décembre 2010

Toutes les mesures qu'il a égrenées, nous les connaissions déjà. C'est son bilan en pire.

François Hollande
réunion publique Nîmes, 5 avril 2012

SARRIEN (Ferdinand)
(1840-1915) Député de Saône-et-Loire de 1876 à 1908, sénateur de 1908 à 1915, plusieurs fois ministre, garde des Sceaux en 1898, président du Conseil en 1906.

Et, pendant ce temps-là, monsieur Sarrien, ministre de la Justice – car si nous n'avons pas la justice, nous possédons un ministre de la chose – avait devant lui, sur sa table, la demande de révision formée par madame Dreyfus. Consacre-t-il ses nuits à pâlir sur ce dossier qui ne contient pas vingt lignes d'écriture ? Je ne sais. Recherche-t-il la vérité, après s'être donné tant de mal pour l'ensevelir au fond de l'abîme, comme ce roi qui jetait une perle à la mer et promettait des trésors à qui l'irait chercher ? Tout est possible. Comme homme d'État, il organise l'illégalité, l'injustice, le mensonge : c'est sa manière de comprendre le devoir envers la patrie.

Georges Clemenceau
L'Aurore, 24 août 1898

Ça ? Rien !

Georges Clemenceau, propos

SCHEURER-KESTNER (Auguste)
(1833-1899) Représentant du peuple à l'Assemblée nationale en 1871, sénateur inamovible en décembre 1875, vice-président du Sénat.

En Lorraine, il y a trois classes de personnes dont monsieur Scheurer-Kestner a traduit à peu près les sentiments : 1° les francs-maçons ; 2° les viveurs, francs faiseurs et libres penseurs ; 3° les ivrognes. Tout cela est républicain.

Propos de 1882 retranscrit dans ses *Souvenirs inédits*
rapporté par Jacqueline Laleuette,
La République anticléricale, 2002

SCHRAMECK (Abraham)
(1867-1948) Sénateur des Bouches-du-Rhône de 1920 à 1940, ministre de l'Intérieur en 1925.

Il est vrai que, par votre personne [Abraham Schrameck] vous n'êtes rien. Personne ne sait, nul ne saurait dire d'où vous sortez. Pas un Français sur 500 000 ne serait capable de renseigner là-dessus ceux qui sont de chez nous et dont on connaît les pères et les mères. On sait, on sait fort bien que votre collègue Steeg, qu'une bouffonnerie du sort a mis à la Justice, est le fils d'un pasteur allemand qui n'a jamais pu produire ses pièces de naturalisation. De vous, rien n'est connu. Mais vous êtes le Juif. Vous êtes l'Étranger. Vous êtes le produit du régime et de ses mystères. Vous venez des bas-fonds de police, des loges, et votre nom semble l'indiquer, des ghettos rhénans. […] Vos premiers actes connus établissent votre fidélité à la consigne ethnique donnée par votre congénère Alfred Dreyfus le jour de sa dégradation : *Ma race se vengera sur la vôtre.* Votre race, une race juive dégénérée, car il y a des Juifs bien nés qui en éprouvent de la honte, la race des Trotski et des Krassine, des Kurt Eisner et des Béla Kun, vous a chargé maintenant d'organiser la révolution dans notre pays. […] vous êtes ainsi devenu, monsieur Abraham

Schrameck, l'image exacte et pure du Tyran [...] en d'autres termes, par position et définition, vous êtes extrêmement bon pour le châtiment. [...] Et comme voici vos menaces, monsieur Abraham Schrameck, comme vous vous préparez à livrer un grand peuple au couteau et aux balles de vos complices, voici les réponses promises. Nous répondons que nous vous tuerons comme un chien. [...] Les armes perfectionnées abondent partout aux mains de l'émeute et du carnage organisé [...]. Mais il restera une arme pour vous abattre, vous ! [...] C'est sans haine comme sans crainte que je donnerai l'ordre de verser votre sang de chien s'il vous arrive d'abuser de la force publique pour ouvrir les écluses du sang français sous les balles et les poignards de vos chers bandits de Moscou.

Charles Maurras
L'Action française, 9 juin 1925
repris dans *La Lettre à Schrameck*, 1929

SCHUMAN (Robert)
(1886-1963) Né Allemand à Luxembourg, député démocrate-chrétien de la Moselle de 1919 à 1940, vote les pleins pouvoirs à Pétain le 10 juillet 1940 ; sous-secrétaire d'État aux Réfugiés dans le gouvernement de Paul Reynaud, il le demeure sous l'État français et ne change de camp qu'après l'intégration de la Moselle au Reich. De nouveau député de ce département de 1946 à 1962, président du Conseil de 1947 à 1948 et de nouveau en 1948, plusieurs fois ministre, il est en particulier l'inamovible ministre des Affaires étrangères de 1947 à 1953 et l'un des promoteurs de l'Europe.

Ainsi donc, monsieur Robert Schuman, nous le savons, a donné son adhésion à cette politique de collaboration avec les impérialistes américains, qui devient, par la force des choses, une politique de soumission de la France. *(Applaudissements à l'extrême gauche. – Interruptions au centre, à gauche et à droite.)*

Jacques Duclos
Assemblée nationale, 22 novembre 1947

[Commentant un discours de Robert Schuman à l'Assemblée nationale.]
L'avocassier sec et sans âme ne s'est animé qu'en deux passages.

Georges Cogniot
L'Humanité, 28 novembre 1947

Vous êtes le gouvernement de la misère et de la matraque !

Paul Billat, député communiste de l'Isère
Assemblée nationale, 29 novembre 1947

Vous tenez le langage de Pétain !

Florimond Bonte, député communiste de la Seine
Assemblée nationale, 29 novembre 1947

Nous avons de la terre de France à nos souliers, nous ! *(Exclamations au centre et à droite.)*

Arthur Ramette, député communiste du Nord
Assemblée nationale, 29 novembre 1947

Où étiez-vous soldat en 1914, monsieur le président du Conseil ?

Charles Tillon, député communiste de la Seine
Assemblée nationale, 29 novembre 1947

Je dis que le gouvernement ment. Le président du Conseil est un ancien officier allemand. C'est un Boche, ce président du Conseil. *(Vives protestations au centre, à gauche et à droite.)*
À bas les Boches ! Vive la République !

Jacques Duclos
Assemblée nationale, 29 novembre 1947

Prussien ! Allemand !
Plusieurs membres à l'extrême gauche. Schuman au poteau !

Alain Signor, député communiste du Finistère
Assemblée nationale, 29 novembre 1947

Nous n'avons d'ordre à recevoir de personne, surtout pas de monsieur Schuman. Je n'ai jamais été habillé par la Wehrmacht ! […]
Fusilleur ! À bas la Wehrmacht ! Vive la République !

Yves Péron, député communiste de la Dordogne
Assemblée nationale, 29 novembre 1947

Il a été ministre de Pétain ; il a été valet des « Boches » !

Auguste Lecœur député communiste du Pas-de-Calais
Assemblée nationale, 29 novembre 1947

[Jour de la signature du Pacte atlantique à Washington.]
Le plan Marshall a rapporté à chacun des Français 600 francs par mois, en moyenne. Ainsi, pour vous, modernes Shylock, la peau d'un Français ne vaut pas plus d'un dollar et demi. Eh bien, sachez que nous sommes des millions à penser autrement. Et c'est pourquoi, en ce jour où monsieur Schuman trafique de notre sang, nous nous refusons à considérer que le Pacte atlantique lie la parole de la France.

André Carrel
L'Humanité, 4 avril 1949

[Pendant le débat sur la Communauté européenne de Défense.]
Et monsieur Schuman, où est-il ? Il téléphone à Konrad !

André Pierrard, député communiste du Nord
Assemblée nationale, le 30 août 1954

Ce n'est sûrement pas à ce vieux singe que l'on apprendra à faire des grimaces, car il les fait supérieurement. Sa bouche lippue, ses joues ridées, ses yeux bigles, son nez saucissonneur, son front oblique, ses lunettes d'officier allemand, font de lui un parfait macaque blanchi sous le harnois. On l'imagine fort bien à quatre pattes, et se faisant, par le ouistiti par exemple, épouiller les fesses.
On n'a jamais très bien su s'il avait une patrie. Lui-même ne semble pas le penser, à voir la passion qu'il met à servir « l'Europe », c'est-à-dire l'anarchie sous hégémonie allemande.

Il paraît qu'un jour Adenauer lui a lâché : « Je suis moins allemand que vous, car, moi, ma mère était française. » Ce qui n'était peut-être que propos de table, et boutade d'un hôte qui aime à rire. Robert Schuman, dit-on, comprit d'ailleurs la plaisanterie, et ne se fâcha point.
Dans tous les ministères où il a passé, et à la présidence du gouvernement, il a donné l'impression d'un macaque demeuré, hydrocéphale, et qui aurait bien aimé que, pour le distraire pendant les conseils, on lui jetât une banane.

André Figueras
Zoologie du Palais-Bourbon, 1956

[Titre dans la presse allemande, quand l'ancien capitaine de l'armée impériale est venu à Bonn en 1950 pour présenter le plan qui allait prendre son nom.]
Heil, Herr Hauptmann !

anecdote rapportée par Alain Peyrefitte
C'était de Gaulle, tome I, 1994

SÉGUIN (Philippe)
(1943-2010) Député gaulliste des Vosges de 1978 à 1986 et de 1988 à 2002, ministre des Affaires sociales de 1986 à 1988, président de l'Assemblée nationale de 1993 à 1997, candidat à la mairie de Paris en 2001, président de la Cour des comptes.

Là où le bat blesse ne m'en veux pas de te le dire –, c'est le caractère. Ton caractère, c'est bien là le problème. [...] Si seulement tu pouvais t'assagir, ou au moins prendre des engagements. Et puis, autant te le dire, ta propension à avoir des idées sur tout m'effraie. Tu es aux antipodes de mon propre caractère. J'en ai si peu moi-même ! J'en ai même de moins en moins. Tout est tellement compliqué ! Mais toi, tu es convaincu d'avoir raison sur tout et en plus tu es sincère. Tu es bien capable de déclencher la Troisième Guerre mondiale avant même que j'aie pu dire ouf.

Nicolas Sarkozy sous le pseudonyme de Mazarin
« Lettre apocryphe de Jacques Chirac
à Philippe Séguin »
Les Échos, 2 août 1995

SENGHOR (Léopold Sédar)
(1906-2001) Député du Sénégal de 1945 à 1960, deux fois secrétaire d'État, président de la République du Sénégal de 1960 à 1980.

Quoiqu'il y ait du balai dans son nom, ce serait plutôt un ramasse-miettes.

André Figueras
Zoologie du Palais-Bourbon, 1956

SERVAN-SCHREIBER (Jean-Jacques)
(1924-2006) Fondateur de *L'Express*, député radical de la Moselle de 1970 à 1978 et candidat malheureux à la mairie de Bordeaux, éphémère secrétaire d'État aux Réformes en 1974.

Pourquoi notre Kennedillon resterait-il sur sa faim ? Il y restera, je l'en assure. Si loin qu'il ait toujours vécu du peuple, il l'a pourtant approché d'assez près durant la dernière campagne électorale pour mesurer les abîmes qui l'en séparent.

François Mauriac
Bloc-notes, 22 février 1963

Voyez Georges Marchais. Il gagne au fond à être connu. Alain Peyrefitte devrait le prendre en autostop pour faire la causette. D'apparence, il est un peu rude, c'est vrai, mais quand on le connaît, il surprend agréablement. C'est exactement le contraire de Jean-Jacques Servan-Schreiber.

Robert Fabre
Le Nouvel Observateur, 29 janvier 1973

Je me suis fait une règle absolue d'ignorer les foucades de tel ou tel et de ne pas engager de polémiques qui ne pourraient être que stériles avec les turlupins de la politique.

Jacques Chirac
France Inter, 9 septembre 1977

SIEYÈS (Emmanuel-Joseph)
(1748-1836) Auteur de la brochure *Qu'est-ce que le tiers-état ?* en 1789, député aux états généraux et à la Constituante, député à la Convention puis au Conseil des Cinq-Cents, consul provisoire de la République.

Il est profond, dites-vous ? Vous voulez dire creux, très creux…

Talleyrand, propos

La nature, qui partage ses dons, a refusé celui de la parole à l'abbé Sieyès ; l'organe est faible, le geste est nul, l'expression tendue, la conception difficile, l'exposé confus.

Jacques-Pierre Brissot
propos rapporté par Paul Bastid,
Sieyès et sa pensée, 1939

Une parole sèche, didactique, obscure, qui ne portait pas, qui ennuyait comme un sermon de pédagogue. Avec cela un air hautain et méprisant.

Alphonse Aulard
propos rapporté par Paul Bastid,
Sieyès et sa pensée, 1939

SOCIALISTES
(indépendants, SFIO et autres) Dits « socs », « socialos » et « sociaux-traîtres ».

[Stigmatisant les élus de l'extrême gauche.]
Leur passion de haine s'exerce sur vous, républicains, pour vous convaincre, par l'intimidation, à livrer aux rancunes de l'anarchie vaincue un gouvernement exécré.

Aristide Briand
Chambre des députés, 19 octobre 1910

La majorité ne doit pas se laisser traiter comme une Assemblée de renards, ne doit pas laisser assassiner sous ses yeux la liberté de la tribune. Aujourd'hui, c'est le président du Conseil injurié, mis dans l'impossibilité de parler à propos d'un incident sur lequel on ne veut même pas lui permettre de s'expliquer. Vous ne pourrez plus tenir séance ; demain, ces hommes de désordre seront les maîtres de vos délibérations. [...] Quant à moi, je ne me laisserai pas traiter comme un renard. Je ferai tête aux chasseurs, je parlerai dans le tumulte, dussé-je en perdre la voix. [...] J'ai cru faire mon devoir en homme de liberté, en ami de la loi, en défenseur de la République et de la nation. [...] Ce n'est pas moi qu'on verra jamais se dresser contre un gouvernement pour l'égorger lorsqu'il est aux prises avec l'émeute et les pires ennemis de la liberté.

Aristide Briand
Chambre des députés, 29 octobre 1910

[À propos du cabinet Blum du 14 mars 1938.]
Le même tas d'imbéciles, d'incompétents, de banqueroutiers, d'hypocrites, d'incorrigibles, une insulte au bon sens, une insulte à la nation...

Candide, 15 mars 1938

Une goutte de politique socialiste fait fondre la monnaie comme l'eau dissout le sucre.

Henri Trémolet de Villers
député indépendant de la Lozère
Assemblée nationale, 28 octobre 1957

[Faisant allusion à l'expression de Léon Blum après Munich.]

Socialistes : parti du lâche soulagement.

Charles de Gaulle, propos de 1960

Les socialistes et les communistes voudraient gouverner la France comme on joue à colin-maillard, les yeux bandés et dans le noir.

Raymond Barre
Paris Match, 14 décembre 1979

Vous êtes les « tontons macoutes » de la liberté.

Robert-André Vivien
Assemblée nationale, 24 mai 1984

[Apostrophe dans l'hémicycle.]
Messieurs vous pensez sans doute que je ne suis pas un aigle. Eh bien vous, les socialistes, vous n'êtes pas des faucons !

Hector Rolland
Souvenirs dérangeants d'un godillot indiscipliné, 1990

Je crois que ces gens sont devenus complètement cinglés. Ce parti-là ne ressemble plus à la famille que je connais. Ils font de la politique avec de l'argent et des ordinateurs.

Édith Cresson
Le Canard enchaîné, 14 mars 1990

[Au dîner offert pour ses dix ans à l'Élysée.]
Le PS est en dessous de tout : il ne réagit sur rien, ne fait pas montre d'une idée. Il regarde le gouvernement

gouverner et compte les points. Il perd son crédit et nous fait parfois perdre notre temps.

François Mitterrand
Le Canard enchaîné, 15 mai 1991

Les socialistes aiment tellement les pauvres qu'ils en fabriquent.

Jacques Godfrain
premier prix de l'Humour politique 1993

[À propos des Assises de la transformation sociale du PS.]
Les assises, c'est un peu dur pour le PS, la correctionnelle aurait suffi.

Jean-Pierre Chevènement
premier prix de l'Humour politique 1994

[À propos de la fédération PS des Bouches-du-Rhône.]
Qu'ils se démerdent sans moi. Ce sont des guignols.

Lionel Jospin
Le Canard enchaîné, 4 mars 1998

Le PS est une outre usée, si elle veut revenir au pouvoir, la gauche a besoin à la fois d'un nouveau contenant et d'un nouveau contenu.

Georges Frêche
Trêve de balivernes, 2010

Est-ce du courage de mentir, de basculer dans la démagogie, de taire la vérité, de vous accrocher à ces vieilles lunes socialistes qui vous ont certes conduit par effraction au pouvoir en 1997 ?

François Baroin
Assemblée nationale, 8 novembre 2011

Il pèse désormais sur les socialistes le soupçon d'être du bois dont on fait les marionnettes…

Eva Joly, à propos du lobby nucléaire,
Le Monde, 23 novembre 2011

STRAUSS-KAHN (Dominique)
(Né en 1949) Député socialiste, ministre des Finances de 1997 à 2002, président du FMI de 2007 à 2011.

Il veut tout et tout de suite. À tel point qu'il va ressembler à un Sarkozy de gauche !

Michel Rocard
Le Canard enchaîné, 7 janvier 1998

Menteur ! Capitaliste ! Voleur ! Enculé !

Apostrophes d'anonymes à la Fête de l'Humanité
Le Canard enchaîné, 16 septembre 1998

La modestie est à Dominique Strauss-Kahn ce que la chasteté est à Madonna.

Josselin de Rohan
Le Canard enchaîné, 29 septembre 1999

Calzone…

Surnom donné par Nicolas Sarkozy
[« Comme la pizza du même nom,
il est gros et bouffi d'orgueil. »]
Le Canard enchaîné, 25 juillet 2007

Dominique Strauss-Kahn, je le connais bien, je l'ai mis en examen.

Eva Joly
prix Press Club, Humour et Politique 2010

Qu'il reste au FMI, à nuire à tout le monde et pas seulement à nous.

Jean-Luc Mélenchon
France 2, 7 novembre 2010

UN JOURNALISTE. – La France est-elle assez grande pour Dominique Strauss-Kahn ?
JEAN GLAVANY. – Oui, s'il fait un régime.

Jean Glavany
répondant à un journaliste de Canal +
Europe1.fr, 17 décembre 2010

Dominique Strauss-Kahn, ce n'est pas l'image de la France, l'image de la France rurale, l'image de la France des terroirs et des territoires, celle qu'on aime bien, celle à laquelle je suis attaché.

Christian Jacob
Le Monde, 13 février 2011

T

TALLEYRAND (Charles-Maurice de Talleyrand-Périgord) (1754-1838) Dit « La Gambille » et « Le Diable boiteux » à cause de l'accident qui l'avait estropié dans son enfance, évêque d'Autun, député aux états généraux et à l'Assemblée constituante, ministre des Relations extérieures du Directoire, du Consulat et de l'Empire jusqu'en 1807, grand chambellan, prince de Bénévent, chef du Gouvernement provisoire en 1814, ministre des Affaires étrangères sous la Première Restauration, chef du gouvernement en 1815, ambassadeur à Londres de 1830 à 1835.

Pour de l'argent, Talleyrand vendrait son âme, et il aurait raison, car il troquerait son fumier contre de l'or.

Mirabeau, propos

Il parfumerait même du fumier.

Barras, propos

Ses vues en finance et en administration sont bornées, mais personne n'a jamais mieux calculé que lui les circonstances, les devoirs et les vertus. Décidé de bonne heure à sacrifier le clergé à la nation, il a senti qu'il était plus sûr de la trahir que de l'attaquer, et il s'est fait évêque. Le roi l'a un peu aidé dans cette opération ; mais comme il méprisait le bienfait, il devait oublier le bienfaiteur. Enfin cet illustre prélat a prouvé, avec les Lameth et les Noailles, que dans une révolution, c'est l'ingratitude qui fournit les plus grands hommes, qui tient les petits esprits en haleine, et qui sert de courage aux ambitieux.

Rivarol
Petit dictionnaire des grands hommes de la Révolution, 1790

Vous êtes un voleur, un lâche, un homme sans foi. Vous avez toute votre vie manqué à tous vos devoirs. Vous avez trahi, trompé tout le monde. Il n'y a rien pour vous de sacré ; vous vendriez votre père. Je vous ai comblé de biens, et il n'y a rien dont vous ne soyez capable contre moi. Ainsi, depuis dix mois, vous avez l'impudeur, parce que vous supposez à tort et à travers que mes affaires d'Espagne vont mal, de dire à qui veut l'entendre que vous avez toujours blâmé mon entreprise sur ce royaume, tandis que c'est vous qui m'en avez donné la première idée, qui m'y avez persévéramment poussé. Et cet homme, ce malheureux [le duc d'Enghien] par qui ai-je été averti du lieu de sa résidence ? Qui m'a excité à sévir contre lui ? Étranger à la mort du duc d'Enghien ! Mais oubliez-vous que vous me l'avez conseillée par écrit ? […] Quels sont donc vos projets ? Que voulez-vous ? Qu'espérez-vous ? Osez le dire ! Vous mériteriez que je vous brisasse comme un verre ! J'en ai le pouvoir, mais je vous méprise trop pour en prendre la peine ! Apprenez que s'il survient une révolution nouvelle, quelle que part que vous y eussiez prise, elle vous écraserait le premier. Pourquoi ne vous ai-je pas fait pendre aux grilles du Carrousel ? Mais il est bien temps encore. Tenez, vous êtes de la merde dans un bas de soie !

Napoléon Bonaparte
28 janvier 1808, selon Pasquier
(*Mémoires du chancelier Pasquier*, 1898, t. I),
Montesquiou (*Souvenirs sur la Révolution, l'Empire, la Restauration et le règne de Louis-Philippe*, 1961) et Mollien
(*Mémoires d'un ministre du Trésor public*, 1898, t. II)

Comment voulez-vous que cet homme ne soit pas riche, ayant vendu tous ceux qui l'ont acheté ?

Amiral Decres, propos

Cet homme n'avait pas de défaut, quoiqu'il eût tous les vices.

Marquise de La Tour du Pin
reprenant Montesquieu dissertant sur Jules César

Pour cet ancien évêque, les vases les plus sacrés étaient les pots-de-vin.

Dalberg, propos

Quand monsieur de Talleyrand ne conspire pas, il trafique.

François-René de Chateaubriand, propos

Tout chargé des ignominies des neuf gouvernements qui ont passé sur la France depuis un demi-siècle…

Armand Marrast
La Tribune, 8 février 1843

Talleyrand : ni âme, ni conscience, ni regard, face livide et morte, spectre cité pour ses bons mots, quelque chose comme un cadavre faisant de l'esprit.

Victor Hugo
Le Tas de pierres, 1901

TAPIE (Bernard)
(Né en 1943) Homme d'affaires, député des Bouches-du-Rhône de 1989 à 1992 et de 1993 à 1996, ministre de la Ville de 1992 à 1993, tête de liste aux élections européennes de 1994.

Bernard Tapie est un habile chiffonnier, servi par un physique de tombeur de dames, un culot hors du commun, un bagou de vendeur de bretelles, un exhibitionnisme communicatif, un sens inné des relations publiques.

Jacques Julliard, François Furet
et Pierre Rosanvallon
La République du centre, 1988

Tapie, c'est l'anti-Robin des Bois : l'un prenait aux riches pour distribuer aux pauvres, l'autre pique aux pauvres pour s'enrichir lui-même.

Jean-Édern Hallier, propos

Quand on évoque Mendès France devant lui, il croit qu'il s'agit d'une filiale de société. Quand on lui parle de SFIO, il pense à une variété de SICAV. Jaurès ? Il connaît très bien la station de métro.

La Grosse Bertha, avril 1991

[À propos du ralliement de Bernard Tapie à la candidature de Nicolas Sarkozy à la présidence de la République.]
Tapie, c'est le sens de l'intérêt général avec les plus démunis, le désintéressement, la probité, bref, c'est une caution morale inestimable pour un candidat… J'attends avec impatience le ralliement à Nicolas de Francis Haulme, de Pablo Escobar et du général Mladic !

Didier Porte
France Inter, 8 février 2007

TARDIEU (André)
(1876-1945) Dit « le Mirobolant », député indépendant de Seine-et-Oise de 1914 à 1924, député du Haut-Rhin de 1926 à 1936, président du Conseil de 1929 à 1930 et en 1932.

Vous êtes un aventurier et un provocateur.

Maurice Thorez
Chambre des députés, 6 février 1934

THIERS (Adolphe)
(1797-1877) Dit « Foutriquet », député libéral puis conservateur, plusieurs fois ministre et président du Conseil, président de la République de 1871 à 1873.

[Quand le petit avocat de province est devenu président du Conseil en 1836.]
Monsieur Thiers n'est pas parvenu, il est arrivé.

Talleyrand, propos

Thiers dont toute la conscience se réduit à cette phrase :
Ayez beaucoup d'argent et ne soyez pas pendu.

Armand Marrast
La Tribune, 8 février 1843

… Thiers, un impudent
Qui sur nos libertés a mis toute sa dent,
Des anciens libéraux infâme parasite
Qui refit la Bastille et le droit de visite,
Dont le cœur est plus bas encore qu'il n'est petit…

Almire Gandonnière
À toi, Barthélemy ! satyres,
par Archiloque…, 1844

Le petit homme se croit assez revenu sur l'eau pour songer à devenir… président de la République !… Lui ! Le ministre servile de Louis-Philippe, le renégat de la Révolution française ! L'auteur des lois de septembre !… sommes-nous déjà tellement tombés, tellement abandonnés de Dieu, que nous ne puissions trouver un sauveur qu'en élevant au-dessus de nous cet homme d'État sans dignité ni sans grandeur…

Georges-Marie Dairnvaell
Histoire édifiante et curieuse de M. Thiers, par Satan, 1848

Vous êtes la trompette antipatriotique du désastre.

Marquis de Piré
au Corps législatif, 10 juillet 1870

Foutriquet. L'infâme vieillard. Le nain grotesque. Tamerlan à lunettes. Cœur saignant. Croquemort de la nation. Petit jeanfoutre. Crapaud venimeux. Magot de l'exécutif. Adolphe le Petit. Vieux pandour. Rural Ier. Bandit sinistre. Général Boum. Général Tom-Pouce. Roi des Versailleux. Satrape de Seine-et-Oise. Myrmidon Ier. Vieux drôle. L'effronté menteur. L'incestueux. Le vieux scélérat. Père Transnonain. Vieux polisson. Le nabot. Serpent à lunettes. Vieille canaille.

La Commune, 11 mai 1871

J'ai pour monsieur Thiers une exécration profonde et qu'il me rendait bien, d'ailleurs.

Georges Clemenceau
propos du 2 octobre 1927, rapporté par Jean Martet,
Le Silence de M. Clemenceau, 1929

Thiers était le type de bourgeois borné et féroce, qui s'enfonce dans le sang, sans broncher.

Georges Clemenceau
propos rapporté par Jean Martet,
M. Clemenceau peint par lui-même, 1929

Thiers était un homme qui, résolument, n'avait aucune idée, qui n'avait littéralement d'ouverture sur rien [...]
Il était de ces idiots bornés qui se figurent qu'avec un ordre sur un bout de papier on vient à bout de tout.

Georges Clemenceau
propos rapporté par Jean Martet,
M. Clemenceau peint par lui-même, 1929

THOMSON (Gaston)
(1848-1932) Député radical de Constantine (Algérie) de 1877 à 1932, plusieurs fois ministre.

Thomson ! le requin fait homme, dont les mâchoires largement détendues ont englouti d'innombrables proies, fruits de l'épargne et du trésor national. Thomson ! l'agent des sociétés financières, des groupes métallurgiques, l'homme d'argent, l'homme d'affaires, le politicien sans scrupules, le type accompli du bandit moderne.

Flax, nom de plume de Victor Méric
Les Hommes du jour, 8 mai 1909

THOREZ (Maurice)
(1900-1964) Député communiste de la Seine de 1932 à 1940 et de 1945 à 1964, réfugié en URSS en 1939, amnistié en 1944, ministre d'État de 1945 à 1946.

Dans une interview accordée au *Temps*, Thorez déclare : « Il y a un gouvernement, il doit y avoir une seule armée, il doit y avoir une seule police une seule. » […] « Un Reich, un peuple, un Führer » comme disait l'autre. La politique de Thorez engage la classe ouvrière dans un voyage sans secousses qui… nous ramène à Vichy. Il n'y a plus de maréchal, mais on a, à sa place, un général.

Parti communiste internationaliste
(Section française de la IVe Internationale)
Avec Maurice Thorez sur le chemin qui mène à Vichy
[Brochure répondant au discours
de Maurice Thorez qui ouvre
le Xe Congrès national du PCF.]

Thorez est venu apporter, dans son rapport d'Ivry, une adhésion complète et publique à la politique de guerre de la bourgeoisie française, comme le firent en 1914, les social-patriotes traîtres à la classe ouvrière. […] Thorez invite le peuple de France à mettre le cou sous le joug du régime capitaliste. Thorez est devenu le meilleur suppôt de De Gaulle, nouveau patron de l'appareil vichyssois.

Parti communiste internationaliste
brochure imprimée en 1945

Thorez premier *parti* de France…

Jean Galtier-Boissière
propos du 6 mai 1946 rapporté dans *Mon journal dans la drôle de paix*, 1947

Oui ou non êtes-vous le chef d'un parti aux ordres d'un gouvernement étranger ?

Marc Schérer
député démocrate-chrétien de la Haute-Marne
Assemblée nationale, 24 février 1949

Nous ne sommes pas des déserteurs comme Thorez !

Raymond Mondon, député gaulliste de la Moselle
Assemblée nationale, 31 octobre 1956

TIXIER-VIGNANCOUR (Jean-Louis)
(1907-1989) Avocat, député d'extrême droite des Basses-Pyrénées (actuelles Pyrénées-Atlantiques) de 1936 à 1940 et de 1956 à 1958, candidat à l'élection présidentielle de 1965.

C'est en permanence le sanglier qui débouche, la défense hargneuse, le trot lourd et rude, soufflant par ses naseaux épais une sorte de feu obscur, griffant le sol dans son impatience féroce, prêt à renverser et à piétiner tout ce qu'il rencontrera, de temps en temps levant son dur mufle pour humer ce que le vent lui livre de raison, de prudence ou d'audace, et puis, repartant d'un train d'enfer, brute bénévole, magnifique et dangereuse, fauve qui n'est pas sans cousinage avec le porc, mastodonte hérissé, orgueilleux, vindicatif, à la fois horrible et épatant.

André Figueras
Zoologie du Palais-Bourbon, 1956

Vous non plus vous n'avez pas changé : vous êtes toujours le même fasciste qu'en 1936, quand vous défendiez Franco et Hitler.

Fernand Grenier, député communiste du Nord
Assemblée nationale, 23 février 1956

Combien avez-vous de condamnations de patriotes sur la conscience ?

Roger Roucaute, député communiste du Gard
Assemblée nationale, 23 février 1956

Collaborateur !

Raoul Calas, député communiste de l'Hérault
Assemblée nationale, 7 novembre 1956

Vous protégez un agent de Hitler, monsieur le Président.

Yves Péron
député communiste de la Dordogne
Assemblée nationale, 7 novembre 1956

Dénonciateur ! Assassin de Gabriel Péri, de Michels et de Danielle Casanova. C'était le bras droit de Philippe Henriot !

Jean Bartolini, député communiste du Var
Assemblée nationale, 7 novembre 1956

Collaborateur des nazis !

Eugénie Duvernois
députée communiste de Seine-et-Oise
Assemblée nationale, 26 septembre 1957

[Après l'émotion suscitée le 22 août par l'attentat du Petit-Clamart contre le général de Gaulle.]
L'avocat des tueurs…

François Mauriac
Le Figaro littéraire, 8 septembre 1962

Tixier-Vignancour, c'est Vichy, la collaboration fière d'elle-même, la Milice, l'OAS.

Charles de Gaulle
propos du 24 novembre 1965
rapporté par Alain Peyrefitte
C'était de Gaulle, tome II, 1997

TRAUTMANN (Catherine)
(Née en 1951) Maire de Strasbourg de 1989 à 1995, députée du Bas-Rhin de 1986 à 1988 et en 1997, députée européenne ministre de la Culture de 1997 à 2000 porte-parole du gouvernement de 1997 à 1998.

Eh oui ! Je le sais et Lionel aussi : Trautmann, c'est la seule erreur de casting du gouvernement.

Claude Allègre
Le Canard enchaîné, 8 octobre 1997

TRON (Georges)
(Né en 1957) Maire de Draveil, député de l'Essone de 1993 à 2010, secrétaire d'État à la Fonction publique de 2010 à 2011, adepte de la réflexologie plantaire.

Je savais qu'il cirait les pompes, mais j'ignorais qu'il massait les pieds.

Une femme ministre du gouvernement
Libération, 31 mai 2011

TROTSKISTES
(pablistes, lambertistes et autres) Dits « trotsks », « têtes de pioche » ou « gauchistes ».

Les trotskistes justifient pleinement notre affirmation qu'ils sont « l'avant-garde de la bourgeoisie contre-révolutionnaire ». Ils accomplissent, au fond, la même besogne de désorganisation du mouvement ouvrier qui est dévolue aux scissionnistes et renégats de Doriot à Frossard.

Maurice Thorez
L'Humanité, 16 juin 1935

Trotski : agent de la bourgeoisie internationale dans le mouvement ouvrier russe. [...] Devint un chef de bandes terroristes, de groupes de sabotage sur le territoire et de groupes de diviseurs dans le mouvement ouvrier international, à la solde des puissances fascistes et des milieux financiers cosmopolites.

Maurice Thorez
note à son article paru dans *L'Humanité*, 16 juin 1935
rappelée dans ses *Œuvres*, tome IX, 1952

Les trotskistes sont des ennemis de l'unité du mouvement ouvrier, les ennemis du rassemblement des masses populaires dans un front antifasciste. Leur tactique est d'éparpiller le mouvement ouvrier en groupuscules pour affaiblir la lutte de la classe ouvrière et ainsi favoriser le fascisme.

Maurice Tréand
Listes noires, décembre 1936

Il faut en finir avec les traîtres et les agents trotskistes du fascisme poursuivant dans l'ombre leur criminelle besogne.

L'Humanité, 12 juin 1937

Les trotskistes s'allient avec les terroristes, dont l'organisation de guerre civile des « cagoulards » vient de nous dévoiler les ramifications avec l'étranger. [...] Par tous les moyens les trotskistes tentent de s'infiltrer dans notre Parti et dans les organisations ouvrières dans le but de les désagréger, de saboter la reprise économique et de faire continuer la provocation.

Maurice Tréand
Listes noires, septembre 1937

Trotski + Doriot = Hitler.

Titre d'une brochure publiée par le PCF en 1937
[Sur le catalogue du Bureau d'éditions
(la maison d'édition du PCF avant la guerre),
on lit le commentaire suivant :
« Trois têtes de l'hydre fasciste. Des thèses qui se
rapprochent. Des moyens d'action qui se confondent. »]

Certains voudraient entraîner les métallos dans la grande aventure en particulier chez Renault, ils préconisent la grève générale. [...] Il faut faire face à la bête trotskiste !

Section locale des Métaux CGT
de Boulogne-Billancourt
28 mars 1938

Les aventuriers trotskistes cherchent à spéculer sur la volonté de lutte des ouvriers socialistes. [...] Combien de fois n'avons-nous pas mis en garde contre les menées scissionnistes des désagrégateurs trotskistes, trop souvent recueillis par le parti socialiste lorsqu'ils étaient chassés de nos rangs ! Que peut-on attendre de bon de ceux qui proposaient dimanche dans leur assemblée, non de soutenir l'effort héroïque des combattants espagnols, mais de demander la libération des trotskistes du POUM, espions de Franco et traîtres à la cause de l'Espagne ouvrière et républicaine ?

Maurice Thorez
L'Humanité, 19 mai 1938

Pour tromper les travailleurs, les trotskistes essaient de cacher leur véritable visage d'agents de la Gestapo et de l'OVRA en usant de la surenchère démagogique, de la ruse, de la duplicité les plus répugnantes.

Henri Janin
Cahiers du bolchevisme, février 1938

Les agents trotskistes ont mérité la première place parmi les provocateurs à la solde du fascisme international. [...] Partout les trotskistes se sont révélés comme des diviseurs, des provocateurs et des agents du patronat. Le fascisme a poussé au raffinement l'art de la provocation et de la diversion et a trouvé pour accomplir cette vile besogne la vermine trotskiste.

Henri Janin
Cahiers du bolchevisme, février 1939

En ce qui concerne l'activité des provocateurs, les communistes doivent savoir qu'on songe dans certains milieux à utiliser les trotskistes comme éléments de provocation contre notre parti.
Pendant l'occupation, la Gestapo a fait publier, par ses agents trotskistes, un journal de provocation dénommé *La Vérité*. Dans ce journal les agents trotskistes au service de la Gestapo attaquaient les patriotes qui se livraient à la guérilla contre les Boches. Ils complétaient sur le plan de la provocation, la politique d'assassinats d'otages instaurée par Hitler pour essayer d'effrayer les patriotes.
Les agents de l'ennemi qui publient ce torchon pour le compte de la Gestapo auraient dû être arrêtés depuis longtemps.

La Vie du Parti, septembre 1944

Nous aurons à faire preuve de vigilance pour dépister et chasser de nos rangs les éléments troubles, les provocateurs, les agents de l'ennemi, hitléro-trotskistes, qui se couvriront le plus souvent par des phrases « gauchistes ».

Maurice Thorez
Une politique française, 1945

On croit savoir qu'un accord satanique serait intervenu entre le trotskisme, cette espèce d'anarchie de la IVe Internationale fasciste et le nazisme pur et simple qui espérait encore s'en tirer par des travaux souterrains variés en divers pays. Les Allemands se proposent de s'agglomérer aux trotskistes du monde entier, c'est-à-dire les anarchistes ennemis du communisme en tous pays et qui sont certainement responsables de la mort de l'ambassadeur russe à Mexico Oumansky […] Mais ce « nazi-trotzkisme » sera exterminé à la victoire.

Geneviève Tabouis
Nuit et jour, 26 avril 1945
[Elle n'était pas membre du PCF mais relayait en l'amplifiant une rumeur répandue par ce dernier à l'étranger.]

Rappelons l'arrestation par la gendarmerie de l'Air, au début de 1945, chez Gnome et Rhône, d'un distributeur de tracts trotskistes, pris en flagrant délit de sabotage (il mettait du sable dans les embrayages de moteurs d'avions) ; au vestiaire du saboteur, on devait trouver des armes et un manuel de combats de rues.

Étienne Fajon
Les Cahiers du communisme, mai-juin 1945

Les trotskistes jouent consciemment leur rôle de traîtres à la nation, traîtres à la classe ouvrière. […] Les agents hitlériens de la IVe Internationale n'ont pas dû connaître la misère de l'Occupation, la déportation et les crimes commis par les nazis. Ils volent comme le pape au secours des débris hitlériens.

Le Travailleur
PCF, 31 octobre 1945

La IVe Internationale trotskiste est une filiale de la section étrangère du parti national-socialiste allemand créée en 1934.

Parti communiste français
Fédération du Tarn-et-Garonne, 27 juillet 1946

Agents de la Gestapo ! Miliciens ! Doriotistes ! Hitléro-trotskistes !

Injures relevées dans *L'Avant-garde* et *L'Humanité*
par *La Jeune Garde*, février 1947

Les provocateurs hitléro-trotskistes à la solde de De Gaulle [...] veulent faire couler le sang.

Eugène Hénaff, 29 avril 1947
propos attesté dans *Le Populaire*, 30 avril 1947

Pierre Hervé et les siens ont souvent des conceptions semblables à celles de Pétain qui déclarait « supprimer la lutte des classes en assassinant les révolutionnaires ».

La Vérité, 17 mai 1947

André Marty développe une plate-forme antiparti, il calomnie et ment, s'apparentant aux procédés des policiers trotskistes.

L'Humanité, 18 et 25 décembre 1952

À la veille de la Deuxième Guerre mondiale le trotskisme avait dégénéré en un complot dont la règle était la duplicité et dont les fils étaient tenus par les services d'espionnage des pays capitalistes. Historiquement c'est à partir de cette situation que se développent les trahisons de Tito, Rajk, Clementis, etc.

Pierre Hervé
La Nouvelle Critique, mars 1953

Les trotskistes sont depuis toujours dans le mouvement ouvrier des provocateurs ayant pour objectif de diviser les travailleurs et d'essayer de les entraîner dans des actions inconsidérées, dans des provocations où les meilleurs d'entre eux subiraient la répression policière. [...] Après l'invasion allemande [...] le but des trotskistes était de saboter la Résistance et de permettre aux nazis de continuer l'occupation de notre pays. C'était là donner un coup de poignard dans le dos de tous les résistants qui luttaient pour la libération de la France. C'était aider Pétain, Laval, Hitler. À la libération ils échappèrent à l'épuration mais furent baptisés par les travailleurs hitléro-trotskistes. La guerre finie ils sabotèrent la renaissance de notre pays et sa reconstruction. [...] Nous pensons faire œuvre utile en avertissant les travailleurs pour qu'ils puissent se méfier de leurs diviseurs qui furent tour à tour, hitlériens, saboteurs, provocateurs, complices de la police.

Tract des cellules PCF de Lavalette
Saint-Ouen, 24 avril 1959

La Voix ouvrière est une feuille anonyme, sale et répugnante.

L'Étincelle
organe de la cellule Joseph-Staline de la SERV,
Issy-les-Moulineaux, mars 1961

Ils jouent leur rôle de flics.

Comité du PCF de la Saviem, 1er décembre 1961

La Voix ouvrière c'est l'organe de la police.

L'Écho des métallos Renault
organe de la section Renault du PCF, 31 octobre 1961

Ce journal anonyme est un journal provocateur. […] Essayons de connaître le visage de ces téméraires […] vous les trouverez tout naturellement dans les « Jaunes » éternels et les quelques « Moutons » que chacun d'entre nous connaît.

La Voix des communistes
Issy-les-Moulineaux, décembre 1961

Toute cette littérature de *La Voix ouvrière* ne peut qu'aider le patronat et, disons-le, favoriser les entreprises fascistes, en jouant le rôle de diviser la lutte de la classe ouvrière.

Le comité du PCF Saviem, 29 janvier 1962

La Voix ouvrière, cette feuille infâme [...] déverse comme chacun le sait les mêmes calomnies que l'on trouve dans *L'Aurore* ou *Le Figaro*.

Les Ondes nouvelles, organe de la cellule du PCF de Thomson-Gennevilliers, 14 décembre 1961

Pendant la guerre, [...] les trotskistes appelaient les peuples à ouvrir les frontières aux nazis. Ils travaillaient ainsi à aider les fascistes, ennemis suprêmes des travailleurs, à s'installer dans le monde. Ils poursuivent aujourd'hui le même but.

Tract du syndicat des métaux CGT du groupe Chausson Chenard-Secan, 20 juillet 1961

Qui sont ces trotskistes ? Actuellement un ramassis d'individus douteux constitué de groupuscules qui ne manquent pas d'argent. On y trouve à côté de quelques jeunes qui se laissent influencer, des fascistes authentiques, tel Jourdan, ancien membre du PPF de Doriot et un certain Lambert, personnage aussi douteux et qui dirigeait le groupe devant l'usine. La collusion entre trotskistes et fascistes a toujours existé. La preuve en est que le fasciste Guinot, bien connu à Saint-Ouen, se trouvait (comme par hasard) à proximité de l'usine ce matin-là.

Tract diffusé par les cellules du PCF à la Saviem, Saint-Ouen, 19 février 1962

Les adeptes du trotskisme ne sont pas tous des provocateurs des services spéciaux gaullistes ou de la CIA, pas plus qu'ils n'étaient indistinctement des agents hitlériens voici trente ans. Ce qui ne veut pas dire toutefois que dans ces groupes multiples déchirés entre eux il n'y ait pas de nombreux provocateurs de la police ou des agents des services spéciaux.

Léo Figuères
Le Trotskisme cet antiléninisme, 1969

Nous déjouerons les pièges de l'adversaire et de ses alliés traditionnels : les groupes gauchistes et aventuriers qui n'ont d'autre but que de stopper le mouvement en tentant de le dévoyer.

L'Humanité, 20 février 1975
[À partir de 1968, le PCF tend à remplacer le terme « trotskiste » par celui de « gauchiste », qui englobe aussi les maoïstes et les divers courants dits spontanéistes ou anarchistes.]

V

VARENNE (Alexandre)
(1870-1947) Député socialiste du Puy-de-Dôme de 1906 à 1910 et de 1914 à 1936, réélu sous l'étiquette radicale en 1945 et UDSR en 1946, ministre d'État en 1946, fondateur du journal *La Montagne.*

[Interruption lancée à la rentrée parlementaire de 1919.]
T'as pas fait la guerre, fous le camp, salaud !

Joachim, prince Murat
propos rapporté par Léon Daudet
Termites parlementaires, 1930

Varenne, physiquement, appartient à la série des gnomes barbus des contes de Grimm. On l'imagine remontant la pendule, balayant le marbre du landgrave de Hesse, et couchant dans un coffre à bois, à partir du douzième coup de minuit. Quand il est en colère, ou quand il boude, il a une façon de souffler dans son nez qui l'apparente à un petit bison, de l'espèce *furibundus.* Ce n'est pas un méchant homme, mais c'est un ignorant crétin, nourri des ana de tous

les manuels laïques et qui a voué à Briand une admiration et une vénération aussi chaudes que celles du nonce. J'ai toujours pensé qu'il recueillait les pellicules d'Aristide pour les encadrer, reliques socialistes, et les transmettre aux générations futures des électeurs du Puy-de-Dôme. […]
Varenne est tout à fait le *putzemann* que, dans les contes allemands, la servante chasse à coups de balai jusque dans la tinette des W.-C, sa vraie place.

Léon Daudet
Termites parlementaires, 1930

VEIL (Simone)
(Née en 1927) Rescapée de la Shoah, ministre de la Santé de 1974 à 1979, présidente du Parlement européen de 1979 à 1982, ministre des Affaires sociales de 1993 à 1995, membre du Conseil constitutionnel de 1998 à 2007.

On connaît, mes chers collègues, des manifestations publiques au cours desquelles des femmes, ou plutôt des viragos, car elles ne méritent pas le nom de femme, étaient prêtes à donner le triste spectacle de leur propre avortement, pour mieux narguer la loi et démontrer l'impuissance de l'État. Ces hommes et ces femmes, pour qui, sous le prétexte de la liberté, la pornographie tient lieu de devoir et d'honneur…

Albert Liogier
Assemblée nationale, 28 novembre 1974

[Quand Simone Veil fit campagne comme tête de liste UDF aux élections européennes de 1979.]

L'Europe de demain ne sera jamais l'Europe de la veille.

Jeu de mots lancé par le RPR
Hector Rolland en revendique la paternité
dans ses *Souvenirs dérangeants d'un godillot indiscipliné*, 1990

Quand on fait appel à elle, elle râle. Et quand on ne fait pas appel à elle, elle râle aussi. C'est son caractère, et il faut faire avec.

Nicolas Sarkozy
Le Canard enchaîné, 20 février 2008

VEUILLOT (Louis)
(1813-1883) Journaliste et homme de lettres français. Catholique passionné, il défendit avec vigueur l'enseignement privé.

Ô Veuillot ! plus immonde encore que sinistre,
Laid à faire avorter une ogresse, vraiment
Quand on te qualifie et te nomme cuistre,
Istre est un agrément.

Victor Hugo
Le Parnasse satyrique du XIXe *siècle*, 1881

VILLEPIN (Dominique Galouzeau de)
(Né en 1953) Premier ministre de 2005 à 2007.

Il porte un nom de cheval de course, mais il n'a jamais couru.

François Loncle
phrase nominée au prix Press Club,
Humour et Politique 2005

[Apprenant, début juin 2005, qu'il est écarté du gouvernement.]
Enculé.

Frédéric de Saint-Sernin
Le Canard enchaîné, 31 janvier 2007

[À propos de l'affaire Clearstream.]
Il y a une victime : moi. Et un salaud : Villepin.

Nicolas Sarkozy
Le Canard enchaîné, 25 octobre 2006

Une dissolution calamiteuse, une législative ratée et un référendum perdu. Tu parles d'un CV ! C'est grande gueule et petites couilles.

Nicolas Sarkozy
Le Canard enchaîné, octobre 2010

Quand j'entends Villepin m'expliquer ce qu'il faut faire, je me marre. C'est le cancre qui fait la leçon au professeur.

Nicolas Sarkozy
Le Canard enchaîné, octobre 2010

[Au sujet des velléités de candidature à la présidentielle de 2012 de Villepin.]
Villepin, c'est le gorille du Rwanda. Il fait Houba ! Houba ! en se frappant le torse. Il est impressionnant ! Mais c'est un herbivore, il n'a jamais mangé personne…

Un proche de Nicolas Sarkozy
Le Parisien, 13 octobre 2009

VILLIERS (Philippe de)
(Né en 1949) Dit « l'Agité du bocage », député et président du conseil général de Vendée, ancien ministre, président du Mouvement pour la France.

Don Quichotte maurrassien et pauwelsien louvoyant entre une extrême droite que l'honneur lui interdit de rejoindre et un libéralisme dont la dignité lui impose de railler la prudence consensuelle.

Jérôme Garcin
L'Événement du jeudi, 29 novembre 1990

C'est bien connu : rien ne favorise mieux le lyrisme littéraire que les croisades inutiles lancées contre des moulins à vent au nom d'une morale d'escalier. Ça ne mange pas de pain et ça peut rapporter gros.

Jérôme Garcin
L'Événement du jeudi, 29 novembre 1990

[À propos de la surenchère anti-immigrés.]
Je déplore cette vision de charognards de ceux qui attendent une disparition espérée pour dépecer le FN.

Marine Le Pen
Le Canard enchaîné, 21 septembre 2005

VOYNET (Dominique)
(Née en 1958) Ministre de l'Aménagement du territoire et de l'Environnement de 1997 à 2001, sénatrice de Seine-Saint-Denis.

« Ordure », « Pute », « Tire ton slip, salope ! »

Salon de l'Agriculture de 1999
invectives rapportées par Alexandra Da Rocha
Salope ! Insultes et autres perfidies
sur les femmes politiques, 2007

[Déclaration devant plusieurs élus pendant la bataille pour la mairie de Montreuil.]
J'ai mon petit cimetière personnel : Voynet y sera bientôt couchée…

Jean-Pierre Brard
octobre 2008

W

WALDECK-ROCHET (Waldeck Rochet, dit Waldeck-Rochet)

(1905-1983) Député communiste de la Seine de 1936 à 1940, député de Saône-et-Loire de 1945 à 1958, député de la Seine de 1958 à 1967, député de la Seine-Saint-Denis de 1967 à 1973, secrétaire général du PCF de 1964 à 1972.

Je demande une suspension de séance pour permettre à monsieur Waldeck-Rochet de téléphoner à l'ambassadeur de l'URSS.

Jean-Louis Tixier-Vignancour
Assemblée nationale, 21 mai 1957

Jamais sur visage humain le nettoyage par le vide du marxisme-léninisme n'aura fait à ce point place nette. On se demande si un citoyen de ce modèle est capable de ressentir un goût particulier, une préférence pour l'ail ou pour l'échalote, en dehors de ce qui est prévu par la ligne générale.
De tous les sentiments qu'il pourrait nous inspirer, ce révolutionnaire, celui qu'il nous inspire le moins, c'est la peur. Qu'est-ce que c'est que ces communistes

qui ne font plus peur à personne ? C'était leur raison d'être, après tout ! Comme épouvantail, il faut convenir qu'ils auront beaucoup servi, mais que maintenant ils ne servent plus, du moins de cette manière-là... [...] Ces propos légers ont plus de signification qu'il n'y paraît d'abord ; ils signifient qu'il n'y a plus de parti révolutionnaire chez nous, que cela crève les yeux, et donc que la révolution est à réinventer et que ce n'est pas du cerveau de monsieur Waldeck-Rochet qu'elle risque de surgir, avec son marteau et sa faucille.

François Mauriac
Bloc-notes, 26 février 1967

Il n'existe pas de programme commun entre Gaston Defferre et Waldeck-Rochet, entre une chauve-souris et un poisson rouge.

François Mauriac
Bloc-notes, 13 mars 1967

WALDECK-ROUSSEAU (René)
(1846-1904) Député d'Ille-et-Villaine de 1879 à 1889, sénateur de la Loire de 1894 à 1904, ministre de l'Intérieur de 1881 à 1882 et de 1883 à 1885, président du Conseil du gouvernement de Défense républicaine de 1899 à 1902, principal initiateur de la loi de 1901 sur les associations, qui vise principalement à combattre les congrégations religieuses.

Gros malin ! *(Rires à droite.)*

Joseph Lasies, député nationaliste du Gers
Chambre des députés, 26 juin 1899

En attendant le mur des Fédérés ! *(Bruit.)*

Jean-Baptiste Boutard
député radical de la Haute-Vienne
Chambre des députés, 26 juin 1899
[Dans son gouvernement de Défense républicaine, Waldeck-Rousseau a nommé ministre de la Guerre le général de Galliffet, le fusilleur de la Commune.]

Vous tremblez !

Pierre Richard, député nationaliste de la Seine
Chambre des députés, 26 juin 1899

Le bavard professionnel qui a dépouillé la redondance n'est pas affranchi pour cela des servitudes du régime de verbiage. Il n'y avait pas un adjectif dans les oraisons de Waldeck-Rousseau. […] Ce cerveau prétendument réaliste n'était pourtant habité que du vent des mots.

Charles Maurras
L'Action française, 9 septembre 1925

À quiconque soutient qu'il n'y a rien de plus affreux que le « Combisme », sinon monsieur Combes en personne, je réponds qu'il fait erreur. Il y a pis que le Combisme, pis que monsieur Combes. L'un et l'autre ne doivent recevoir que le numéro deux dans cette hiérarchie du mal et du pire : au-dessous de monsieur Combes, plus bas que son Combisme, il y a le Waldeckisme, il y a monsieur Waldeck-Rousseau.

Charles Maurras
L'Action française, 27 octobre 1928

Y-Z

YAMGNANE (Kofi)
(Né en 1945) Maire de Saint-Coulitz, secrétaire d'État chargé de l'Intégration de 1990 à 1993.

Monsieur Miam-miam…

Jean-Marie Le Pen, 1991
Le Monde, 28 mai 1991

ZAY (Jean)
(1904-1944) Député radical du Loiret de 1932 à 1944, sous-secrétaire d'État, ministre de l'Éducation nationale du Front populaire, assassiné par la Milice.

Jean Zay, c'est évidemment peu de chose, mais c'est, si l'on peut dire, un néant plein d'agitation, plein d'ambitions. […] Il n'est pas de ces gens qui trahissent bêtement, gratuitement. Lui, quand il trahira, ce sera pour quelque chose qui en vaille la peine. Un portefeuille par exemple.

Odette Pannetier
Candide, 7 novembre 1935

Mais ce polisson de Jean Zay ! Son avancement signifie que l'on a tenu à la qualité dans le pire. [...] Le Juif Jean Zay se prépare donc à « éduquer » la nation en lui inculquant que le drapeau tricolore est de la « race vile des torche-culs ».
Nous ne brodons pas. [...] Voilà à qui est confiée l'Éducation nationale.
Quelle outrance ! Quelle folie ! Quel défi à la patrie, à la mémoire de nos morts protecteurs et sauveurs ! En grimpant au sommet, la névrose juive s'étant déclarée, les imprudents ascensionnistes ont perdu la tête.

Charles Maurras
L'Action française, 5 juin 1936

[Faisant allusion au texte de Zay sur le drapeau tricolore.]
Je considère comme une provocation, d'avoir confié à monsieur Jean Zay le soin de veiller à l'éducation de la jeunesse française. *(Applaudissements à droite.)* Je trouve insuffisant comme titre aux fonctions de grand maître de l'université de s'être exercé à des pastiches littéraires du genre de celui qui a occupé la Chambre, il y a quelques mois. *(Mouvements divers.)*

Xavier Vallat
Chambre des députés, 6 juin 1936

Jean Zay le décivilisateur...

L'Éclair, 13 mars 1937
(journal royaliste de Montpellier)

Négrite juif…

Louis-Ferdinand Céline
Bagatelles pour un massacre, 1937

La réforme juive de l'enseignement secondaire se caractérise par l'introduction de l'orientation scolaire […]. Autre grande idée du règne : l'alignement. Émules d'Hitler, nos juifs de gouvernement veulent guider les âmes et fabriquer en série des barbares mus par quelques idées fausses et quelques sales passions.

L'Action française, 19 novembre 1938

En balayant de l'œil les honteuses inepties que le Juif Torche Zay a proférées au Concours général, je songeais que la décomposition du parlementarisme se mesure à l'avilissement de ses ministres et notamment de celui qu'on appelait naguère de l'Instruction publique. […] Maintenant pour le cent cinquantième anniversaire de cette sanglante ordure qu'on appelle la Terreur, la démocratie est allée chercher Jean Zay dans la tinette du Sinaï. *Right man in right place.* C'est ce qu'on appelle le redressement.

Léon Daudet
L'Action française, 16 juillet 1939

ZOLA (Émile)
(1840-1902) Dit « le Grand Fécal », dit « le Porc épique », écrivain, auteur de *J'accuse !…*, entré au Panthéon en 1908.

[Le comte Albert de Mun ayant demandé la permission de lire un extrait de *J'accuse !…*]

VOIX NOMBREUSES. – Non ! non !
HENRI LAVERTUJON. – Ne lisez pas cela à la tribune !
ÉMILE RIOTTEAU. – Nc faitcs pas à monsieur Zola l'honneur de la tribune !
FRANÇOIS DE MAHY. – Ne portez pas ces horreurs à la tribune ! Notre mépris suffit.

Chambre des députés, 13 janvier 1898

Il n'avait pas l'âme française.

Georges Berry, député royaliste de la Seine
Chambre des députés, 14 novembre 1898

Qu'il laisse Zola dans son égout !

Jean-Baptiste Boutard
député radical de la Haute-Vienne
Chambre des députés, 14 novembre 1898

Messieurs, on nous demande 35 000 francs pour porter Zola au Panthéon. Je crois que nous n'aurons jamais une meilleure occasion de faire des économies. *(Exclamations à l'extrême gauche et à gauche. – Applaudissements et rires à droite.)*

Maurice Barrès
Chambre des députés, 19 mars 1908

Les auteurs

Éric ANCEAU enseigne l'histoire politique et sociale de la France contemporaine à Paris-Sorbonne et à Sciences-Po. Vice-président du Comité d'histoire parlementaire et politique, il s'occupe de plusieurs revues dont *Histoire, économie et société* dont il est secrétaire de rédaction. Outre une trentaine d'articles et de contributions à des actes de colloques, il a publié une dizaine de livres sur la Révolution, le Consulat, les deux Empires et la IIe République dont l'édition critique des *Mémoires sur le règne de Napoléon III* de Viel Castel (Robert Laffont, 2005), *Les Grands Discours parlementaires du XIXe siècle* (A. Colin, 2006) et *Napoléon III. Un Saint-Simon à cheval* (Tallandier, 2008), ouvrage couronné par l'Institut et qui a reçu le Grand Prix du Mémorial de la Ville d'Ajaccio.

Christophe BELLON, docteur de l'Institut d'études politiques de Paris, maître de conférences à Sciences-Po, est également chargé d'enseignement aux Instituts catholiques de Lille et de Paris. Il est l'auteur de *Briand l'Européen* (La Documentation française, 2009) et de nombreux articles.

Gilles CANDAR, né en 1954, professeur d'histoire en classes préparatoires aux grandes écoles au lycée Montesquieu du Mans, président de la Société d'études jaurésiennes, coordonnateur des *Œuvres* de Jean Jaurès en cours de publication chez Fayard (6 volumes parus sur 17 prévus), codirecteur de l'*Histoire des gauches en France* (La Découverte, 2004). Dernier ouvrage paru : *Une loi pour les retraites (1910)*, avec Guy Dreux, Lormont (Le Bord de l'eau, 2010).

Bruno FULIGNI, né en 1968, maître de conférences à Sciences-Po, haut fonctionnaire, est l'auteur de quinze livres sur l'histoire politique et parlementaire de la France, en particulier *Le Feu follet de la République. Philibert Besson, député, visionnaire et martyr* (Guénégaud, 1999), *La Chambre ardente. Aventuriers, utopistes, excentriques du Palais-Bourbon* (Les Éditions de Paris, 2001), *Victor Hugo président !* (Les Éditions de Paris, 2002), *Les Quinze Mille. Députés d'hier et d'aujourd'hui* (Horay, 2006), *Votez fou ! Candidats bizarres, utopistes, chimériques, mystiques, marginaux, farceurs et farfelus* (Horay, 2007), *La Parlotte de Marianne. Mille mots d'argot politique* (Horay, 2009) et *La France rouge. Un siècle d'histoire dans les archives du PCF* (Les Arènes, 2011). Il a dirigé *Dans les secrets de la police. Quatre siècles d'histoire, de crimes et de faits divers* (L'Iconoclaste, 2008) et *Dans les archives inédites des services secrets* (L'Iconoclaste, 2010).

Jean GARRIGUES, professeur d'histoire contemporaine à l'Université d'Orléans, est président du Comité d'histoire parlementaire et politique. Il a notamment publié *Le Général Boulanger* (Paris, Olivier Orban, 1991, réédition Perrin, 1999), *La République des hommes d'affaires 1870-1900* (Aubier, 1997), *Les Grands Discours parlementaires de la IIIe République* (Armand Colin, 2 vol., 2004), *Histoire du Parlement en France, de 1789 à nos jours* (Armand Colin, 2007), *La France de la Ve République. 1958-2008* (Armand Colin, 2008), *Les Scandales de la République. De Panama à Clearstream* (Nouveau Monde Éditions, 2010), *Les Patrons et la Politique. 150 ans de liaisons dangereuses* (Perrin, 2011).

Gilles HEURÉ, grand reporter à *Télérama* et chargé de cours à l'Université Paris IV-Sorbonne. Il a publié sa thèse sur Gustave Hervé aux éditions La Découverte (*Gustave Hervé, Itinéraire d'un provocateur*, 1997). Il est également l'auteur d'un livre d'entretiens avec Alain Corbin (*Historien du sensible*, La Découverte, 2000), d'un essai biographique sur Léon Werth (*L'Insoumis*, éditions Viviane Hamy, 2006) et d'un roman (*L'Homme de cinq heures*, éditions Viviane Hamy, 2009). Il a dirigé l'édition des romans et reportages de Joseph Kessel dans la collection Quarto (Gallimard, 2010).

Sabine JANSEN, diplômée de Sciences-Po, agrégée de l'Université, docteur en histoire, maître de conférences au Conservatoire national des arts et métiers, vice-présidente du Comité d'histoire parlementaire et politique, chercheur au Centre d'histoire de Sciences-

Po, rédactrice en chef de la revue électronique de Sciences-Po, *Histoire@Politique. Politique, Culture, Société*, a notamment publié *Pierre Cot. Un antifasciste radical* (Fayard, 2002), *Les Grands Discours parlementaires de la IVᵉ République. De Pierre Mendès France à Charles de Gaulle* (Armand Colin, 2006), *Le Pouvoir et le Citoyen* (La Documentation française, 2000).

Jacqueline LALOUETTE, est professeur d'histoire contemporaine à l'Université de Lille 3 et membre senior de l'Institut universitaire de France. Elle a publié notamment *La Libre Pensée en France (1848-1940)* (Albin Michel, 1995), *La Séparation des Églises et de l'État. Genèse et développement d'une idée. 1789-1905* (Seuil, 2005), *L'État et les Cultes. 1789-1905-2005* (La Découverte, 2005), *Les Mots de 1848* (Presses de l'Université de Toulouse-Le Mirail, 2008), *Jours de fête. Jours fériés et fêtes légales dans la France contemporaine* (Tallandier, 2010). Elle a introduit et commenté le texte d'Henri Dabot, *Griffonnages quotidiens d'un bourgeois du Quartier latin. 1869-1871* (Le Mercure de France, « Le Temps retrouvé », 2011).

Bernard LE DREZEN, normalien et agrégé de lettres modernes, haut fonctionnaire, a enseigné à l'Université Paris IV-Sorbonne. Ses travaux, centrés sur le XIXᵉ siècle, portent plus particulièrement sur les rapports entre littérature et politique. Il est l'auteur d'un ouvrage, *Victor Hugo ou l'éloquence souveraine* (L'Harmattan, 2005), et d'un certain nombre d'articles. Il prépare une thèse de doctorat en littérature sur l'éloquence parlementaire de la IIᵉ République.

Yves MAREK, né à Tunis en 1963, lauréat de l'Institut d'études politiques de Paris, ancien élève de l'ENA, conseiller des Affaires étrangères, ancien directeur de cabinet d'Edgar Faure à la Mission du bicentenaire de la Révolution, il est aussi l'auteur d'*Art, échecs et mat* (Actes Sud/Imprimerie nationale) et de *Edgar Faure, l'optimiste* (La Documentation française, 2010).

Jean-Jacques MARIE, né en 1937, études en classes supérieures au lycée Louis-le-Grand, agrégé de lettres classiques, licencié libre d'histoire et de russe, diplômé de russe de l'École des langues orientales. Lecteur à l'Université de Leningrad en 1960-1961, traducteur de Brodski (Le Seuil), Voznessenski (Lettres nouvelles), Chalamov (Lettres nouvelles) et Vissotsky (Seghers), auteur de *Staline* (Fayard), *La Guerre civile russe* (Autrement), *L'Antisémitisme en Russie de Catherine II à Poutine* (Tallandier), *Le Dimanche rouge* (Larousse), *Cronstadt* (Fayard), *Trotsky* (Payot) et *Khrouchtchev* (Payot).

Frédéric PAGÈS est journaliste au *Canard enchaîné* : il y rédige des billets d'humeur et de fantaisie, des portraits satiriques, ainsi que « Le Journal de Carla B. ». Il anime l'association philosophique des Amis de Jean-Baptiste Botul. Il a notamment publié *Descartes et le cannabis, La Vie sexuelle d'Emmanuel Kant* et, en janvier 2011, un roman intitulé *Du pur amour et du saut à l'élastique.*

Jean RUHLMANN, maître de conférences en histoire contemporaine à l'Université Lille 3 Charles-de-Gaulle et à l'Institut d'études politiques de Paris, est l'auteur de divers articles consacrés au comique parlementaire à la Chambre des députés sous la IIIe République.

Mohamed SADOUN, haut fonctionnaire, est l'auteur de la biographie de Jules Magnaud *Le Bon Juge* (Rivesneuve).

Éric SCHELL, maître en droit, diplômé de l'Institut d'études politiques de Paris, MBA du groupe HEC, est le gérant du cabinet éponyme, à Paris et à Bruxelles, spécialisé dans les affaires publiques, les relations institutionnelles et le lobbying. Il est l'auteur de *Talleyrand en verve* (Horay) et a préparé l'édition du *Bréviaire de Talleyrand* (Horay).

Nathalie SEGAUNES, née en 1966 à Bordeaux, titulaire d'une maîtrise de droit public, journaliste au *Parisien* depuis 1991, a écrit avec Dominique de Montvalon le *Dictionnaire inespéré de la gauche* (Éditions Le Parisien) et, avec Anne Rovan, *Déjeuners avec des ministres sous pression* (Albin Michel).

Rémi SOULIÉ, né en 1968 en Rouergue, est essayiste et critique littéraire au *Figaro Magazine.* Il a publié une dizaine de livres et de nombreux articles consacrés notamment à Dominique de Roux, Aragon ou Charles Péguy. Dernier titre paru : *Avec Benny Lévy* (Éditions du Cerf). Il prépare pour le même éditeur des *Variations sur l'Antéchrist*, réflexions politiques et théologiques sur le nihilisme contemporain.

Marieke STEIN, ancienne élève de l'École normale supérieure de Fontenay-Saint-Cloud, docteur ès lettres, spécialiste de l'œuvre politique de Victor Hugo, a publié *Victor Hugo* dans la collection « Idées reçues » (Le Cavalier bleu) ainsi que *Victor Hugo, l'universel* dans la collection Tribuns (La Documentation française, 2010).

Samuël TOMEI, né en 1971 à Chamonix, haut fonctionnaire, est docteur en histoire de l'Institut d'études politiques de Paris, auteur d'une thèse sur *Ferdinand Buisson (1841-1932), protestantisme libéral, foi laïque et radical-socialisme* (prix de thèse de l'Assemblée nationale en 2004) et de *Clemenceau, le combattant* (La Documentation française, 2008).

Nous remercions par ailleurs Thierry Lentz, directeur de la Fondation Napoléon, pour les pistes qu'il nous a signalées dans le registre de l'injure antibonapartiste.

Bibliographie

Les travaux transversaux sur les injures politiques en France sont peu nombreux :

[COLLECTIF] « Dictionnaire des injures politiques », *Le Crapouillot*, n° 45, hiver 1977.

ANGENOT Marc, *La Parole pamphlétaire. Typologie des discours modernes*, Payot, 1982.

BERNARD Mathias, « Le Pen, un provocateur en politique (1984-2002) », *Vingtième siècle, n° 93*, janvier-mars 2007.

BOUCHET Thomas, *Noms d'oiseaux. L'Insulte en politique de la Restauration à nos jours*, Stock, 2010.

BOUCHET Thomas (dir.), *L'Insulte (en) politique, Europe et Amérique latine du XIXe siècle à nos jours*, EUD, Dijon, 2005.

ÉDOUARD Robert, *Dictionnaire des injures, précédé d'un petit traité d'injurologie*, Tchou, 1967.

FAYAT Hervé, « Bien se tenir à la Chambre : l'invention de la discipline parlementaire », *Jean Jaurès Cahiers trimestriels*, n° 153, 2000.

TANGUY Jean-François, « Quand un député passe les bornes. La censure en séance à la Chambre des députés (1876-1914) », *Assemblées et Parlements dans le monde du Moyen Âge à nos jours*, actes de la 57e conférence de la Commission internationale pour l'histoire des assemblées d'État, en 2007, s. d. [2010].

On trouvera en outre des informations intéressantes dans les études juridiques consacrées à la liberté de la presse :

[COLLECTIF] « Diffamation, Injure, Outrage… Comment se défendre ? », numéro spécial du *Courrier juridique des Finances et de l'Industrie*, La Documentation française, septembre 2009.

BEIGNIER Bernard, LAMY Bertrand de, DREYER Emmanuel, *Traité de droit de la presse et des médias*, Litec, 2009.

BIGOT Christophe, *Connaître la loi de 1881 sur la presse*, Victoires Éditions, 2004.

MOUFFLE Bernard, *Le Droit à l'humour*, Larcier, 2011.

Les citations présentées dans ce dictionnaire proviennent en majorité du dépouillement des journaux d'opinion et des comptes rendus de séances parlementaires. On trouve par ailleurs de nombreuses phrases injurieuses dans les recueils thématiques de citations, comme *Révolutionnaires en verve* de David Alliot (Horay, 2009) ou *Salope ! Insultes et autres perfidies sur les femmes politiques* d'Alexandra Da Rocha (Le Cherche Midi, 2007), ainsi que dans les recueils de biographies :

[COLLECTIF] *Dictionnaire des parlementaires français 1940-1958* (6 volumes parus), La Documentation Française, 1988-2005.

JOLLY Jean (dir.), *Dictionnaire des parlementaires français de 1880 à 1940* (8 volumes), PUF, 1961-1973.

JOLY Bertrand, *Dictionnaire biographique et géographique du nationalisme français (1880-1940)*, Librairie Honoré Champion, 1998.

MAITRON Jean (dir.), *Dictionnaire biographique du mouvement ouvrier français (1789-1864), (1864-1914), (1914-1939)* (44 volumes), Les Éditions ouvrières, 1964-1997.

ROBERT Adolphe, BOURLOTON Edgar et COUGNY Gaston, *Dictionnaire des parlementaires français (1789-1889)* (5 volumes), Bourloton Éditeur, 1889-1891.

YVERT Benoît (dir.) *Dictionnaire des ministres (1789-1989)*, Perrin, 1990.

Index des insulteurs

L'esprit des mots dans Le Livre de Poche

Pierre CHALMIN

Dictionnaire des injures littéraires n° 32495

« Nietzsche, un tzigane. » « Aragon, tant et tant d'arrivisme pour arriver si peu ! » « Mallarmé, intraduisible, même en français. » « Baudelaire réunit la pauvreté du chiffonnier, le sarcasme du mendiant, le désespoir du parasite. » « Sand, comme femme elle inspire le dégoût, comme homme il donne l'envie de rire. » Les entrées de ce dictionnaire se caractérisent par trois principes : la notoriété de l'injurié, la qualité de celui qui injurie, et la tournure humoristique, outrancière ou d'une absolue mauvaise foi, de l'insulte.

Raymond DEVOS

Rêvons de mots n° 31318

Depuis plusieurs années, Raymond Devos travaillait à un nouveau livre fait d'aphorismes, de pensées, d'anecdotes et d'extraits de sketches inédits. Une sorte de testament comique où on retrouve son sens du mot, de l'absurde, des paradoxes, et une certaine vision de la condition humaine, aussi juste qu'irrésistible. Un livre indispensable pour tous ses admirateurs.

Sens dessus dessous n° 5102

Dans les 75 sketches publiés ici alternent monologues et textes à deux ou à plusieurs personnages. Chacun d'eux constitue une remarquable réussite d'écriture.

Jean-Louis FOURNIER

Grammaire française et impertinente n° 14572

Voici une grammaire qui réunit l'ensemble des règles à suivre pour dire et écrire correctement bêtises et grossièretés. Des personnages inhabituels dans un livre de grammaire – un condamné à mort, un gangster, un commandant de bord aveugle… – nous enseignent l'usage des prépositions et des conjonctions, et conjuguent avec aisance le subjonctif imparfait des verbes les plus délurés.

J'vais t'apprendre la politesse, p'tit con ! n° 16521

Ne posez pas vos pieds sur les banquettes des trains, elles ne sont pas toujours propres, vous allez salir vos Nike. Apprenez à respecter les autres, et pourquoi pas les aimer. Ne mettez pas votre baladeur trop fort pour en faire profiter les autres. Ils n'ont qu'à s'en acheter un. Et n'oubliez jamais qu'en tout lieu, en toutes circonstances, le fort doit la priorité au faible…

Les Mots des riches, les mots des pauvres n° 30624

L'été, le jardin de Monsieur Riche sent la rose, celui de Monsieur Pauvre sent la merguez et la sardine. À l'église, les riches sont devant, les pauvres derrière. À la guerre, c'est le contraire. Dans cet ouvrage de sociologie légère, Jean-Louis Fournier rappelle fort à propos qu'il vaut mieux être riche et bien portant que pauvre et malade.

Erik ORSENNA

Les Chevaliers du Subjonctif n° 30536

Il y a ceux qui veulent gendarmer le langage et le mettre à leur botte… Et puis il y a ceux qui ne l'entendent pas de cette oreille, comme Jeanne et Thomas, bientôt traqués par la police comme de dangereux opposants. Leur fuite les conduira sur l'île du Subjonctif. Une île de rebelles et d'insoumis. Car le subjonctif est le mode du désir, de l'attente, de l'imaginaire…

Et si on dansait ? n° 31880

Aussi longtemps que je vivrais, et donc aussi longtemps que j'écrirais, je me battrais avec les signes, je m'acharnerais à bien placer les virgules. Et les points. Et les points-virgules. Sans oublier les tirets, les crochets, les chevrons auxquels je n'avais pas jusqu'ici prêté assez d'attention… Jeanne et Tom, les héros d'Erik Orsenna, poursuivent leurs aventures grammaticales.

La grammaire est une chanson douce n° 14910

Tout le monde dit et répète « Je t'aime ». Il faut faire attention aux mots. Ne pas les répéter à tout bout de champ. Ni les employer à tort et à travers, les uns pour les autres, en racontant des mensonges. Autrement, les mots s'usent. Et parfois, il est trop tard pour les sauver.

La Révolte des accents n° 31060

Les accents se sentaient mal aimés, dédaignés, méprisés. À l'école, les enfants ne les utilisaient presque plus. Chaque fois que je croisais un accent dans la rue, un aigu, un grave, un circonflexe, il me prenait à témoin.

Bernard PIVOT

Cent expressions à sauver n° 31882

Nées pour la plupart de la verve populaire, les expressions ont de la couleur, de la saveur, de la drôlerie, de la cruauté, de la sagesse, de la poésie. Pourtant, certaines vieillissent, paraissent de plus en plus énigmatiques. Pourquoi ne pas en sauver quelques-unes de l'oubli qui les menace ?

Cent mots à sauver n° 30663

On s'emploie avec raison à sauver toutes sortes d'espèces d'oiseaux, d'insectes, d'arbres, de plantes, de grosses et de petites créatures bien vivantes, mais menacées de disparition. Et si on travaillait à sauver des mots en péril ?

Dictées n° 30500

Voici l'intégrale des « dictées de Pivot », avec celles de Micheline Sommant, accompagnées de leurs corrigés détaillés, de tests, de jeux pour s'entraîner ou pour apprendre, de conseils et d'astuces. Pour tous les amoureux de la langue française qui adorent défier ses difficultés et jouer avec les mots, seuls ou en famille, voici une véritable bible, amusante et instructive, à laquelle ont collaboré les spécialistes du jury des Dicos d'or.

Thierry PRELLIER

Petit dictionnaire de mots rares n° 15338

Thierry Prellier collectionne les mots. Pas n'importe lesquels, ceux qui font qu'au hasard d'une lecture on s'interrompt un instant en se promettant de regarder le dictionnaire. Ces petits trésors de la langue française, il nous les offre en partage dans ce petit « Dico » dont la principale ambition est de mettre les mots à la bouche.

Patrick RAMBAUD

La Grammaire en s'amusant n° 31473

Dans la vie moderne, même pour se promener sur Internet, mieux vaut lire, écrire et parler clair. La grammaire n'est pas une punition mais une nécessité, un droit, une chance et un jeu. Pourtant, la plupart des élèves sont rebutés par les manuels scolaires qui se complaisent dans une langue affectée : pourquoi tant de préciosité pour énoncer des principes simples ? Écrire une grammaire lisible, c'est possible, et Patrick Rambaud le prouve en huit leçons.

Henriette WALTER

L'Aventure des langues en Occident n° 14000

Du manxois à l'italien, de l'allemand au sarde, du portugais au néerlandais et au schwytzertütsch, une centaine de langues, régionales ou internationales, enseignées ou méconnues, officielles ou non, sont parlées aujourd'hui en Europe. Une aventure commencée il y a sept mille ans, et dont les péripéties sont des migrations, des conquêtes, des flux commerciaux, ou encore des édits décrétant la vie ou la mort d'un idiome…

Le Français d'ici, de là, de là-bas n° 14929

Comment la langue française s'est-elle bâtie au cours des siècles ? Comment les parlers régionaux l'ont-ils accueillie, puis enrichie ? Que reste-t-il des particularités linguistiques – accents, expressions, vocabulaire – de ces multiples idiomes ? Et qu'est devenu le français dans son voyage autour du monde ? Grâce à de multiples cartes accompagnées de lexiques, d'anecdotes historiques ou littéraires, de récréations à base de jeux sur les mots, nous découvrons comment la langue française a su de tout temps s'adapter, et s'enrichir de parlers nouveaux qui lui ont apporté de nouvelles couleurs.

Honni soit qui mal y pense n° 15444

Entre le français et l'anglais, c'est une véritable histoire d'amour qui a commencé il y a plusieurs siècles… et qui dure. Leurs mots se sont constamment mêlés pour donner parfois naissance à des « faux », et à de nombreux « bons » amis (plus de trois mille). En revivant cette aventure sentimentale au pays des mots, ponctuée d'une foule d'exemples, de jeux insolites et de piquantes anecdotes, on découvre que l'érudition n'est pas forcément ennuyeuse, et que l'on peut apprendre tout en s'amusant.

De Bruno Fuligni :

Les Constituants de l'Eldorado ou la République de Counani, Plein Chant Libraire-Éditeur, 1997.

L'État c'est moi. Histoire des monarchies privées, principautés de fantaisie et autres républiques pirates, Les Éditions de Paris, 1997.

Le Feu follet de la République. Philibert Besson, député, visionnaire et martyr, Éditions Guénégaud, 1999.

La Chambre ardente. Aventuriers, utopistes, excentriques du Palais-Bourbon, Les Éditions de Paris, 2001.

Victor Hugo président !, Les Éditions de Paris, 2002.

L'Île à éclipses. Histoire des apparitions et disparitions d'une terre française en Méditerranée, Les Éditions de Paris, 2003.

Jules Verne en verve, Éditions Horay, 2005.

Les Quinze Mille. Députés d'hier et d'aujourd'hui, Éditions Horay, 2006.

La Police des écrivains, Éditions Horay, 2006.

Votez fou ! Candidats bizarres, utopistes, chimériques, mystiques, marginaux, farceurs et farfelus, Éditions Horay, 2007.

Dans les secrets de la police. Quatre siècles d'histoire, de crimes et de faits divers (dir.), L'Iconoclaste, 2008.

La Parlotte de Marianne. Mille mots d'argot politique, Éditions Horay, 2009.

Dans les archives inédites des services secrets (dir.), L'Iconoclaste, 2010.

La France rouge. Un siècle d'histoire dans les archives du PCF, Les Arènes, 2011.

Composition réalisée par DATAGRAFIX

Achevé d'imprimer en août 2012 en France par
CPI BRODARD ET TAUPIN
La Flèche (Sarthe)
N° d'impression : 69716
Dépôt légal 1re publication : septembre 2012
LIBRAIRIE GÉNÉRALE FRANÇAISE
31, rue de Fleurus – 75278 Paris Cedex 06

31/6856/4